# Roberto Moura

# Tia Ciata e a Pequena África no Rio de Janeiro

edição revista e atualizada

todavia

Nota do autor 7
Apresentação à primeira edição 11
Apresentação à segunda edição 13

Introdução 15
1. De Salvador para o Rio de Janeiro 21
2. Os nagôs-minas no Rio de Janeiro 65
3. O Rio de Janeiro dos bairros populares 111
4. Vida de trabalhador 131
5. A Pequena África e o reduto de Tia Ciata 175
6. As transformações 213
7. O samba e a polêmica do "Pelo telefone" 237
8. As baianas na festa da Penha 257
9. Geografia musical da cidade 269
10. Álbum de família 287
11. Lembranças, impressões e fantasias 303
Conclusão 307

Notas 321
Referências bibliográficas 329
Índice remissivo 333
Crédito das imagens 348

# Nota do autor

Quarenta e poucos anos depois fico tentando me lembrar das circunstâncias em que surgiu este livro no início da década de 1980, certamente em torno da Corisco Filmes, nosso reduto na praça Tiradentes, local de trabalho e moradia, em cima do teatro Carlos Gomes. Lá montamos uma fabriqueta de cinema com uma câmera Arriflex e alguma luz, um gravador Nagra e uma moviola. Nada de cinema de gêneros ou fórmulas de sucesso — isso não nos interessava. A ideia era esta: uma produção barata e independente, ambiciosa estética e politicamente, voltada para o que percebíamos em nós mesmos e nas ruas.

Uma legislação que atrelava os longas-metragens estrangeiros a um curta brasileiro nos permitiu por um tempo sobreviver e realizar diversos filmes. E a praça nos protegia, com sua multiplicidade de personagens e circunstâncias, lá circulávamos nos servindo de seus restaurantes e de seus sebos, falando com todos e nos aproximando de alguns. Ela nos inspirava, fotografávamos tudo, e muita coisa filmamos em seus entornos.

No convívio do grupo meus temas foram surgindo, a macumba de Dona Maria Batuca no morro Dona Marta, a programação da Rádio Nacional, Cartola frente à sua Mangueira, a profissão de jogador de futebol e as analogias entre o jogo e a vida, as noites de Ângela na Tiradentes. Tantas coisas interessantes, prementes, me chamavam. As possibilidades da linguagem do cinema documentário nos apaixonavam, estávamos experimentando e evoluindo. Aos poucos, fui percebendo que todos esses temas e suas questões se interligavam, e que esse centro polarizador era a cidade.

Queríamos saber, buscávamos os donos de experiências e saberes de uma extraordinária cultura popular que era a minha, mas que eu estranhava. Precisava de um livro que desse conta de uma história popular da cidade, e isso não havia. Líamos os cronistas e os escritores, Jota Efegê era nosso ídolo, Lima Barreto nem se fala. Fui entendendo que, para falar de um povo carioca e de suas práticas e cacoetes, tinha que estudar o passado colonial escravagista, e, passando por Abolição e República, chegar à República Velha — era lá que coisas haviam se sincretizado e seus fundamentos, esquecidos, nos deixando nessa doce amnésia.

Comecei a organizar informações, mas era coisa demais. De alguma forma, lendo *As vozes desassombradas do museu*, trazendo longas entrevistas de Pixinguinha, João da Baiana e Donga — algumas ideias centrais me vieram. Fui percebendo uma tensão produtiva entre o esforço de construir um panorama da situação das classes populares a partir da modernização institucional complementada pela reforma da cidade — o "bota-abaixo" do Pereira Passos e a atenção específica que passara a ter pela colônia de pretos baianos no Rio.

Certamente eu não tinha nenhuma formação em história, minhas leituras teóricas são bem posteriores, quando, já nos anos 1990, comecei a trabalhar com cinema brasileiro no Departamento de Cinema da UFF. Antes, na época que fiz comunicação, tinha me interessado pela antropologia, o que muito me ajudou a construir pouco a pouco uma etnografia dos baianos. A verdade era que precisava organizar aquelas ideias sobre o Rio popular para orientar e dar unidade aos filmes. Foi quando o Hermínio Bello de Carvalho, que trabalhava na Funarte, lançou um concurso de monografias sobre temas da música popular brasileira, sendo que um dos temas era relativo às "velhas baianas do Rio de Janeiro". Tinha saído na frente, e assim surgiu o livro.

Sempre pensei neste livro como um trabalho de análise histórica que servisse para a educação de alguém como eu, precisando entender melhor essa cidade, para fazer filmes ou simplesmente para viver nela. Assim, a proposta de observar aspectos específicos dialetizando com um panorama histórico mais amplo, mantendo a imaginação, nas suposições e hipóteses, dentro de limites razoáveis de voo. Meu leitor ideal, hoje eu penso, seria meu neto Rennan, mas ele não chegou a lê-lo.

O livro esteve sempre perto de mim e me apresentou a muitas pessoas. Tentei me manter atento a seu universo, coisa que fiz de forma irregular nesses muitos anos, tentando acompanhar o que se publicava, conversando com os amigos, guardando ideias, anotando bibliografia. Algum tempo depois da segunda edição, que é uma versão bem próxima da primeira, fui lentamente amadurecendo a vontade de realmente interferir no livro, incorporando coisas que fui pensando sobre alguns dos seus aspectos centrais e pesquisas que foram sendo produzidas com grande competência depois de sua publicação.

Há pouco tempo comecei efetivamente a trabalhar nele de novo, sempre ao meio de mil outras coisas, como é meu estilo. Ficou claro para mim que, se o livro começava com as transformações trazidas pela Abolição e pela República e depois recuava para observar o transcurso do século XIX em Salvador e as migrações dos negros nagôs e malês para o Rio — era necessário também voltar para o Rio de Janeiro no século XIX. Um novo capítulo, que, recuando nas pisadas daqueles baianos, chegava à marcante presença dos minas na cidade, à cidade negra nos subterrâneos da capital, aos primórdios da capoeira, à guerra do Paraguai.

O candomblé como matriz simbólica de toda comunidade baiana no Rio — isso deve ficar claro. Como também é necessário que se busque uma compreensão e a configuração de um trajeto histórico, de Salvador para o Rio, da capoeira e do samba, instituições complementares, quase como extensões do sagrado no profano, nessa tentativa de trazer subsídios para uma história popular da cidade. Tentei.

 E agora está pronto, fui até onde pude, dividindo tudo com a Beth, com quem discuti cada página nos mínimos detalhes, capítulos retrabalhados indo e voltando das nossas telas, a todo momento recebendo dela tanto artigos interessantíssimos pesquisados na internet — não é o meu forte — sobre trajetos de africanos no Brasil ou sobre os Oito Batutas em Paris, como críticas pelo excesso de gerúndios na minha escrita — assim é o amor. Nas últimas semanas, fui relapso até com o Fluminense, padecendo no paraíso tomado por um furor produtivo respaldado em compromissos contratuais. Agora é com vocês.

Roberto Moura<br>
Abril de 2022

# Apresentação à primeira edição

Este livro é o desdobramento de um trabalho realizado inicialmente em cinema sobre o Rio de Janeiro subalterno e eventualmente marginal redefinido a partir da virada do século, que teria uma particular expressividade para essa cidade no engendramento de sua identidade moderna.

Em torno da Corisco Filmes, organizamos um pequeno centro de informação primariamente voltado para a vida carioca que, tendo produzido filmes sobre o tema, agora termina esse primeiro texto como resposta às próprias dificuldades de pesquisa e resultado das discussões que mantivemos nesses anos de trabalho. Assim, ao lado da história da Tia Ciata e de sua diáspora baiana no Rio de Janeiro, tomou corpo a nostalgia por um trabalho de contexto que interrelacionasse e desvendasse esse Rio de Janeiro, em contrapartida àquele que "se civiliza" no Centro e na Zona Sul redefinido pela reforma do prefeito Passos. Tal postura alongou o texto e acabou por lhe dar essa feição final, onde à preocupação didática e informativa se junta o intuito ensaístico e especulativo.

Além de todos que participaram dos filmes que começamos a rodar nos anos 1970, cada um à sua maneira parceiro nessa proposta, nesse trajeto, fui apoiado no trabalho de pesquisa deste livro por Ângela Nenzy, com quem tanto discuti as questões sobre as religiões negras no Rio; Elisabeth Formaggini, que muito contribuiu para o levantamento da situação do mercado de trabalho e particularmente da presença da mulher, além de liderar a pesquisa iconográfica; e Cida Dacosta, que, inicialmente trabalhando na parte administrativa, bandeou-se para a pesquisa por seu interesse responsável pela situação do negro na cidade. Formou-se então uma equipe criativa e profissional onde quase sempre trabalho foi prazer. Ainda na Corisco, Roberto Machado Jr., Antonio Luis Mendes Soares e Henrique Sodré se ocuparam das fotos e reproduções; e Paulo "Baiano" Fortes, das gravações das entrevistas, sempre feitas com qualidade esperando o cinema. Pedro Wilson Leitão leu e criticou o texto entre viagens. Amigos, irmãos. Do Departamento de Editoração da Funarte, Suzana Martins revisou o texto com técnica e realismo, enquanto Martha Costa Ribeiro fez a diagramação das fotos com sua sensibilidade esclarecida.

Sinto que fazemos parte de um movimento maior, não codificado ou institucionalizado, mas que parte de sensibilidades fundamentais comuns e de um projeto de mudança que transcende a origens sociais e culturais ou a gerações, que repudia as desigualdades como valoriza as diferenças, que se volta para o passado para dimensionar o presente. A nós, o futuro.

Roberto Moura
Outubro de 1982

# Apresentação à segunda edição

Uma oportunidade de reescrever algumas partes e acrescentar coisas do que se conversou ou publicou nesses dez anos que separam a primeira desta edição. E de trazer no capítulo "Geografia musical da cidade" — ponto de partida para o trabalho que escrevo agora sobre o nascimento e a peculiaridade da indústria cultural no Brasil, os pioneiros negros do espetáculo-negócio na reinvenção do Rio de Janeiro — algumas ideias mui abrangentes, *latinoafromundistas*, fruto dos papos e trocas de textos com meu amigo Alejo Ulloa. Mas basicamente o mesmo livro, um dos trabalhos que mais me deu alegria pela multiplicidade de coisas que me trouxe e provocou.

E ele teve uma versão cinematográfica, se eu puder dizer assim, pela maneira extremamente livre que lidei com o livro, já que sabia que o autor não ia reclamar. O filme, um média-metragem 16 mm, *Okê Jumbeba: A Pequena África no Rio de Janeiro*, um documentário elaborado com recursos ficcionais, se organiza em pequenas cenas, suscitadas por charges da época dramatizadas por atores, em torno da revolta popular de 1904. Um trabalho surpreendente para alguns a quem sou apresentado pelo livro sem saber que pertenço ao cinema, e esperam uma ilustração audiovisual do que leram. Mas já em seu prólogo as imagens vêm sujas, desordenadas, preferindo à solução institucional sugerir um filme primitivo de uma outra era. As partes que ficcionam os acontecimentos na virada do século procuram aquele cinema pré-*giftiano* que se fazia num surto precoce no Rio da época — duzentos filmes por ano, escuta essa, eram filmados aqui antes de se organizar o sistema internacional de distribuição que ainda nos ocupa! Os elementos conceituais do samba e suas entidades em sua marcante & conflituada presença na cidade do Rio de Janeiro — a possibilidade que o cinema traz de buscar um olhar da época a partir dos pintores e desenhistas negros, sugerindo com suas imagens procedimentos cinematográficos.

Esta nova edição tem a parceria incisiva e carinhosa de Heloisa Frossard, com quem discuti e trabalhei todas as fases destes 2 mil livrinhos, cada um dedicado a alguém, e todos a essa cidade nesse final de milênio.

Roberto Moura<br>Dezembro de 1994

# Introdução

> *Jamais se aninhou em mim qualquer preconceito de raça. Cresci, e me fiz homem, amando os meus semelhantes, tratando com especial deferência e carinho os pretos, os mulatos, os mais humildes. Pensava, assim, resgatar a injustiça da escravidão a que foram submetidos. Como já disse antes, minha família foi entusiasta da Abolição. E quanto ao aspecto concreto e pessoal da questão: poderá parecer que minha resposta a este item contradiz a dada ao anterior. Mas não há tal: fui sincero, como serei ao responder o último. Falo a um sociólogo, a um fino psicólogo e estou certo, ele me compreenderá. Não veria com agrado, confesso, o casamento de um filho ou filha, irmão ou irmã, com pessoa de cor. Há em mim forças ancestrais que justificam essa atitude. São elas, percebo, mais instintivas do que racionais, como, em geral, soem ser aquelas forças, sedimentadas, há séculos, no subconsciente de sucessivas gerações.*
>
> Depoimento de Luiz de Toledo Piza Sobrinho, nascido em 1888, respondendo a enquete realizada por Gilberto Freyre para o livro *Ordem e progresso*

Com a Independência e a formação do Império, configura-se uma nação brasileira nos moldes definidos pela moderna política internacional. O país se transforma. Mas nem tanto: da própria casa real portuguesa herdamos soberanos, e poucas foram as transformações operadas no regime produtivo e nas relações sociais. Do autoritarismo de Pedro I à personalidade política ambígua de Pedro II, só chegamos à Abolição através da, finalmente insustentável, pressão internacional — isso dito sem minimizar a importância da campanha abolicionista, mas apenas aferindo seu peso.

O sistema político-administrativo do Império parecia não acompanhar as necessidades de mudança exigidas pelo sistema econômico internacional, justificadas tanto pela argumentação ideológica da burguesia europeia e dos revolucionários ianques, como pelas exigências operacionais do capitalismo. Assim, o golpe republicano na madrugada de novembro de 1889 pega surpreendida a cidade, sua gente alheia à trama política definida pelo encontro de liberais burgueses, organizados num movimento republicano sem força popular, com uma facção do conflituado exército nacional particularmente incompatibilizada com o governo monárquico, encontro que dá à materialidade impalpável das ideias o peso das armas. O apoio internacional, no pronto reconhecimento da República brasileira pelos países centrais e posteriormente pelos bancos ingleses, completaria a manobra que marca fundas alterações na vida nacional: o início de nossa modernidade.

A confirmação pelo novo regime do disposto pela Lei de Terras de 1850 — que legalizara o monopólio por uma minoria sobre as terras disponíveis no país, restringindo o acesso à propriedade primária, mesmo contra opiniões isoladas de alguns abolicionistas e republicanos considerados radicais que, desde antes, propunham uma reforma agrária contemplando principalmente aqueles que tinham sido escravizados — garantia na prática, bem antes da Abolição, a reprodução do padrão de poder e de apropriação da riqueza. Os antigos segmentos populares vindos da Colônia e os migrantes recém-chegados são confrontados com a implantação de um processo de proletarização nas cidades que os aproximaria dos negros enfim libertados, num processo que, se absorve só alguns enquanto muitos seriam condenados à marginalidade, aproxima esses homens diversos em um formidável encontro. Crescem e se sofisticam classes médias urbanas, favorecidas pelo reaparelhamento estatal e pelo progresso industrial, para quem prioritariamente seria montada uma indústria do entretenimento, que daria voz, entretanto, ao negro, omitido num país que se queria ocidental. No topo, redefinem-se posições no bloco de poder entre as elites nacionais, fortemente mimetizadas com a burguesia europeia.

O progressivo deslocamento do poder decisivo das oligarquias para setores mais modernos ligados ao café, à indústria nascente e ao comércio internacional, tem como contrapartida uma abertura, pelo menos formal, do espaço político, ocasionando um recrudescimento das oposições lideradas por setores das elites alijados episodicamente do poder, mas também por alguns setores das classes médias e do nascente operariado, oposições essas, de baixo para cima, que seriam imediatamente compreendidas pelo sistema como uma ameaça à situação instituída, como uma transgressão às regras tácitas do jogo. A reação a essas manifestações iria do autoritarismo hierárquico, introjetado pela experiência histórica com o mando irrefreado ao ritualismo eleitoral, que tem seu auge na própria República Velha, à política institucional manipulada pelos demagogos conservadores e oportunistas, o controle estatal sufocando o nascente sindicalismo e as demais tentativas de organização fora da órbita oficial.

Em nossa versão tropical da democracia burguesa, a minoria que se constituía na classe possuidora nacional teria no Estado sua principal área de manobra. Com uma precária legitimação eleitoral, os governos republicanos definem as metas sociais, "já que a própria nação não seria capaz de fixá-las em prol do progresso nacional", a privatização do poder justificada como "mal necessário" em virtude da permanente subestimação da maioria. Ao povo vil, à plebe, à malta, à ralé, ao povão de negros libertos, não seria destinado nem o acesso à terra nem os investimentos em educação ou treinamento técnico reclamados anteriormente pelos abolicionistas e por intelectuais e líderes negros. Homens que passam, pouco a pouco, a conviver nos cantos das grandes cidades brasileiras, nas suas ruas, nos seus bairros populares e favelas, com italianos, portugueses, espanhóis, franceses e francesas, poloneses e polacas tocados de uma Europa superpovoada e em crise.

Como pertencendo a um outro Brasil, são mantidos fora do mercado de trabalho e da vida política nacional negros, caboclos e brancos pobres, mestiçando-se alheios "às grandes cenas da vida nacional" e ausentes de sua história oficial. Apesar da ruptura determinada pela Abolição, com a modernização de aspectos do sistema produtivo, o país e, particularmente, os sucessivos governos republicanos não ofereceriam a esses homens, sobretudo aos "libertados", alternativas para a reordenação de suas vidas a partir de sua nova posição na sociedade nacional, a não ser as construídas por eles mesmos. Assim, por algumas vezes esses homens se uniriam rebelados nas cidades e no interior, como em Canudos, onde, por algum tempo, o engenho militar popular e o conhecimento da terra derrotam divisões do Exército, ou no cangaço, quando arte e desespero terminam esmagados pela inexorável rotina da repressão.

Com a Abolição rompem-se muitas das formas anteriores de convivência entre brancos e negros e mesmo entre negros e negros. Anteriormente, fosse através de eufemismos religiosos que ganhariam tradição e complexidade na vida nacional, fosse nas festas populares retraduzindo as franquias governamentais para o melhor controle da massa cativa, o negro havia conseguido manter aspectos centrais de suas culturas que se incorporaram de modo próprio na aventura brasileira. Entretanto, tanto as grandes concentrações propiciadas pelas plantações como seus pontos de encontro nas cidades dispersam-se neste momento de transição, vivendo o negro no Brasil novamente a situação de ruptura de seu mundo associativo e simbólico frente às estruturas sociais em mutação.

A intensa imigração de operários europeus que ocorre no período não vinha atender às necessidades internas de mão de obra, já que esta era abundante, justificando-se não só pelas vantagens técnicas que os estrangeiros já proletarizados ofereceriam às nossas primeiras indústrias, mas sobretudo pelas ideologias raciais que suportavam os grandes investimentos do Estado, idealizando o imigrante como agente culturalmente civilizador e racialmente regenerador de um Brasil idealizado por suas "modernas" classes superiores.

Assim, extensas massas de trabalhadores nacionais que chegam às cidades — centros antiescravagistas do período anterior, logo, símbolos e promessas de liberdade — passam a transitar sem condições de penetrar em seu mercado de trabalho regular e sustentar suas regras, sejam eles os negros ou os nordestinos expulsos pela seca, funcionando como um exército proletário de reserva entregue aos serviços mais brutos e sem garantias, exercendo efeitos depressivos sobre as condições de remuneração do trabalho. Elites que não se sentiam irmanadas pela nacionalidade brasileira com negros, caboclos, e mesmo com brancos pobres, compreendidos como degradados por seu convívio com a ralé, e assim vistos também como sendo menos gente do que aqueles que detinham os rumos do futuro.[1]

Além disso, o mercado capitalista, colocando os homens uns diante dos outros em termos unicamente do valor de seus bens e de sua força de trabalho, e assim posicionando-os socialmente, impõe uma nova lógica que, de imediato, não é absorvida nem utilizada em suas possibilidades pelos trabalhadores nacionais. Lógica a que a teimosia de alguns opõe-se, conformando-se com um mínimo para a subsistência e sem motivação para a acumulação.

Assim, muitos não compreendiam de início a natureza essencial do trabalho "livre", da mercantilização do trabalho, que separa este da pessoa do trabalhador, ou então visceralmente opunham-se a essas concepções, o que atrasa entre nós o surgimento de uma consciência profissional em sua expressão ocidental moderna. Mesmo para os livres, o uso da competição e do conflito em relações contratuais chocava-se com as tradições de lealdade do trabalhador nacional, situação que é explorada por muitos patrões, que contratavam e despediam livremente mas esperavam vinculações e obrigações de seus empregados que em muito ultrapassavam as novas relações profissionais estabelecidas.

Despossuídos de bens e de conhecimentos valorizados nesse mercado, negros libertos e brancos pobres ajuntam-se na cena das cidades, em bairros que, com a ampliação da cidade, aos poucos vão se afastando dos setores ocupados pelas classes superiores, ou então em suas cozinhas e oficinas. Uma vida subalterna que vai da brutalização à extrema vitalidade. Uma história mal contada ou omitida, que só aparece no pragmatismo estatístico dos serviços sanitários ou da repressão, ou em desconcertantes estereótipos da nacionalidade surgidos na arte popular filtrada pela indústria de diversões. Pontos de luz e de escuridão que irregularmente completam-se. Uma história que começa na Bahia para se transferir para o Rio de Janeiro. Uma história possível mas despercebida. Uma história banal, sublime, vergonhosa.

# I.
# De Salvador para o Rio de Janeiro

> *A extinção do elemento servil pelo influxo do sentimento nacional e das liberalidades dos particulares, em honra do Brasil, adiantou-se pacificamente de tal modo que é hoje aspiração aclamada por todas as classes, com admiráveis exemplos de abnegação por parte dos proprietários. Quando o próprio interesse privado vem espontaneamente colaborar para que o Brasil se desfaça da infeliz herança, que as necessidades da lavoura haviam mantido, confio que não hesitareis em apagar do direito pátrio a única exceção que nele figura, em antagonismo com o espírito cristão e liberal das nossas instituições.*
>
> Princesa Isabel, Fala do trono:
> 13 de maio de 1888

Salvador, a antiga capital da Colônia que perdera seu posto para o Rio de Janeiro, é no início do século XIX uma surpreendente cidade do mundo colonial português. Porto exportador reunindo gente de diversos interesses onde renascia uma forte aristocracia local e porto negreiro abastecendo a economia açucareira baiana e a região das Minas Gerais, Salvador seria a cidade colonial em que o negro tinha maior presença, onde a chegada de iorubás e malês daria novas cores e significados às fortes tradições festeiras dos bantos. Lá se deflagrariam as revoltas negras urbanas, conflitos que legariam à sociedade brasileira da Primeira República o temor de grandes levantes nas capitais, expresso pelas instituições policiais por uma duradoura vigilância e intolerância com os africanos e seus descendentes.

Portugal já tinha experiência com os cativos negros, e os primeiros que chegam ao Brasil não vêm da África mas do reino, sendo considerados escravos treinados. Em 1584 o padre Anchieta faz uma estimativa: existiam cerca de 3 mil negros na Bahia. Na verdade, o tráfico inicia-se logo quando é definida uma intenção prática de exploração da terra descoberta à mercê do governo português, e é bem provável que o primeiro negreiro tenha aportado em terras brasileiras antes mesmo que o governo geral tivesse sido estabelecido. A escravidão dos negros fora abonada pela Igreja — afinal, como por muito tempo se disse das mulheres, os negros também não tinham alma —, e a bula *Romanus Pontifex* assinada pelo papa Nicolau V em 1454 dava exclusividade aos portugueses nos negócios da África, autorizando-os a "atacar, submeter e reduzir à escravidão perpétua os sarracenos, pagãos e outros inimigos de Cristo". Tal privilégio é reafirmado em bulas posteriores, confirmando a prioridade da monarquia lusa para executar seu plano imperialista de navegar e conquistar novos mundos, deixando os negros no cultivo dos campos em Portugal. Logo Lisboa teria 10% de sua população composta por negros, e d. Manuel, cognominado de "o venturoso" pela descoberta do Brasil e pelo comércio com as Índias, também pode ser lembrado como o "monarca negreiro".[1]

Sociedades baseadas na posse comunal da terra e no trabalho coletivo, os povos africanos são desestruturados social e economicamente pelo tráfico negreiro. Os negros que chegam de início ao porto de Salvador são "da Guiné", o que significa que eram mandingas, berbecins, felupes, axântis, berberes e de outras etnias próximas territorial e culturalmente, povos que vão ser conhecidos aqui de modo genérico como bantos. O mercado negreiro de Salvador continuaria explorando os mesmos endereços, o que definiria a presença esmagadora de bantos por séculos.

Entretanto, a invasão pelo reino do Daomé ao território dos iorubás, conquistando o reino de Uidá e o porto de Ajudá em 1725, ampliando seu domínio no tráfico escravagista em sua associação com os europeus, faz com que o rumo dos navios que abasteciam a capital baiana volte-se para a Costa da Mina. As epidemias de bexiga que se sucediam nos portos sujos e ensanguentados dos negreiros na Guiné e o valor de que desfrutava o refugo do fumo baiano no mercado da Mina, só comparável ao da famigerada aguardente Roma oferecida pelos comerciantes ingleses, tornam conveniente a mudança do negócio, e logo os traficantes portugueses passam a apregoar a qualidade superior do novo produto: o negro sudanês.

A revolução de africanos e crioulos na colônia francesa de São Domingos — a mais rica colônia caribenha, maior produtora e exportadora de açúcar do planeta —, que começa em 1791, foi a única revolta escrava vitoriosa numa colônia europeia, que chegou à sua independência em 1804 rebatizada com o nome de Haiti. O colapso de sua economia agroexportadora favorece as outras colônias produtoras de açúcar, aquecendo o mercado negreiro do Atlântico. Cuba, Jamaica e a Bahia herdam partes do mercado, expandindo seus canaviais e multiplicando seus engenhos. Esse surto de prosperidade da economia açucareira e do fumo baiano repercutiria também na intensificação do tráfico escravagista alimentado pelo golfo do Benim, ou Costa da Mina, como fica conhecido entre os traficantes, cujos portos naquele momento forneciam a maioria dos africanos que chegavam à Bahia.[2]

As relações entre Bahia e Daomé seriam intensas. O comércio de escravos foi por vezes mediado por negros nascidos no Brasil, como o mestiço Félix de Sousa, o Chachá, título concedido pelo rei de Daomé. Homens fabulosamente ricos e poderosos controlando o negócio da troca de fumo por negros aprisionados na África subequatorial em guerras fomentadas para satisfazer o apetite do mercado escravagista. A produção de mercadoria humana reunia prisioneiros de guerra, prisioneiros de pequenas incursões de captura e indivíduos punidos por crimes ou dívidas. Embaixadas daomeanas visitam Salvador por várias vezes, a partir do final do século XVIII, para acertar os detalhes e garantir as prioridades de que gozavam uma vez associadas aos interesses locais, sempre tentando unilateralmente conseguir o monopólio do fornecimento, acordo que nunca vem a se dar.

Na África Ocidental, grupos populacionais, tribos vizinhas, com língua e cultura comuns, que ficam conhecidos como os povos iorubás, por volta do início do século XVIII haviam fundado cidades-Estado e reinos com instituições políticas intimamente ligadas às instituições religiosas, adorando o mesmo panteão de deuses que reunia os orixás particulares de cidades e regiões. Esses povos iorubás eram prósperos produtores agrícolas e criadores de animais, com indústrias de metais e panos, aproximados tanto por templos e festas rituais como por redes comerciais e mercados urbanos. Entre eles se destaca a peculiaridade do reino de Ketu, subgrupo iorubá, cuja religião se tornaria a principal matriz das religiões africanas no Brasil.

Mesmo sem se constituir num grupo unificado, os iorubás ou nagôs, como ficariam conhecidos no Brasil, ocupavam boa parte da atual Nigéria, região que se torna densamente povoada desde o reino de Oyó até a cidade portuária de Lagos. Seus enfrentamentos e guerras com o povo vizinho do reino do Daomé, de etnia fon, ocupariam boa parte do século XVIII, os vencidos sendo progressivamente negociados com traficantes de escravos europeus instalados nos portos africanos — o cativo era por definição um estrangeiro.

Entre os povos iorubás é marcante a liderança do império de Oyó, cuja rotina de enfrentamento com os daomeanos — chamados por eles de jejes, como os iorubás denominavam os não iorubás — o transforma numa máquina de guerra. Suas forças, a partir da metade do século XVIII, submeteriam seus adversários, tornando o Daomé um Estado tributário de Oyó. O tráfico contínuo torna-se responsável pela contínua redução da população de toda região, boa parte transferida para a Bahia pelos tumbeiros.

Os negros escravizados, assim, não eram etnicamente homogêneos, mas muitos eram originários dos povos iorubás, com língua e hábitos culturais comuns — negros embarcados em Uidá, Porto Novo, Popo e Lagos, portos no litoral do golfo do Benim, aprisionados em circunstâncias violentas que se agravam com a prosperidade do tráfico com as colônias dos países centrais europeus nas Américas. Chegando ao Brasil, os povos africanos eram nomeados tendo por base nomes escolhidos arbitrariamente pelos traficantes, que utilizavam por vezes nomes de um povo particular para representar toda uma etnia, ou davam o nome do porto de embarque como designação dos diversos negros dali aportados, muitas vezes prisioneiros dos dois lados de uma mesma guerra.

Assim, as origens étnicas e tribais e os locais precisos de onde vinham os povos africanos que chegavam escravizados nem sempre aparecem corretamente nesses designativos, que mais se referem a conglomerados de povos dispersos unidos nos porões do mesmo navio negreiro, nomes genéricos que foram uma construção do próprio tráfico negreiro. Mesmo os iorubás, no Brasil o equivalente a nagôs, foram assim designados por trajetos históricos sobre os quais ainda hoje se discute. Especula-se que eram chamados iorubás os membros do poderoso reino de Oyó, a generalização do etnônimo como um fruto de sua importância. Enquanto nagôs seriam, na verdade, um dos subgrupos dos iorubás, tornado arbitrariamente genérico na voz dos traficantes, da mesma forma como na Bahia haussás e os demais africanos islamizados ficam conhecidos como malês.

Relata Nina Rodrigues o que o babalaô Martiniano Eliseu do Bonfim contou-lhe: "Em 1802, o Dam-Foité Othman, constituindo-se, com os fiéis, em *dijemãa*, ou associação religiosa e militar, [...] inspirou-se no mesmo fanatismo religioso que lançou os árabes vitoriosos sobre a África e sobre a Europa".[3] A liderança do reino de Oyó começaria a ser posta em xeque por guerras civis resultantes da expansão do islã na África Ocidental, que alternava meios pacíficos de conquista com a guerra aberta. Uma *jihad*, guerra autorizada ou imposta pela religião, que resulta, em 1804, no estabelecimento na região do califado expansionista de Sokoto, produz milhares de escravizados dos dois lados, prisioneiros já consensualmente poupados para serem vendidos nos entrepostos do golfo do Benim.

Os haussás — com a escrita já disseminada entre seu povo notavelmente desenvolvido no comércio, na agricultura e na medicina, como eram conhecidos na África — estavam subjugados militarmente pelos iorubás e serviam a eles naquele momento. A islamização dos haussás, assim, associa-se com sua luta pela libertação — o que repercutiria no Brasil. Essa revolta contra o império de Oyó recebe o apoio de outros povos, inclusive de iorubás islamizados, que fundariam um emirado na cidade de Illorin, uma meca iorubá difusora do islamismo.

Enfrentando a dura reação das tropas de Oyó, o emirado busca o apoio do califado de Sokoto, e as forças islâmicas iniciam assim um lento avanço pelo país iorubá — guerras civis que iriam abalar o poder dos obás, chefes nagôs, num processo caótico a que se juntam as incursões de pequenos grupos armados de caçadores de escravos para o comércio atlântico, que por fim levaria Oyó ao colapso. O islã, que traz força espiritual para o povo haussá sufocado, serve como instrumento militar aos comerciantes de escravos.[4]

Esses negros que chegam como resultado da cruzada islâmica no país iorubá começam a transformar o universo da população escrava, embora o tráfico com Angola nunca venha a se interromper, apenas perdendo sua expressão anterior. Os nagôs ganham prestígio no meio negro assim como os islamizados com a chegada recente e maciça de prisioneiros de guerra vindos dos dois lados, pois embora traumatizados pelos combates e pela escravização, muitos deles eram indivíduos cultos, conscientes do valor de suas culturas.

Se o negro escravizado em Salvador não perde seus hábitos coletivistas teimosamente mantidos, seus vínculos de linhagem e família, que, no caso dos iorubás, eram pontos de referência religiosa essenciais, são inevitavelmente destruídos. Muitos não suportavam a viagem ou morriam precocemente no cativeiro, os grupos familiares ou tribais eram separados, divididos entre diversos compradores, e são poucos os exemplos de núcleos de africanos que se mantêm na nova terra. Torna-se necessário, uma vez que as formas culturais haviam se desprendido das formas sociais africanas, que aqui sejam criados meios de convívio e de organização da religião expressamente proibidos pelos senhores.

A própria sobrevivência do indivíduo escravizado dependia de sua repersonalização, da aceitação relativa das novas regras do jogo, mesmo para que pudesse agir no sentido de modificá-las, ou pelo menos de criar alternativas para si e para os seus, dentro das possibilidades existentes na vida do escravizado. Homens de diversas procedências ajuntados nas senzalas ou nos cantos das cidades, irmanados pela cor da pele e pela situação comum, teriam que redefinir suas tradições inseridos nessa sociedade paralela do mundo ocidental-cristão.

Numa Salvador já acostumada com o caráter festeiro do banto, que abria suas celebrações na rua apropriando-se do calendário católico, criando novas tradições na antiga capital, a mudança do tráfico para a Costa da Mina povoa a cidade com negros vindos de culturas com forte sentimento próprio, diversos, inicialmente separados, mas prontos a se organizar, e da resistência cultural partir para a revolta armada. Os minas, como alguns os chamam, torna-se a designação abrangente para os embarcados na Costa da Mina. Assim, quando os africanos ocidentais começam a chegar, já havia uma longa tradição angolana em Salvador, negros mais assimiláveis e afeitos ao serviço doméstico, talvez por ainda na África terem sido assediados pelos missionários portugueses. No entanto, o principal quilombo em terras brasileiras, Palmares, era banto. Enquanto bantos e crioulos criaram em Palmares uma vila rural independente, os africanos da Costa da Mina partem para a revolta violenta nos engenhos e nas cidades.[5]

A antropologia brasileira clássica privilegiou o estudo dos negros sudaneses que se concentram em Salvador e em outras capitais nordestinas, enquanto na maioria das outras províncias seguia o tráfico com a costa de Angola. O livro de Luís Viana Filho, *O negro na Bahia*, prefaciado por Gilberto Freyre, mesmo trazendo como novidade uma reavaliação da presença numérica de negros bantos na Bahia, mantém a tese de sua inferioridade frente aos nagôs, como os franceses os chamavam, ou iorubás, e da diluição de suas marcas civilizatórias numa cultura popular urbana liderada pela Igreja e vulgarizada para o consumo das grandes camadas da população. Esse fato teria determinado na época a não participação dos bantos nos movimentos insurrecionais baianos.

As religiões dos bantos partiam do culto dos ancestrais, dos grandes personagens da comunidade que retornavam incorporados nos seus cavalos, suas características atualizando-se frente às novas situações enfrentadas por seu povo. Apesar da dita "pobreza da mítica banto em relação aos sudaneses",[6] fato reconhecido por muitos, o que resultou na sua quase total absorção no Brasil pelo fetichismo nagô, essas conclusões parecem esconder tanto o pouco conhecimento real da cultura dos povos subequatoriais, como uma não compreensão do sentido dinâmico fundamental de seu complexo civilizatório, talvez menos comprometido com a manutenção de elaboradas formas tradicionais fixas, mas extremamente sensível às conjunturas históricas vividas e aos encontros culturais.

Edison Carneiro, um negro doutor versado também nos bantos, dizia que na Bahia, já na primeira metade do século XIX, um dos primeiros candomblés banto-iorubá talvez tenha sido o do pai Manuel Bernardino no Bate-Folha, o que pode ser compreendido tanto como prova da fragilidade de suas formas culturais superadas pelo culto nas nações iorubás, quanto, numa reavaliação, ser percebida sua vitalidade assimiladora, que no inconsciente coletivo do negro brasileiro faria aflorar uma multidão de entidades locais novas no culto — índios, caboclos, santos católicos, representações de seu novo mundo social que nas novas religiões afro-brasileiras aparecem integradas numa cosmogonia comum, embora sempre se preservem no jogo pluricultural características e posições próprias.

Como entender as diferenças da vida de agricultores e pastores bantos frente à experiência urbano-comercial de iorubás e haussás? Se o banto escravizado marca sua presença em Salvador pela transformação que opera nas características das festas do calendário católico hegemônico na cidade, os africanos ocidentais resistiriam à nova situação, distinguindo-se explicitamente não só dos brancos como inicialmente dos negros das outras nações, a quem seriam progressivamente apresentados pelo proselitismo político dos islâmicos.

Pela cidade se dividiam os pontos das nações, negros que saíam de casa com tarefas, ou gente de ofício, operários, pedreiros, carpinteiros, ferreiros, sapateiros, cocheiros, barbeiros, músicos, negros de ganho, escravizados que dividiam seus ganhos com seus senhores. Estes ficam com a parte do leão, aqueles guardando, de tostão em tostão, as sobras para a compra da sonhada alforria. Uma vez obtida a alforria, os que tinham um ofício, os que podiam, abriam uma portinha onde instalavam um pequeno comércio e exploravam suas habilidades.

Nesses pontos reuniam-se os africanos e a primeira geração dos já nascidos aqui, os crioulos, como por muito tempo os negros foram chamados no Brasil, embora por toda América Latina fossem chamados também de *criollos* os filhos dos europeus por aqui nascidos. Suas roupas eram feitas pelas mulheres com o algodão grosso dos sacos: calças curtas, camisolões compridos com bolsos, às vezes sem mangas, vestimentas quase invariavelmente complementadas por gorros, também de algodão grosso. Os cantos de nação tiveram o importante papel de assegurar uma organização solidária entre os trabalhadores africanos, impedindo uma competição individual exacerbada entre os escravos de ganho, mantendo vivos o espírito de comunidade e as tradições de trabalho coletivo.

A extinção do tráfico negreiro inglês em 1807 ocasiona mudanças fundamentais no tráfico de escravizados para o Brasil. Movidos por razões morais e humanistas alicerçadas por um firme pragmatismo econômico, que apostava nas vantagens que traria a modernização do sistema de trabalho liberando grandes parcelas de capital imobilizadas na compra de cativos — os ingleses, da nação mais escravocraticamente ativa do século anterior, passariam a combater a concorrência dos países escravagistas, tentando eliminar as vantagens concorrenciais que pudessem ter os plantadores de açúcar brasileiros valendo-se dos negros cativos.

A diplomacia inglesa, amparada pelo forte poderio naval, passa a impor uma série de medidas restritivas que são listadas num tratado de 1810 assinado pelo temeroso governo português, comprometendo-se "só pra inglês ver" a não negociar fora dos seus domínios na África. O desenvolvimento industrial exportador inglês necessitava da presença de trabalhadores livres para a formação de consumidores, exigindo ao Brasil atualizar-se para ocupar seu papel de comprador de produtos e exportador de matérias-primas. Cinco anos depois, esse tratado seria complementado com o compromisso formal de Portugal de cessar o tráfico em toda a costa africana ao norte do Equador, impedindo, pelo menos no plano formal, o comércio baiano com seus tradicionais parceiros na África.

A partir daí, todos os escravizados que entram oficialmente no porto de Salvador seriam de procedência angolana, o que é provavelmente apenas uma verdade parcial, caracterizando-se essas duas décadas que separam este último tratado da Lei Eusébio de Queirós, proferida pelas câmaras brasileiras em 1850, marcando o fim efetivo do comércio escravo no país, por uma luta surda e sangrenta entre tarimbados contrabandistas clandestinos e os vigilantes brigues ingleses.

O Brasil na época da Independência, cujos conflitos tumultuam a província baiana, era ainda bem pouco urbanizado, apesar de tudo que trouxe e provocou a vinda da corte para o Rio de Janeiro. Os interesses colonialistas conformaram um país inteiramente voltado para fora, onde as grandes cidades portuárias, como Salvador ou o Rio de Janeiro, locais de embarque dos produtos das monoculturas ou das minas, eram centros de administração e controle, e locais de desembarque do necessário para manutenção daquele sistema produtivo subordinado — instrumentos, aparelhos, manufaturas, algum alimento, e, sobretudo, escravizados.

A economia exportadora baiana entraria em crise quando a produção açucareira cubana e a produção de açúcar de beterraba na Europa passam a dominar o mercado internacional. A produção exportadora baiana de algodão e fumo seguem a derrocada do açúcar, o que se acentua na inesperada guerra da Independência, que desvia recursos e destrói engenhos. Assim, os escravizados das províncias nordestinas seriam progressivamente vendidos para o desenvolvimento da agricultura cafeeira no sul do Brasil, mas a bom preço, o que abate os prejuízos de muitos.[7]

Nesse nosso mundo colonial, o negro era fundamental, e a Abolição só seria assinada quando as pressões internacionais e internas tornam o regime insustentável. Não só até a metade do século o comércio escravo ainda é mantido, seja legal com a costa de Angola, seja ilegalmente com a vinda continuada de negros da Costa da Mina, mais valorizados no mercado, como se mantém internamente, tornando-se a maior fonte de renda da província da Bahia. Por fim, a rudeza da fiscalização inglesa, associando-se ao clima de intranquilidade criado pelas contínuas revoltas negras em Salvador, forçam finalmente o governo imperial a aceitar o término do tráfico, mantendo-se apenas o lucrativo comércio escravagista interno.

Apesar da denúncia moral da escravatura pelo movimento abolicionista, o negócio negreiro não era considerado na época socialmente infamante, nem provocava dores de consciência na importante comunidade dos traficantes frente à Igreja ou ao governo colonial, que, acumpliciados, só impediriam suas rendosas transações quando não restavam mais meios práticos de mantê-las.

Henri Cordier registra em seu livro *Mélanges américains* um relato do barão Forth Rouen sobre sua passagem por Salvador:

> Numa igreja da cidade tive a oportunidade de ver, entre um grande número de ex-votos, um quadro bem recente representando um navio negreiro sob pavilhão brasileiro, sendo perseguido por dois barcos, um francês e outro inglês. No

céu, aparecia a figura de Cristo que, com sua mão poderosa, protegia o navio brasileiro, permitindo-lhe escapar do perigo e entrar calmamente na enseada.

De qualquer forma, depois de anos de tráfico contínuo com a África, a Bahia liquidava parte de sua população escravizada, resultado da decadência do açúcar e da progressiva importância econômica que ganha a cultura do café que se expande em municípios do Rio de Janeiro, Minas Gerais e São Paulo. As plantações cafeeiras são supridas num primeiro momento, no segundo quarto do século XIX, pelo excedente de escravizados acumulado na região mineira. O esgotamento dessa fonte, agravado pelo término do tráfico africano, diminui a oferta, subindo astronomicamente a procura e os preços "por peça", fazendo com que grandes levas de negros fossem vendidas a preços crescentes para o Sul, já que os fazendeiros inicialmente não consideraram uma alternativa viável mobilizar trabalhadores livres.

Assim, o Rio de Janeiro, com sua cultura de café localizada no Vale do Paraíba, seria um importante comprador, seguido por São Paulo, que se expandia e optaria, no momento seguinte, por uma solução mais "moderna", atraindo o imigrante europeu — embora a mentalidade escravocrata dos grandes cafeicultores os fizesse oferecer condições econômicas e sociais insustentáveis para esse trabalhador que chegava na grande empresa cafeeira.

Os negros vendidos em Minas Gerais ou aportados no Rio de Janeiro enfrentavam enormes caminhadas acompanhados pelos feitores montados em direção às enormes senzalas nas plantações de café. As estradas de ferro que vão se instalando sob o comando dos engenheiros ingleses, símbolos do progresso, possibilitariam o trânsito de milhares de escravizados para o eito.

A extensa rede do tráfico interprovincial por que passava o negro pode ser percebida no relato que faz Sidney Chalhoub:[8]

o proprietário (1) o vende sem escritura de compra e venda, dando apenas um recibo e uma procuração para a casa de comissões (2), que por sua vez o revende para um grande comerciante de importação e exportação em Salvador (3). Este, depois da viagem por mar que termina no porto do Rio de Janeiro, o vende para uma casa de comissões da Corte (4), que lhe entrega junto com um lote de escravos a um vendedor itinerante (5), que os leva para os municípios da província do Rio e de Minas onde havia o cultivo do café e aquele escravizado, sem escritura de compra e venda, é vendido junto com a maioria de seus companheiros para fazendeiros locais (6). No caso narrado, o tal vendedor no final do processo segue viagem com um empregado, duas bestas e um macho, algumas mudas de roupa para os negros, panelas, canecas, pratos, café, açúcar, um vidro de "pronto alívio" etc., valendo-se de ajudantes ocasionais.

Para muitos negros, a venda para as distantes fazendas de café era pior que a morte, principalmente para os negros de ganho que viviam "sobre si" e quase tinham uma vida própria, acostumados com a cidade onde moravam e com seu trabalho, que perdiam familiares, parentes, amigos e seus velhos companheiros. Uma venda que significava o fim de seus planos individuais ou coletivos de obter a alforria. Entretanto, surgem possibilidades para alguns da população negra de Salvador, sobretudo para os alforriados, aumentando uma classe intersticial de negros livres que tomam as ruas com seus interesses e ofícios junto aos negros de ganho, gente que sobe e desce as ladeiras, que toma o espaço dos cantos, das beiras, nas madrugadas, nas feiras. Negros que percebem o fascínio da velha cidade baiana e por ela se apaixonam como se fosse sua, onde achariam alternativas de sobrevivência, resistência e prazer.

Escrito em 1870 por um viajante:

Poucas cidades pode haver tão originalmente povoadas como a Bahia. Se não se soubesse que ela fica no Brasil, poder-se-ia sem muita imaginação tomá-la por capital africana, residência de poderoso príncipe negro, na qual passa inteiramente despercebida uma população de forasteiros brancos puros. Tudo parece negro: negros na praia, negros na cidade, negros na parte baixa, negros nos bairros altos. Tudo o que corre, grita, trabalha, tudo o que transporta e carrega é negro.[9]

"Não duvidamos que a miséria na Bahia de nossos dias seja pior do que na Bahia escravista do século XIX."[10] A população de Salvador e do Recôncavo Baiano era, na época, constituída por um terço de brancos e indígenas e dois terços por negros e mestiços. Uma sociedade dominada por senhores de engenho, grandes negociantes, inclusive traficantes de escravos e altos funcionários do Estado e da Igreja, seguidos por uma classe média de funcionários intermediários, profissionais liberais, artesãos, arrendatários de aluguéis e agiotagem, pequenos comerciantes e militares, sustentados por uma base de trabalhadores cuja utilização era problematizada pela presença dos escravizados, a mão de obra amplamente dominante, tanto nas plantações como nos serviços urbanos. Assim, graves desigualdades econômicas, 90% da população livre vivendo no limiar da pobreza. Por outro lado, era comum baianos serem sustentados por um pequeno número de escravizados, um modo de vida parasitário e infame, em que não se ter nem um só cativo era prova de extrema mendicidade.

Nesse clima de opressão e precariedade econômica, ocorrem diversas revoltas da plebe livre, subalterna e marginalizada no sistema colonial — lavradores sem-terra, pobres urbanos, libertos sem perspectiva, soldados rebelados, vagabundos e prostitutas, a quem se juntaram eventualmente indivíduos dos setores sociais médios. Protestos contra os portugueses que ficaram conhecidos como os "mata-marotos", revoltas militares e movimentos políticos com tintas republicanas. Mas os afro-baianos seriam inquestionavelmente os principais rebeldes urbanos, começando pela conspiração dos alfaiates em 1798, quando chegam a pretender a independência. A política do conde dos Arcos, permitindo a retomada dos encontros de nações, para que surgissem rivalidades dentro da massa escravizada — já que a experiência comum do cativeiro aproximara indivíduos vindos de diversas etnias — revelara-se eficiente para que muitas rebeliões fossem denunciadas por escravizados rivais, mas não impede a aproximação de malês e nagôs.

Os cativos tinham a noite como um momento especial, a escuridão protegendo suas incursões e atividades. As praças como locais para encontros clandestinos, exatamente onde eram montados os moirões, os pelourinhos e a forca, para o castigo público exemplar dos escravizados. O libambo, fileira de cativos ligados por correntes no pescoço que trabalhavam descarregando vasos de fezes ou abastecendo as casas com água. A raiva que tinham os africanos de crioulos e pardos, alguns deles aliados dos brancos envolvidos com a repressão aos escravizados, feitores, capitães do mato, milicianos e soldados. Situações vividas nas cidades escravocratas.

A revolta de 1809 pode ser vista como exemplar, descoberta antes de eclodir no coração da capital, quando africanos haussás, uma minoria significativa entre os escravizados baianos, propõem-se a fazer guerra aos brancos. A polícia percebe um nível sofisticado de organização com planos anotados e desenhados, reunindo rebeldes da capital e do Recôncavo. A revolta principiaria pelo saque das igrejas e a queima, no terreiro de Jesus no centro da cidade, das imagens católicas retiradas dos seus altares. O movimento se expandiria quando os cativos fugidos em massa de Salvador, liderados pelos haussás, atacassem os engenhos do Recôncavo, e, dispondo dos recursos e armas obtidos, criariam um reino afro-muçulmano naquele sertão.

Diversos aspectos caracterizariam o acontecimento: a combinação de rebeldes urbanos e rurais; a participação de muitos negros boçais, os que ainda não sabiam falar português, ou seja, de africanos recém-chegados; o papel crucial dos libertos sempre em movimento, suas casas como pontos de reunião; e, finalmente, a hegemonia, a imensa maioria, ou talvez a exclusividade dos haussás na revolta.

Com a repressão agindo rapidamente com mortes e prisões, um grupo de cerca de 150 negros foge da capital, juntando-se a seus parceiros que escapam dos engenhos próximos, um pequeno exército que abre seu caminho com violência, espalhando "devastação por onde passaram" — diz o relato entregue ao governador, o conde da Ponte. Os revoltosos tentam uma fuga desesperada, enfrentando as tropas e as milícias, que incluíam os "escravos leais", até serem mortos ou presos, estes contados num total de 95, 83 homens e 12 mulheres. Punidos com duzentos açoites e marcados a ferro em brasa com um F. (Fugidos?) Alguns teriam se suicidado por afogamento. Mas outros escapam divididos em pequenos grupos, e se perdem na história.[11]

Repetidas revoltas em enormes engenhos com muitos negros em suas senzalas, ou partindo de quilombos, de candomblés, o "morra branco e viva negro!", quando alternavam-se e depois associavam-se malês e nagôs. Os barões do açúcar tentam conter a resposta dos africanos utilizando os próprios escravizados cooptados, provocando agressões e mortes dos dois lados, também de capitães de mato e de militares negros e mestiços. A violência da repressão sempre se queria exemplar. O problema era ser sempre lâmina contra bala.[12]

A mítica rebelião malê de 1835 vai enfrentar uma repressão bastante organizada e já atenta aos haussás, que supera militarmente os revoltados. Libertos e mascates cumpriam seu papel criando redes de cumplicidade que tiravam os africanos do isolamento. Islâmicos juntando-se com cultuadores de voduns e com adoradores de orixás, num ecumenismo bélico. Mas tal frente africana não chega a constituir-se inteiramente, em razão da inimizade entre nagôs e jejes, que tem continuidade no Brasil, e da distância mantida com os angolas, cabindas, congos e benguelas — bantos que constituíam-se num contingente expressivo na cidade. Só a aliança com os iorubás confirma-se, esses, na sua maior parte, gente oriunda de Oyó. E, mais uma vez, nota-se a ausência dos crioulos, de cabras e mestiços, vários deles fazendo parte da repressão.

O movimento é definido como um folguedo de matar branco, tendo o propósito de dar cabo de todos eles e também dos pardos e dos crioulos, eliminando a dominação branca e seus cúmplices, e acontece num domingo no ciclo de festas do Bonfim, no dia da Senhora da Guia. Uma delação provoca um alerta geral nos quartéis da cidade. Mesmo assim, ainda na madrugada, nas primeiras escaramuças os rebeldes têm vantagem sobre seus surpresos adversários. Saindo da casa do seu líder, Manoel Calafate, os rebeldes atacam o palácio do governo, a cadeia municipal e diversos quartéis de permanentes, mas, repelidos, continuam somente como senhores das ruas. Reforçados por grupos muçulmanos vindos dos bairros, são fustigados por rondas policiais e pelas tropas apenas acordadas. Experimentada a impossibilidade da luta urbana, partem para fora de Salvador, quando são atacados por cavalarianos, soldados e milicianos, que administram o golpe de misericórdia nos rebeldes, despreparados para uma luta convencional.

Logo explode uma atmosfera de histeria, violência e vingança contra os africanos, espancados e assassinados indiscriminadamente, suas casas e lojas invadidas, centenas de escravizados e libertos jogados nos cárceres, que ficam repletos. Todos os capturados são sentenciados com penas que variam de cinco a vinte anos de prisão e a receber entre cinquenta e 1200 chibatadas. Nove são condenados à morte por enforcamento, o que, por falta de carrascos, é trocado por fuzilamento pela tropa. A partir daí, aos africanos é proibido possuir bens imóveis, passam a ser controlados os seus cantos de trabalhadores, e os forros não podem mais comerciar gêneros de primeira necessidade. Isso, acrescido a diversas limitações no trânsito urbano, tornava a vida dos negros, e em particular dos forros, insuportável, o que os forçaria a progressivamente deixar a cidade.[13]

Francisco Gonçalves Martins, chefe da polícia durante a revolta malê, torna-se presidente da província da Bahia no período entre 1849-53, quando amplia as exclusões dos negros a ocupações urbanas, proíbe aos negros o aprendizado de determinados ofícios, estabelece impostos aos artífices urbanos e intensifica a ação repressiva da polícia, que enche as prisões com libertos, aumentando as levas de forros que partem, alguns para a África, muitos para o Rio de Janeiro.

Na escravatura, as mulheres eram a maioria entre os escravizados domésticos que se integravam, às vezes de forma duradoura, à família do senhor. Os homens, por sua vez, ficavam mais expostos à instabilidade, sempre à mercê de serem vendidos e enviados para outro lugar, o que tornava as relações amorosas e familiares dolorosamente provisórias. Mesmo o casamento formal entre cativos, que era eventualmente autorizado pelos senhores, não impedia a separação dos cônjuges, caso aqueles o decidissem. Era também comum casais formados arbitrariamente, a partir dos interesses na reprodução dos negros por parte dos seus donos. Assim, a criança em geral só tinha mãe, dependendo da situação dela, integrando-se à comunidade de senhores e escravizados em seus aposentos "comuns" ou crescendo separada na senzala, para aos poucos ser integrada aos serviços do sistema produtivo ou da casa, experimentando uma realidade em que uma vida familiar era praticamente inexistente.

Com o esfacelamento da família africana pela escravatura, era em torno da mulher que começava a se formar uma nova família negra entre os forros, assim como sobretudo elas manteriam os cultos religiosos em Salvador. As precárias condições de moradia e de trabalho a que fica exposta a maior parte dos libertos fazem com que a prole fique, na maior parte das situações, sob a responsabilidade única da mulher, que, com a precariedade das ligações, costuma ter filhos de diferentes pais. O descompasso psicológico ocasionado pela libertação depois de uma vida de cativeiro e a incerteza frente às ambiguidades da nova situação forçam o negro liberto a se amoldar a expedientes para sobreviver, vivendo aqui e ali, trocando de quarto nas casas de cômodos de nação, ou instalando-se em casebres erguidos longe do centro da cidade.

As mulheres respondem com bravura à situação. Verger fala do espírito ao mesmo tempo empreendedor e dominador da mulher: o homem se enfraquece com o abandono do filho e com a perda da liderança que a mulher assume na vida religiosa. É dela que muito dependerá o destino e a continuidade do grupo, o poder redefinido entre os sexos, a poligamia africana dos machos senhores superada pelo matriarcalismo que se desenha nos bairros afastados de Salvador, como depois aconteceria no Rio de Janeiro.

Uma vez forras, e entre estes elas seriam a maioria, procuram trabalho ligado à cozinha ou à venda nas ruas de pratos e doces de origem africana, alguns do ritual religioso, a comida de santo, e recriações profanas propiciadas pela ecologia brasileira. Algumas trabalham ligadas às casas aristocráticas onde são tratadas de acordo com sua cidadania de segunda classe, outras preferem manter-se trabalhando em grupo, cooperativadas, ou ainda liderando, como pequenas empresárias independentes, produzindo e vendendo suas criações.

Gilberto Freyre descreve no monumental *Casa-grande & senzala*:

> Desses centros de alimentação afro-brasileira é decerto a Bahia o mais importante. A doçaria de rua desenvolveu-se como em nenhuma cidade brasileira, estabelecendo-se verdadeira guerra civil entre o bolo de tabuleiro e o doce feito em casa. Aquele, o das forras, algumas tão boas doceiras que conseguiram juntar dinheiro vendendo bolo. É verdade que senhoras das casas-grandes e abadessas de convento entregaram-se às vezes ao mesmo comércio de doces e quitutes; as freiras aceitando encomendas, até para o estrangeiro, de doces secos, bolinhos de goma, sequilhos, confeitos e outras guloseimas. Mestre Vilhena fala desses doces e dessas iguarias — quitutes feitos em casa e vendidos na rua em cabeça de negras mas em proveito das senhoras — mocotós, vatapás, mingaus, pamonhas, canjicas, acaçás, abarás, arroz de coco, feijão de coco, angus, pão de ló de arroz, pão de ló de milho, rolete de cana, queimados, isto é, rebuçados etc. [...] Mas o legítimo doce ou quitute de tabuleiro foi o das negras forras. O das negras doceiras. Por elas próprias enfeitados com flor de papel azul ou encarnado. E recortado em forma de coração, de cavalinhos, de passarinhos, de peixes, de galinhas — às vezes com reminiscências de velhos cultos fálicos ou totêmicos. Arrumado por cima de folhinhas frescas de banana e dentro de tabuleiros enormes, quase litúrgicos, forrados de toalhas alvas como pano de missa.

Se a liderança guerreira era dos haussás islâmicos, dos malês, como eram chamados, a vida religiosa da cidade é redefinida com a chegada da grande religião dos iorubás, seus orixás conquistando os terreiros que batiam tarde da noite, disfarçados como meras reuniões festivas. Mesmo nas casas dos bantos, os orixás iorubás passam a descer junto com suas entidades, expressão das identidades e compatibilidades entre a mística dos diversos africanos. O proselitismo, e, por outro lado, a intolerância dos haussás com a vida religiosa das outras nações e a perseguição e a violência que lhes sobrevêm a partir das constantes revoltas faz que suas casas de culto caiam na marginalidade, e que muitos dos iniciados tenham que se isolar ou mesmo desaparecer da cidade, alguns de volta para a África, outros para a capital do Império.

A valorização de uma economia da linguagem e mesmo de uma ética do silêncio frente a curiosidades levianas e exotizantes, ou mesmo frente a interesses supostamente respeitáveis — científicos, acadêmicos, políticos — dos de fora. Um silêncio a que tudo subjaz. Assim, o propósito das lideranças religiosas baianas de oferecer informações esclarecedoras sobre a história do culto no Brasil, silenciando quanto aos fundamentos rituais,[14] nos permitiu perceber a estrutura, adaptada à realidade brasileira, das comunidades iorubás. O candomblé como a preservação de uma forma associativa a partir de uma liderança e de uma hierarquia de iniciados, de sabedores das coisas, cada um das suas, e donos de cargos encarregados das diferentes atividades rituais, associados em torno de seu líder, fazem funcionar a casa reforçando a solidariedade comunitária.[15]

Por volta do fim do primeiro quarto do século XIX chegam a Salvador quatro africanos livres do golfo do Benim que fundariam o candomblé do Iyá Omi Axé Airá Ontile, situado perto da igreja da Boa Morte, no bairro da Barroquinha, em cuja irmandade depois ingressariam. Eram eles Iyá Nassô, filha de uma escravizada baiana que voltara para a África, Iyá Detá e Iyá Kalá, juntas com um wassa, sacerdote com alto título, que vêm de forma deliberada fundar uma casa de orixá, trazendo seu axé e seus fundamentos para os negros de origem na Bahia.

   De uma forma talvez menos idílica e mais enraizada na vida brasileira, Agenor Miranda Rocha, pai Agenor, babalaô, sacerdote de Ifá, um dos orixás da criação, e oráculo, nascido em 1907 e iniciado na Bahia em 1912, principal autoridade do candomblé baiano que chega à modernidade nacional, conta em seu livro essa mesma história, da fundação do culto ketu no Brasil:

> Segundo conta a tradição, o "Engenho Velho" foi fundado em Salvador, Bahia, no início do século XIX. A tradição fala de três mulheres, escravas libertadas de muito valor e conhecimento, vinculadas à Irmandade de Nossa Senhora da Boa Morte, da qual fazia parte a elite dos negros baianos. Essas mulheres reunidas teriam fundado esse terreiro, denominado Iyá Omi Axé Airá Ontile (ou Intile). [...] A casa ficou conhecida como Ilê Iyá Nassô em homenagem a Iyá Nassô, uma de suas fundadoras.[16]

Iyá Nassô, ao contrário do que geralmente acontecia na África, onde os homens lideravam os terreiros, torna-se ialorixá e dá nome à casa, Ilê Iyá Nassô, Casa da Mãe Nassô, que ganha força e respeito entre os iorubás. Esse terreiro fundador muda muitas vezes de sítio, até se instalar definitivamente no bairro do Engenho Velho, onde fica conhecido como Casa Branca. É, sem dúvida, a instituição negra mais duradoura na história brasileira.

   Marcelina seria a substituta de Iyá Nassô após sua morte, já depois da metade do século. Sua sucessão provoca uma cisão que redundaria na fundação de outro candomblé no Rio Vermelho que também se celebrizaria, o Iyá Omi Axé Iyá Massê, que fica conhecido com o nome do antigo proprietário do terreno, Gantois. É ainda no velho Ilê Iyá Nassô, outra vez dividido na sucessão de Ursulina, Mãe Sussu (Maria Júlia Figueiredo), que Aninha, filha de Xangô, Obá Biyi (Eugênia Ana dos Santos), filha do afamado Bambochê, lidera dissidentes para uma nova casa: o Axé Opô Afonjá. Aninha, que chega aos quarenta anos de feita e a mais de vinte de ialorixá, dizia que "o Engenho Velho (Ilê Iyá Nassô) é a cabeça, o Axé Opô Afonjá é o braço".[17]

Outros candomblés iorubá-ketu surgiriam em Salvador naquela mesma primeira metade do século XIX — mestre Agenor conta que luz elétrica só chegaria no Gantois em 1949, ano de centenário de sua fundação, ou seja, 1849 —, como o Ilê Mariolaje, conhecido como Alaketu, fundado no Matatu Grande por duas princesas africanas alforriadas pelo próprio Oxumaré, o orixá do arco-íris que figura o ciclo da vida, e o Ilê Ogunjá, também no Matatu, fundado pelo babalorixá Procópio de Ogunjá.

Outras casas, que aparecem e ganham tradição ao longo do século XIX avançando pelo novo século, manteriam o nome de candomblé, mas não esconderiam suas raízes banto. Ficam conhecidas como candomblés de caboclo, caracterizadas pela forte presença também dos orixás ketu como da mística dos indígenas do interior baiano, num encontro de diferenças e similitudes religioso-filosóficas e cumplicidades sociais. Da mesma forma, muitos candomblés baianos seriam formados em torno dos voduns, divindades dos jejes associadas ao complexo religioso daomeano, equivalentes aos orixás iorubanos com quem passam a se associar.

Também ficam conhecidos na América portuguesa como calundus, termo provavelmente de origem banto, referindo-se às diferentes formas de manifestação religiosa de matriz africana com a presença de batuques e do transe. O ecumenismo africano no Brasil professado por pai Agenor mostraria que, na verdade, não há superioridade, mas diferenças. Frente à inegável importância dos iorubás, e em particular dos ketu no candomblé no Brasil, ele ressalta a importância das outras nações, destacando, a partir de seu vínculo com o Axé Opô Afonjá, suas velhas relações com as três casas originais e seu respeito pelos terreiros de outras nações, como o do Bate-Folha de Angola e pelos candomblés de caboclo.

O candomblé trazido por Iyá Nassô para o Brasil é, de certa forma, um culto novo, pois compensa as lacunas na cosmogonia nagô, ocasionadas pela ruptura da comunidade africana no Brasil escravocrata, com uma nova organização ritual, quando passam a ser incorporados em cada terreiro os cultos das principais cidades iorubás, diversamente do que ocorria na África, onde eles se davam em territórios e templos separados. Assim, dentro dos candomblés, em seus barracões, ficam as casas dos orixás que remetem a suas cidades africanas, como Oxalá em Ifé e Xangô em Oyó. O terreiro toma a forma simbólica de todo território iorubá, do próprio continente africano, os orixás das cidades nos seus assentamentos, as entidades do céu aberto cultuadas em sua mata. Me parece que o próprio termo candomblé só no Brasil teria o significado de culto, ou de casa religiosa, e que as formas acabadas do Ilê Iyá Nassô, do Ilê Iyá Omi Axé Iyá Massê e do Ilê Axé Opô Afonjá seriam mantidas como a estrutura central das organizações religiosas negras no Brasil.

> Esses terreiros mantêm, contudo, apesar dos múltiplos empréstimos ostensivos e das influências perceptíveis no ritual como na linguagem, os padrões mais característicos e distintivos de suas culturas formadoras [...]. Esses padrões dominantes são como a linha mestra num processo multilinear de evolução, aceitando ou rejeitando inovações, adaptando-se à circunstância global; assimilando os empréstimos e adotando as invenções — mas retendo sempre a marca reveladora de sua origem, em meio à integração e à mudança.[18]

É preciso ir além e alhures, diz Vivaldo. Assim, na criação do candomblé brasileiro, transformações foram essenciais para a sobrevivência, para a resistência cultural e religiosa. Um sistema de crença que perpetuamente é forçado a se ajustar, a se adaptar e se modificar, a se reinventar, para preservar sua essência.

"O termo candomblé é também genérico, pois engloba 'nações' diversas, tais como Angola, Ketu, Congo, Jeje, Ijexá, Grunci, para citar somente as mais conhecidas." Mantém-se, entretanto, a particularidade do culto dos Ketu. Agenor analisa já o processo por que passam as casas matriciais, que vão ser referências para as múltiplas recriações do culto na vida brasileira, quando a dispersão da vida em Salvador e a distância entre seus bairros fizeram que cada candomblé ficasse num "relativo isolamento", os contatos dando-se apenas nos dias de festa, tornando-se mais superficiais. Esse isolamento geraria "alterações nos ritos sagrados", mas "não se trata, aqui, de analisar as discrepâncias com a casa matriz, nem as raízes das mesmas (num culto) transmitido oralmente, que recebe pessoas de procedências e ligações diversas e sem um controle mais rígido exercido pelo pai de santo".[19]

Pierre Verger discorre reunindo uma multiplicidade de histórias que ouviu sobre a vinda do culto dos orixás para o Brasil:

> Durante toda a primeira metade do século XIX, as chegadas de escravos da região do golfo do Benim eram contínuas, houve certos anos em que cerca de cem veleiros fizeram a viagem entre a Bahia e esta parte da costa da África. Os barcos traziam os prisioneiros de guerra feitos pelos reis do Daomé contra seus vizinhos nagô-iorubá, e reciprocamente enviavam os agressores que tinham capturado. Eles eram respectivamente embarcados em Uida e em Lagos. Assim chegava ao Gege Mahi que trouxeram à Bahia o culto de Sakpata, chamado Azoani no Brasil, de Nanã

Buruku e Dan; os Gege Mundubi (Hweda e Hula) trouxeram Hevioso (Sobo e Bade). Os voduns da família real de Abomeu chegaram por sua vez a São Luís do Maranhão, estabelecidos sem dúvida neste lugar por Na Agontime, mãe do rei Ghezo, exilado por Adandozan quando ele exerceu o poder no início do século XIX. Eles tinham sido despojados de todas as suas posses materiais mas não haviam podido apagar de seus espíritos e corações sua religião tradicional. Chegavam assim muitos prisioneiros de guerra feitos no reino de Ketu e de Savê, trazendo com eles os cultos de Oxóssi e de Omulu. As guerras intertribais dos iorubás trouxeram ao Brasil contingentes das diversas nações embarcadas em Lagos, Badagri e Porto Novo. Eles trouxeram quase todos os seus deuses. Os iorubás de Oyó vinham com Xangô, deus do trovão tido como o terceiro de seus reis; os egha trouxeram Iemanjá, divindade do rio Ogum que na Bahia se tornou deus do mar; os ijexá vieram com Oxum, que se tornou a divindade das águas doces no Brasil; os ekiti trouxeram Ogum, deus do ferro, dos ferreiros e dos guerreiros. A gente de Ifé veio com Oxalá, divindade da criação; os de Ifan, Oxalufan e os de Ejigbo, Oxaguian, os dois nomes sob os quais se rende o culto de Oxalá no Brasil. Oyá, divindade do Níger e das tempestades, tornou-se Iansã na Bahia. Uma grande parte dos orixás e voduns da Nigéria e do Daomé atuais passaram assim o Atlântico para se implantar nas Américas.[20]

É notável a predominância dos libertos no núcleo dos candomblés oitocentistas na Bahia, quando os escravizados eram a maior parcela de suas clientelas. E era sobretudo na periferia de Salvador que aconteciam os encontros entre forros e cativos, entre africanos e crioulos, progressivamente com brancos pobres, na expansão da religião afro-brasileira, que se ajustava a um universo repressivo no qual bater num atabaque era compreendido como um ato subversivo. Na Constituição de 1824 ficara estabelecido que a religião do Estado era o catolicismo, única com direito de celebrar cerimônias públicas. Aos estrangeiros fora concedida a liberdade religiosa privada, enquanto eram consideradas ilegais as religiões africanas. Muitas vezes os atabaques eram substituídos por instrumentos de percussão mais leves feitos por cabaças, ou mesmo substituídos por palmas. A sobrevivência dos terreiros implicava extrema discrição, reserva, cautela e eventuais alianças com brancos, com os humildes mas também com as pessoas de importância social ou da administração pública, que passam a ser atendidas pelos sacerdotes africanos, um capital simbólico importante.

Frente à potencial desagregação da identidade vinda de suas comunidades de origem, o candomblé oferece ao negro um novo patrimônio simbólico. O drama ritual como a renovação periódica das relações dos homens com deuses e ancestrais traz um sentido para a vida e, em sua nova comunidade no exílio, segurança e proteção naquele mundo adverso e incerto. Daí a importância dos nagôs — em Salvador o iorubá torna-se uma língua franca entre os africanos. Enquanto os cânticos e as danças dos negros buscavam a comunicação com suas divindades, rituais mais pragmáticos de cura e adivinhação atraíam os brancos, já que o pensamento mágico, o curandeirismo e a adivinhação, compreendidos como meios de interferir nas relações sociais, na saúde e na morte, eram correntes tanto do pensamento africano como do europeu.[21]

Cada candomblé, com sua vida própria, seus ritos de gentileza e amizade se ajustam ao calendário comum de celebração dos orixás. No Brasil, é uma religião decididamente liderada pelas mulheres. Não se pode fazer um candomblé só de mulheres ou só de homens, o homem é o pai que guarda a casa, a mulher, a mãe que guarda o mistério da vida. Mas, nos candomblés tradicionais, há indiscutivelmente uma consideração maior pela mulher do que pelo homem — uma vanguarda na vida nacional.

Dizem que as grandes mães de santo de Ketu no Brasil, Aninha, Pulquéria, Senhora, Menininha, sabiam de coisas que não eram transmitidas para os homens. As mulheres do Engenho Velho não faziam santo em homem, nem Pulquéria do Gantois — elas achavam que os homens não eram feitos para ter a possessão. Só Menininha passaria a fazer santo em homem. O poder das mulheres evidenciado no trabalho crucial de reorganização das comunidades ketu na Bahia e no Rio de Janeiro, que seria realizado por mãe Aninha.

Assim, as nações de origem, recompostas na vida brasileira, representaram a ossatura da vida social e religiosa dos negros. No Brasil, os membros de um candomblé consideram-se pertencentes a uma mesma família, a família de santo, substituta da linhagem africana desaparecida com a escravatura. Assim, é no candomblé, nas habitações coletivas que se espalham em Salvador, nas irmandades e nas juntas de alforria, nas rodas musicais e nas festas de rua, que o negro exerce sua personalidade profunda, seus ritmos e valores ligados ao inconsciente coletivo africano. Surge assim em Salvador entre os negros um complexo ambiente cultural-religioso composto pelo culto dos orixás nagôs, pelos cultos islâmicos dos malês, pelo culto dos voduns dos jejes, pelo candomblé de caboclo dos bantos, a que se inclui ainda um catolicismo crioulo forjado pelas irmandades.

São os hábitos da vida comum que os protegeriam nesses duros anos de transição. Muitos pensam em voltar para a África, outros, aqui já nascidos e com sua memória truncada pela escravatura, não saberiam mais para onde lá se dirigir, num continente rasgado pelas disputas colonialistas. Talvez valesse mais a pena, muitos pensavam, tentar a sorte em outra cidade brasileira, quem sabe na distante capital, o Rio de Janeiro, uma cidade que se iluminava em histórias que se contavam e para onde se dirigiam as esperanças de uma outra vida para os negros, respeitados, iguais.

Nas obras públicas, uma das possibilidades que se abrem para indivíduos sem especialização profissional, a partir de 1848 fica impedida a contratação de escravizados. Trava-se uma luta surda entre trabalhadores livres e cativos, provocando o aparecimento de uma série de disposições municipais que vedam a ocupação de alguns ofícios e funções públicas aos cativos. Só aos livres nacionais é facultado trabalhar no transporte de saveiros da cidade a partir de 1850. Em 1861, é a vez dos estivadores protestarem junto ao presidente da província quanto ao "nocivo e contumaz ascendente que há formado o abuso da introdução de escravizados nos serviços da profusão de atividades no porto desta cidade".

"A alforria nunca é uma aventura solitária. A carta de alforria é um ato comercial, raramente um ato de generosidade." A afirmação de Kátia Mattoso[22] resume bem a questão das cartas de alforria. Se a legislação garantia ao escravizado, dentro da perspectiva cristã, "ressuscitar como homem livre", a compra de sua própria liberdade reveste-se de extrema dificuldade, em geral só sendo possível com o concurso das juntas de auxílio mútuo ou com a ajuda dos parentes. O preço de referência era o de sua própria compra atualizada pelos novos preços do mercado, e o proprietário só o "alforria" quando o negócio lhe é favorável, possibilitando a compra de um mais moço.

Com frequência, o escravizado passava por um período intermediário em que continuava devendo obrigações ao senhor, ou pagando parcelas periódicas sobre seu valor de venda. A liberdade apresentada não como um direito, mas como uma "recompensa". E, para obtê-la, precisava conquistar o senhor com seu comportamento e esforço, sem que isso absolutamente significasse a dispensa de pagá-lo em moeda corrente.

É particularmente significativo naquele momento, para o próprio destino do negro no país, esse grupo intermediário de libertos, sua paradigmática cidadania de segunda classe, suas possibilidades de trânsito e influência. Eles eram homens livres, mas havia restrições legais instituídas aos seus direitos de cidadania. Se nascido no Brasil, era garantido ao negro relativa capacidade civil e direito à propriedade, mas a ele não era facultado ingressar nas ordens religiosas, no alto funcionalismo ou no oficialato do Exército e da Marinha, onde podia ingressar apenas como soldado na tropa ou na Guarda Nacional. No sistema eleitoral que se instaurava, no qual o acesso ao voto e aos cargos era proporcional à propriedade e aos rendimentos, o liberto, qualquer que fosse sua fortuna, votava apenas nas primárias e podia, no máximo, eleger-se vereador.

A lei considerava o forro a partir de duas preocupações que se tornavam por vezes contraditórias: o abastecimento de uma mão de obra mais qualificada e a segurança da sociedade por eles ameaçada. As restrições econômicas e policiais à presença do negro em geral em Salvador indicavam que, mesmo depois de libertos, o país legal os queria mantidos numa situação de subordinação e sob controle. Havia, desde antes da Independência, um antiescravismo que ampliara seus argumentos com a vitória da revolução haitiana e com as insurreições baianas, particularmente com a revolta malê de 1835, que suscitaria medidas draconianas na legislação.

Africanos eram objeto de maior atenção, apátridas, nem eleitores nem elegíveis, obstados a incorporar-se em qualquer instituição nacional. Objeto da cupidez dos traficantes, mas eventualmente tornados indesejáveis. Mesmo depois da proibição do tráfico, em 1851, os africanos apreendidos em negreiros em águas brasileiras, embora declarados livres, eram distribuídos pelo juiz de órfãos "para aprendizado" com empregadores, mediante salários irrisórios.

Embora o crescimento da população forra, com o aumento da oposição à escravatura, fosse maior do que o da população branca, aquela só iria manifestar-se na esfera pública nacional depois da década de 1870, quando aparecem líderes negros como José do Patrocínio e André Rebouças, e, mais definitivamente, quando surge uma pequena classe média de mestiços ainda que distante da massa de escravizados.

Irmandades para leigos floresceriam na Igreja durante a Colônia, como um expediente regulador do comportamento e das relações sociais, amortecendo os choques, fazendo com que cada um se sentisse igual entre "os seus", estes cuidadosamente definidos pela organização eclesiástica. Os dominicanos haviam enviado seus missionários à África apoiados pelo Estado português, difundindo o culto de santos e virgens negras num catolicismo separado. Este, ao incorporar elementos culturais dos diversos africanos, redefinia-os de acordo com os princípios da cristandade e, mais especificamente, de acordo com as necessidades de manutenção da dominação — o sacerdote, assim, em definitivo associado ao soldado conquistador e ao traficante de escravos.

As irmandades partiam de nexos de distinção entre os indivíduos, cultivando-os espertamente como rivalidades. Irmandades ligadas a uma nação ou apenas a um sexo. Irmandades de negros africanos, de negros brasileiros, de mestiços, e, evidentemente separadas, irmandades de brancos. Todos compreendidos como fiéis mas percebidos como diversos e assim hierarquizados, eis o princípio da Igreja colonial, uma ordem coreograficamente explicitada no espetáculo das procissões, flagrando a separação das raças, as diferenças entre os libertos e as próprias divisões no meio dos escravizados.

É no seio das confrarias negras que as tradições africanas ganhariam o espaço necessário à sua perpetuação na aventura brasileira, sincretizadas com o código religioso do branco.

De maneira mais ou menos formal, a princípio apenas como um disfarce legitimador, passa a absorver o catolicismo como uma influência profunda que se expande nas religiões populares urbanas negras da modernidade. A incorporação de santos da Igreja, compreendidos africanamente como entidades locais daquele novo mundo, alguns por características e coincidências passando a ser associados aos próprios orixás iorubás.

É em Salvador que se redefine o calendário cristão num ciclo de festas populares, quando nos dias dos santos católicos seriam homenageados os orixás nagôs, antes cultuados apenas em cerimônias privadas e secretas que, a partir de então, seriam celebradas com toda exuberância na festa "católica", nas ruas, nas praças, nos mercados e mesmo nas igrejas da cidade. Transposições afro-baianas, os negros recriam o teatro pedagógico da Igreja e depois apropriam-se das praças com suas rodas, onde se dança e luta, e depois se canta e dança.

Assim, se os negros haviam sido empurrados para fora da cidade, onde ocorre a reterritorialização de locais periféricos como espaços de expressão da sociabilidade e da cultura dos negros, isso ocorreria progressivamente em Salvador também em lugares centrais, através dessas transposições afro-baianas das festas da Igreja, coisa que não acontece da mesma forma no Rio, com a exceção da festa da Penha e, depois — se podemos considerá-lo como parte desse calendário — no Carnaval.

Esse ciclo de festas populares que daria substância à identidade profunda de Salvador, redefinindo sua personalidade moderna de cidade, inicia-se um mês antes do Natal com o Advento, aberto pela festa de santa Bárbara, Iansã, que, já na metade do século XIX, tinha a participação marcante dos africanos, celebrando sua entidade de devoção no mercado dos Arcos de Santa Bárbara. Dias depois é homenageada Iemanjá, no dia de Nossa Senhora da Conceição da Praia, a festa armada em torno de sua igreja, onde se misturavam brancos, pretos e mestiços, as negras com seus turbantes, suas camisas finamente bordadas e saias franzidas e rodadas.

O Natal também era pretexto para uma série de manifestações dos negros: cheganças, bailes, pastoris, bumba meu boi e cucumbis, que saíam à rua revelando, mesmo em meio à dura repressão provocada pelas insurreições dos escravizados, a progressiva afirmação do negro na cidade. Os cucumbis baianos reapareceriam no Rio de Janeiro anos depois, em ranchos negros onde se cantava e dançava música africana em procissões que atravessavam os bairros populares, só interrompidas pelas luzes da manhã.

A festa de Primeiro de Janeiro, que tinha seu ápice na procissão de Nosso Senhor dos Navegantes, também seria ligada indiretamente ao negro, já que era patrocinada por capitães e pilotos dos navios negreiros, acostumando-se, entretanto, o povo a associá-la aos batuques de rua, às rodas de samba e capoeira nas praças e em torno da "igreja do santo". Uma das mais importantes, e ainda hoje celebrada em moldes semelhantes, é a do Senhor do Bonfim, a festa de Oxalá, que leva, na quinta-feira que a precede, inúmeros negros à sua igreja para a lavagem do chão, numa manifestação de devoção africana e piedade cristã. Mulheres vestidas com roupas rituais brancas levam, com um equilíbrio elegante, potes de barro com água, sendo acompanhadas por carros e carroças decorados com bandeirolas e serpentinas sempre brancas.

O príncipe Maximiliano da Áustria, insuspeitadamente excelente cronista, descreve com visão cinematográfica, na qual não está ausente um excelente fecho de cena, uma dessas ocasiões, por volta da metade do século XIX, enfatizando o surpreendente convívio da festa africana com a reunião da sociedade baiana e com o rito católico:

O tumulto de uma feira reinava, neste momento, na praça e na igreja. A população negra, em roupas de festa, empurrava-se com muito barulho. Viam-se suspensas sobre as cabeças caixas de vidro repletas de comestíveis. Pequenos grupos de vendedores de cachaça formavam como ilhas no meio deste oceano de seres humanos. Nós nos deixamos levar pela torrente até o edifício principal. Penetramos, por uma porta lateral, como água que se precipita numa represa. Uma longa fila de jovens e alegres negrinhas ocupavam a extensão de um dos muros. Seus encantos bronzeados estavam mais velados que ocultos, sob gazes transparentes. Assumiam as atitudes mais cômodas, as mais à vontade e as mais voluptuosas, vendiam toda sorte de objetos de religião, amuletos, velas e comestíveis que levavam em cestas. Tudo ocorria muito alegremente na sala. Indo avante com a multidão ou em sentido oposto, chegamos a uma vasta peça decorada de ricos ornamentos. Alguns utensílios indicavam que era a Sacristia. Um eclesiástico, amarelo como um marmelo, apoiado num cofre, ao lado dos ornamentos do altar, entretinha-se, da maneira mais íntima, com algumas senhoras. A corrente nos levou como nos havia trazido, empurrou-nos e nos arrastou através da sala do mercado e nos jogou, enfim, apertando-nos até quase sufocar, numa grande sala de aspecto resplandecente. Lustres inumeráveis e carregados de velas acesas desciam do teto; as paredes brancas eram ornadas com quadros. Um ar de festa e de alegre diversão reinava em todos os rostos. Parecia que faltavam apenas os violinos para começar a dança. A sala estava cheia; via-se apenas caras negras, amarelas e morenas, e entre elas as mais belas mulheres; todas pareciam encantadas e exaltadas pela influência da cachaça. Como troféu de festa, elas levavam uma elegante vassoura. Todos se misturavam e se empurravam.

> Sentia-se que era uma festa longamente esperada onde os negros sentiam-se em casa. A sociedade toda parecia concordar em manter uma conversa incessante e barulhenta. E nós, também, conversávamos alegremente e em voz alta atravessando a sala. De repente, na outra extremidade, notei, em um ponto elevado, um personagem que ia e vinha com ar inquieto, passava os olhos sobre um livro, olhava ao redor de si e parecia, de vez em quando, mergulhar e tornar a subir. Era o eclesiástico de cor amarela que cumpria as cerimônias da missa.[23]

Além de se envolver com a organização das festas religiosas que se profanizavam nas ruas, uma vez cumpridos os rituais, as irmandades prestavam assistência social a uma clientela completamente ignorada pelas instituições públicas, com exceção da força policial. É com as reservas das irmandades que eram garantidos os enterros dos negros, como através delas conseguiam-se alguns recursos para órfãos e mesmo um auxílio para muitos velhos ou incapazes de se sustentar. Assim como as irmandades, surgem as primeiras instituições urbanas autônomas de negros. Juntas de alforria que se organizam entre negros de ganho e libertos para a compra da liberdade dos parentes e dos irmãos de nação. Organizações que procuravam apoiá-los também nos primeiros passos depois da compra da liberdade.

Quando, uma vez pago o senhor com todas as suas economias, o negro se via sem recursos, além de sua força e seu engenho, ele encontrava moradia entre os seus, no nagô Tedo no alto da subida do Alvo, ou na rua dos Capitães, perto da Tira-Chapéu, nos bairros populares como o Santo Antônio Além do Carmo, nas casas com telhas romanas e sem forro, com janelas sem vidraça e venezianas de madeira.

Quando alforriados, a própria roupa marcava a nova situação, sobretudo os sapatos que, mesmo carregados na mão, davam dignidade de homem livre a seu proprietário. É notável também a organização de grupos de trabalhadores negros, como a Companhia dos Africanos Livres, que trabalharia com sucesso em obras no Jequitinhonha e em outras, promovidas pela municipalidade para modernizar a cidade arcaica em sua paisagem e nos seus serviços, como mais tarde e mais radicalmente sucederia no Rio de Janeiro.

Relatava o pioneiro Manuel Querino o funcionamento das juntas de alforria em *Costumes africanos no Brasil*:

> Com esse nobilíssimo intuito reuniam-se sob chefia de um deles, o de mais respeito e confiança, e constituíam a caixa de empréstimos. Tinha o encarregado da guarda do dinheiro um modo particular de anotações das quantias recebidas por amortização e prêmios. Não havia escrituração alguma; mas à proporção que os tomadores realizavam suas entradas, o prestamista ia assinalando o recebimento das quantias ou quotas combinadas, por meio de incisões feitas num bastonete de madeira para cada um. Outro africano se encarregava da coleta das quantias para fazer entrega ao chefe, quando o devedor não ia levar, espontaneamente, ao prestamista a quantia ajustada. De ordinário, reuniam-se aos domingos para o recebimento e contagem das quantias arrecadadas em cobre e tratarem de assuntos relativos aos empréstimos realizados. Se o associado precisava de qualquer importância, assistia-lhe o direito de retirá-la, descontando-se-lhe, todavia, os juros correspondentes ao tempo. Se a retirada do capital era integral, neste caso, o gerente era logo reembolsado de certa percentagem que lhe era devida, pela guarda dos dinheiros depositados. Como era natural, a falta de escrituração proporcionava enganos prejudiciais às partes. Às vezes, o mutuário retirava o dinheiro preciso para sua alforria, e diante dos cálculos do gerente o

tomador pagava pelo dobro da quantia emprestada. No fim de cada ano, como acontece nas sociedades anônimas ou de capital limitado, era certa a distribuição de dividendos. Resgatavam-se pelo auxílio mútuo de esforço paciente, esses heróis do trabalho.[24]

Essa subclasse de indivíduos libertos, ou em processo de se libertar, se caracterizava a partir da postura de cada um frente à sua comunidade de origem, seja de nação ou de ofício. Uns se identificavam com seus irmãos escravizados, ligados às juntas de alforria, envolvidos nas sublevações apesar de já libertos. Já outros se afastavam dos seus, individualizando-se, mimetizando-se com os brancos procurando ascender. A situação dos alforriados era problemática em sua ambiguidade, pois os brancos ainda exigiam ao liberto uma total subserviência, e qualquer relação com eles implicava, para o negro, numa considerável perda de sua independência, da sua dignidade e mesmo da sua identidade. Muitos negros de ofício depois de alforriados chegam a comprar escravizados para escapar das tarefas braçais estigmatizantes associadas à escravatura. Assim, podiam ser vistos pela rua baiana negros que carregavam vistosamente os instrumentos de trabalho de seus donos, também negros.

O mesmo acontecia entre os mestiços, alguns já naquele momento integrados aos estratos mais altos da sociedade. Eles em particular — talvez exatamente por se perceberem como uma metáfora biológica, como uma possibilidade de uma nacionalidade brasileira vinda desse encontro traumático entre negros e brancos — manifestavam uma aguda sensibilidade para a questão da identidade racial, muitas vezes resolvida por uma aderência extremada a uma das suas metades. Como herança disso, na vida brasileira, mesmo hoje, cor da pele não necessariamente define o comportamento básico e a visão de mundo profunda e prática de cada indivíduo — e isso vale até para os brancos.

Na recente classe de bacharéis e doutores que se afirmavam na sociedade baiana, alguns eram filhos de negras com brancos de alta condição, em geral seus proprietários, mestiços claros de sobrecasaca e cartola identificados com os novos valores europeus modernizantes, os "gentlemen de cor" de quem falam na época os viajantes europeus, de passagem na capital da província. Homens identificados com as elites e por elas acolhidos, vivendo uma vida à parte da grande comunidade negra das ruas.

Na verdade, a sociedade baiana no período surpreende os europeus, principalmente aqueles que já haviam conhecido outras sociedades em que o negro havia sido introduzido como escravizado, como revela numa carta o ministro francês no Brasil, o conde de Alexis Saint-Priest:

> Chegando aqui eu pensava que os mulatos formavam uma classe à parte, rejeitada pelos brancos e dominando os negros, mas sou forçado a convir que mesmo encontrando muitos indivíduos mulatos, estou ainda à procura do partido dos homens de cor. Na Martinica e nas outras ilhas, a orgulhosa aristocracia dos brancos lá nascidos tornou temível a associação dos mestiços; a vaidade ferida fez muitas vezes derramar o sangue de uns pelos outros, mas no Brasil, nem essa aristocracia branca nem esta democracia parda existem na realidade. Os mulatos não formam em absoluto uma classe à parte, há muitos mulatos nos clubes, mas não há clubes de mulatos. Eles estão misturados, confundidos com todo o mundo, se os encontra na escravidão, nos mais vis dos ofícios, mas também na alta sociedade e no Senado. A guarda permanente é composta metade de mulatos que vivem às mil maravilhas juntos e servem fielmente ao governo atual. Na divisão dos partidos, tal como ela existe ainda hoje, seria bem difícil designar um lugar às pessoas de cor, nenhum deles é inacessível aos homens de cor.

No entanto, afastados dos salões e dos escritórios, da política e dos negócios, é nas ruas do Centro e da orla e nos bairros populares que surgem os negros. É com a proibição do entrudo, em 1853, e com o deslocamento das manifestações processionais negras para a época do Carnaval baiano, que este começa a tomar uma feição moderna com seus blocos e cordões, muitos deles com intenções críticas, que ressurgiriam no Carnaval carioca. Aparecem clubes carnavalescos liderados por africanos, crioulos e mestiços, já para o final do século, como a Embaixada Africana, os Pândegos da África, a Chegada da África, e muitos outros. Ficava claro o sentido de afirmação cultural do passado, alguns identificando-se com egípcios, abissínios e outras sociedades da Antiguidade polemicamente associadas às origens africanas, mas a maioria claramente identificada com a África negra.

Assim é descrito um desfile dos Pândegos da África:

> Vimos compacta multidão de negros e mestiços que a ele pode-se dizer, se haviam incorporado e que o acompanhavam cantando as cantigas africanas, sapateando as suas danças e vitoriando os seus ídolos ou santos que lhes eram mostrados do carro do feitiço. Dir-se-ia um candomblé colossal a perambular pelas ruas da cidade. E de feito vingavam-se assim os negros fetichistas das impertinências intermitentes da polícia exibindo em público a sua festa.[25]

Nos cantos das nações, tornam-se comuns as giras dos batuqueiros onde vai surgir o samba baiano, motivos desenvolvidos pelo coro e contestados pelos solistas: o samba de roda. Uma orquestra de percussionistas com tamborins, cuícas, reco-recos e agogôs. Batuque era o nome genérico que o português dava às danças africanas, suas conhecidas ainda no continente negro, que na Bahia tomam também a forma de uma dança-luta que ocorria aos domingos e nos dias de festas na praça da Graça e na do Barbalho, apesar da constante vigilância policial. "Batucada", como jogo de destreza corporal, variante ou antecessor da capoeira, ou como música cantada e dançada acompanhada por instrumentos de percussão, termo que seria eventualmente substituído, tomando "samba" o seu lugar, compreendido como baile popular.

De início samba dá nome a ritmos bastante variados e de regiões diversas, o samba rural, o samba-duro, o samba de roda, praticado depois nas rodas de capoeira ao som de sua orquestra composta por pandeiro, atabaque e berimbau. Edison Carneiro falava também de um samba de umbigada. Enfim, o samba baiano, sem registros folclóricos, ritmo saído dos terreiros e dos fundos de quintais, das favelas e dos subúrbios, cantarolado nos bares e cafés, assobiado nas calçadas.

Manuel Querino fala de um samba que se tocava nas rodas durante as festas de rua de Salvador, os batuqueiros respondendo a refrões conhecidos pelos negros, muitos deles ainda referentes ao trabalho com a cana no interior — um "samba arrojado, melodioso, [...] as morenas, entregues a um miudinho de fazer paixão".[26] Pandeiro, ganzá, faca arranhando o prato com o ritmo certo, a chegada do violão. O mesmo acontece com a dança, quando o movimento rítmico coletivo provoca solos individuais ou de casais, os pares tocando-se na umbigada, gesto coreográfico do encontro dos ventres remetendo à aventura amorosa e ao sentimento de solidariedade e pertencimento ao grupo.

A capoeira é uma arte dos angolas redefinida pela briga brasileira. A roda arma-se com berimbau, chocalhos e pandeiros, os pares de lutadores trocando-se em sintonia com a música cantada. A agilidade era testada no tranco contra marinheiros portugueses ou ingleses, alguns pesados e muito fortes, quando o negócio era se afastar e dançar em volta esperando uma oportunidade. O corta-jaca é tanto um ataque característico da capoeira da cidade de Salvador como um passo de samba, da mesma forma que a capoeira pode ser considerada uma variação do batuque. Das formas tradicionais, surgem suas recriações propostas pela realidade cambiante, formas culturais extremamente relacionadas em sua plasticidade, que se vitalizam com as possibilidades de trânsito e autonomia que o negro, apesar de tudo, progressivamente conquista.

A capoeira, entre a desordem urbana e a luta social, é uma prática que nasce nas senzalas e nos cantos da cidade como uma forma de defesa do negro, numa reação à escravatura. Forma de defesa em situações de desigualdade, a própria luta é dissimulada por uma forma de dança, o caráter de brincadeira encobre sua natureza marcial — o praticante nela se diverte enquanto treina. A época dos "barulhos", com as rodas de capoeira movidas a cachaça, quando ainda não havia a rotina dos berimbaus puxando a música e os golpes efetivamente atingiam os capoeiras, associados pelas elites e pelo poder público à criminalidade. Formas iniciais de uma capoeiragem primitiva surgem em diversos pontos e situações, convergindo para uma síntese urbana em Salvador.

Já configurada numa precoce maturidade associada a ritos religiosos, com um acompanhamento musical e expressamente realizada numa roda formada por companheiros e assistentes. No seu início, os dois capoeiristas que se enfrentarão agacham-se silenciosos ao pé do berimbau, à frente dos instrumentistas e cantores. Um dos jogadores canta a chula de abertura. Depois do preceito os jogadores levantam-se, perfazendo um círculo no interior da roda. É quando se inicia o balé marcial ritmado pela orquestra, no qual o berimbau é imprescindível, os contendores gingando e negaceando antes dos golpes. Desequilibrar e aí bater, se for o caso, com a perna ou com a cabeça para terminar a questão, ou, então, seguir sempre dançando, marcando sua superioridade com toques acrobáticos mas indolores. As mãos quase nunca trabalham no ataque, as pernas, ao contrário, podem atingir o adversário com violência, a que se junta a perigosa cabeçada. Jogada à vera, a capoeira pode ser extremamente contundente e até letal, com golpes atingindo aos rins, ao coração, à boca do estômago. Golpes no pé do ouvido, nos escrotos, ou com o dedo nos olhos do adversário.

Mas já bem antes da Abolição, vai se afirmando em Salvador uma capoeira ritmada, estilizada, verdadeira "capoeira de salão" jogada em rodas formadas nas festas populares, diferente dos enfrentamentos brutais desenhados e descritos em palavras por Rugendas. Muito mais tarde, em 1938, Edison Carneiro diria, quase encabulado, para sua simpaticíssima namorada gringa, a antropóloga Ruth Landes: "Tiraram-lhe o veneno, proibindo os golpes mais difíceis e violentos. E lutam com música!". Brincadeira, vadiação, ou combate violento e sem música ao fundo. De qualquer forma, os baianos concordavam com Manuel Querino, assustados com o que se dizia da capoeira que se jogava naquela segunda metade de século XIX na capital: "No Rio de Janeiro, o capoeira constituía um elemento perigoso, tornando-se necessário que o governo, pela portaria de 31 de outubro de 1821, estabelecesse castigos corporais e providências outras, relativas ao caso".[27]

Muitos dos melhores capoeiristas baianos, considerados como gente turbulenta pelas autoridades, pouco dispostos a se conformar com as normas impostas pelas posturas municipais, são incorporados compulsoriamente pelo Exército para formar batalhões para a guerra contra o Paraguai, ganhando a alforria. O negro que serve no Exército nacional, lutando ombro a ombro com os brancos, amadurece como cidadão, ganha asas, fica mais intolerante com as limitações de seu trânsito social, enfim, para ele é quase impossível voltar para o ponto de onde partira. Incompreendido, impaciente e orgulhoso, ele aposta na mudança.

Enquanto fica claro que uma forma musical entre outras, que começa a se chamar de samba, tem suas origens na área composta por Salvador e seu recôncavo, é impossível perceber onde de fato começa a capoeira, já que uma forma dançada de luta dos negros surge na mesma época nos contextos urbanos de Salvador e do Rio de Janeiro, e provavelmente também de Recife.

Com a virada da metade do século agravam-se as condições de vida na capital da Bahia, ocasionando o que já pode ser considerado uma migração sistemática de negros alforriados para o Rio de Janeiro. Para o negro forro nas casas coletivas superpovoadas, a luta no mercado de trabalho torna-se cada vez mais difícil. Os vínculos de nação seriam neste momento fundamentais para a manutenção de uma identidade própria, vínculos esses que só começariam a se desgastar depois da Abolição, com a reestruturação radical por que passam as novas "classes populares" brasileiras. Restava viver na subalternidade dos pequenos serviços ou das vendas de rua e de feira, ou na exuberância das festas e na força do santo. Com o olho da polícia sempre voltado para malês e nagôs, e principalmente para os forros, alguns julgariam a situação insustentável. E os búzios, para muitos, apontavam o Rio de Janeiro.

## 2.
# Os nagôs-minas no Rio de Janeiro

> *Tinha na Pedra do Sal, lá na Saúde, ali que era uma casa de baianos e africanos, quando chegavam da África ou da Bahia. Da casa deles se via o navio, aí já tinha o sinal de que vinha chegando gente de lá. [...] Era uma bandeira branca, sinal de Oxalá, avisando que vinha chegando gente. A casa era no morro, era de um africano, ela chamava Tia Dadá e ele Tio Ossum, eles davam agasalho, davam tudo até a pessoa se aprumar. [...] Tinha primeira classe, era gente graúda, a baianada veio de qualquer maneira, a gente veio com a nossa roupa de pobre, e cada um juntou sua trouxa: "vamos embora para o Rio porque lá no Rio a gente vai ganhar dinheiro, lá vai ser um lugar muito bom". [...] Era barato a passagem, minha filha, quando não tinha, as irmãs inteiravam pra ajudar a passagem. Eu queria achar um livro que a enchente extraviou, aquele livro sim é que tinha as baianas todas, subindo em cima do navio, tocando prato. Tinha nas minhas coisas mas a enchente extraviou. [...] Dois, três dias de viagem, a comida a gente fazia antes de vir, depois era ali mesmo, tomava camaradagem com aqueles homens de lá de dentro do navio, sabe como é baiana, mais uma graça, mais outra.*
>
> Dona Carmem do Xibuca [1]

Uma cidade espremida entre morros — São Bento, Conceição, Castelo e Santo Antônio — estendendo-se frente à baía da Guanabara numa orla composta por praias e grandes rochas. Até o final do século XVIII, uma vila onde ainda não havia uma divisão clara entre o urbano e o rural, que crescera desordenadamente aterrando brejos, mangues e lagoas, com edifícios da administração colonial e casas imponentes em seu núcleo central, cercado por uma infinidade de ruas tortuosas de terra batida. Com a descoberta do ouro nas Minas Gerais, o tráfico negreiro consolidara-se na cidade, porta de entrada de africanos em direção às lavras. Rio de Janeiro, maior mercado de escravizados do hemisfério sul, maior cidade africana fora da África.

A babel de nações africanas criada pelo tráfico negreiro, uma mescla de povos e culturas como nunca havia antes acontecido, gera potencialmente uma supernação negra nas colônias escravagistas a partir da identidade comum que se impõe no exílio frente à diversidade dos escravizados. As rotas do Atlântico como uma encruzilhada onde plebeus e nobres africanos tragicamente encontraram-se. Aos que chegavam ao Rio, uma quarentena os recuperava da viagem terrível, para serem apresentados em melhores condições de venda. Depois, em uma longa viagem a pé alcançavam as minas, ou, mais tarde, o Vale do Paraíba, para serem negociados em Vassouras para o trabalho nos cafezais.

Os escravizados vendidos para o Rio de Janeiro vinham, a maior parte, da África Centro-Ocidental — Angola, Congo e Cabinda — e da África Oriental — Moçambique —, nos primeiros séculos do tráfico, e, num segundo momento, da África Ocidental, originários da Costa da Mina. Os centro-ocidentais perderiam sua hegemonia no movimento do tráfico para os orientais, enquanto os africanos ocidentais por muitos anos foram uma minoria no mercado negreiro local e, consequentemente, na cidade. Mas isso mudaria a partir da década de 1830, quando os conhecidos aqui como minas ganhariam cada vez mais importância no universo negro da cidade, e na própria história profunda do país que se formava.

A chegada da corte portuguesa, em 1808, seria um divisor de águas para o Rio de Janeiro. Junto com as grandes transformações urbanas, a intensidade do tráfico seria uma das características dos anos joaninos, ocasionando um crescimento da população negra na já então capital do império português. Assim, a marcante presença de africanos escravizados e libertos começa a preocupar a corte e a sociedade branca de portugueses e seus descendentes, que, tanto em suas residências servidas por negros como nas ruas, sentiam-se quase como vivendo numa cidade africana.

A realidade dos escravos domésticos, as pressões que sofriam na casa dos brancos, a vigilância constante, o excesso de trabalho, as pequenas e grandes humilhações tornaram favorável para o negro o trabalho de ganho, quando ele acertava uma renda diária a ser entregue ao senhor, mas ganhava mobilidade na cidade vivendo "sobre si", como se dizia, tomando as ruas. Sua afluência propagava o temor de uma revolta de escravizados, como acontecera no Haiti, em Salvador, e em fazendas e vilas interioranas em torno das grandes cidades brasileiras. Essa situação se agrava com os primeiros "desatinos" de maltas de capoeiristas que irrompem nas ruas do Rio, os negros portando objetos cortantes e perfurantes. Mais tarde, eles optariam pela navalha.

Além do importante aparato militar que cercava a corte desde os primeiros anos do Império, viria a substituição das antigas milícias do período colonial por uma polícia profissional, o Corpo Militar da Guarda Real, marco fundador da instituição policial na cidade, ancestral de sua futura Polícia Militar, cuja prioridade era o controle da massa escravizada, realizando o policiamento ostensivo das ruas, impedindo o ajuntamento de negros, e exercendo a vigilância e a prisão de capoeiras e desordeiros.

O célebre major Vidigal, braço direito do intendente de polícia da corte, especialista em incursões noturnas, especialmente em batuques, rodas de capoeiras e reuniões religiosas de negros, principal foco do seu trabalho, seguido por sua atenção pelos brancos pobres que circulavam na cidade, sempre suspeitos de vadiagem. Seu instrumento de trabalho: o chicote.[2]

As grandes reformas urbanas da era joanina criam uma grande demanda de braços, por isso o costume da polícia de usar, em trabalhos forçados, negros infratores presos. Brancos também podiam ser condenados a trabalhar nas obras públicas, mas separados de "pretos e escravos". Entre os direitos invioláveis do cidadão estava a propriedade de escravizados, e assim eram frequentes os conflitos entre seus donos e o poder policial e judiciário, no que aqueles consideravam como uma intromissão indébita das autoridades em suas propriedades particulares — o que não deixa de ser, por vezes, habilmente aproveitado pelos cativos.

Entre esses trabalhadores forçados sem dúvida estavam capoeiristas. Aqui trata-se de um universo e de um espaço de sociabilidade exclusivamente masculino. A origem da capoeira não é clara. Certo, podem-se imaginar coisas, de imediato uma origem urbana impõe-se por sua presença quase exclusiva nas cidades. Algo que nasce de uma necessidade imperiosa de defesa física associada a uma emoção lúdica e a uma urgente necessidade de diversão. Assim, teria surgido clandestinamente nos cantos da cidade do Rio de Janeiro, provavelmente nas praias, nos morros, como uma forma de arte marcial adequada para aqueles sem direitos — nem à defesa física nem a qualquer tipo de expressão cultural.

Mas teria também surgido em Salvador, e no mesmo momento — final do século XVIII, início do XIX —, sem que os especialistas possam atribuir uma primazia a qualquer uma das cidades, ou produzir alguma explicação para tal origem dupla, como se as situações análogas vividas por negros escravizados no Rio e em Salvador pudessem produzir, em homens com tal tradição corporal e tão lúdicos, uma mesma resposta, ou pelo menos soluções próximas, na mesma direção.

Ocorreram soluções marciais análogas na cultura negra do Caribe. De qualquer forma, o trânsito de negros de uma cidade para a outra logo levaria a notícia de uma coisa tão extraordinariamente importante para eles. A direção do tráfico interprovincial sempre foi Salvador-Rio, mas os defensores de uma anterioridade carioca poderiam alegar que isso só vale a partir do final da década de 1840, bem depois de a capoeira ter aparecido nas duas cidades.

Seria uma nova síntese de uma série de tradições marciais, coreográficas e musicais, provocada pelo inconformismo africano nas cidades brasileiras. Gilberto Freyre observa:

> O forte do capoeira era a navalha ou a faca de ponta; sua gabolice, a do pixaim penteado e trunfa, a da sandália quase na ponta do pé quase de dançarino e a do modo desengonçado de andar. A capoeiragem incluía além disso uma série de passos difíceis e de agilidades quase incríveis de corpo, nas quais o malandro de rua se iniciava quase maçonicamente.[3]

Vinda de Angola? Não é por nada ter assumido essa origem uma das duas correntes principais da capoeira de hoje. Uma arte negra, uma arte marcial dos escravizados, uma instituição cultural urbana criada e mantida por africanos e negros crioulos, defensiva e agressiva, que ganharia ao longo do tempo novos significados e uma grande expressividade na modernidade brasileira. Do outro lado, o negro forro cooptado, às vezes capoeirista, atuando nas forças repressivas contra os seus.

A capoeira nasce nos momentos de convívio e expansão do negro sem o controle dos senhores, momentos ganhos ou conquistados entre tarefas ou mesmo durante o trabalho, ou então reservados pelo final do dia, escondidos pela noite. No Rio isso provavelmente aconteceu nas áreas de desembarque de mercadorias e de pescado, nas praias que, na época, existiam nas proximidades do largo do Paço, talvez na antiga praia do Peixe na freguesia da Candelária, entre o Arsenal de Marinha e o terreiro do Carmo, onde desembarcavam, além dos pescadores, barcos com mercadorias vindos das áreas suburbanas e dos municípios vizinhos.

Talvez lá na orla, onde escravos de ganho pescadores, barqueiros e carregadores tinham seus momentos de privacidade, tenha nascido a disciplina da capoeira, nas areias da praia ou no início do calçamento, a meia distância do mercado improvisado no cais do Carmo, onde as negras ofereciam legumes e frutas em seus tabuleiros ao lado de vendedores de peixe, quando o canto e o ritmo das palmas por vezes impunham movimentos bruscos aos corpos dos homens que dançavam. Mas a algazarra, e o cheiro dos restos de vegetais e peixes incomodavam moradores e autoridades. É então que a praia do Peixe é escolhida para a construção da praça do Mercado, onde Grandjean de Montigny projetaria o prédio do que ficou conhecido como Mercado da Candelária. Mas propriamente da capoeira, nada lá ficou registrado.

A malta de capoeiras era uma forma de organização de rua com líderes, hierarquias, uma proposta e uma ética, territórios, símbolos, cores, até assobios próprios. A capoeira como instituição, como uma forma de afirmação ostentada e, ao mesmo tempo, como uma sociedade secreta. Grupos solidários voltados para a defesa e a proteção de cada um, como para sua afirmação coletiva nos conflitos nas ruas da cidade, permitiam ao negro retrucar com a mesma violência de que era objeto. Um código de conduta voltado para a ação solidária e em cooperação, mas que, nas circunstâncias complexas do jogo, como no futebol brasileiro, preservava claramente a identidade de cada um.

A capoeira, quando surgiu, tornou-se uma fixação para jovens africanos e crioulos na cidade, que se expunham freneticamente "numa guerra de guerrilha, com surtidas isoladas, inesperadas, imprevisíveis, realizadas por pequenos grupos que, prontamente, dispersavam-se ao menor sinal dos agentes da ordem".[4] Os registros das prisões mostram que a maioria dos capoeiristas, como os escravizados no tráfico atlântico, eram adolescentes e jovens adultos. "Simples meninões turbulentos, mulatos que navalhavam ventres de portugueses por puro sadismo de adolescentes pobres contra adultos ricos."[5] A capoeira como um modismo para jovens, mesmo para alguns da elite, seduzidos pela sua beleza acrobática e pela eficiência da luta.

Adolescentes abrindo o caminho nos momentos de enfrentamento, o caxinguelê, os carrapetas, uma vanguarda de anúncio e provocação, carregando as armas da malta visadas pela repressão, e depois atuando no auxílio aos capoeiristas durante a luta, vistos pela polícia como menores vagabundos, certamente passíveis de uma "correção" — os riscos eram evidentes. A passagem do moleque de rua para o caxinguelê, até chegar a ser considerado como capoeira. O fim do noviciado marcado pela posse da navalha e pelo uso do chapéu. A trajetória de muitos adolescentes, frequentadores das prisões com muitas entradas por capoeiragem, vagabundagem, desordem, ofensa física, posse de arma. Por não se conformarem em serem escravizados. Alguns deles foram parar na guerra do Paraguai.

Rivalidades entre as maltas expressas por emblemas de grupo, barretes, fitas coloridas, gestos de saudação, assobios. Uma resposta também hedonista que provoca com seus modismos, sua marra. Como mostram as gravuras de Debret, os africanos gostavam de misturar enfeites europeus com estilos de vestuário africanos. O uso de instrumentos de percussão, como o pandeiro, fez com que mais de um negro fosse preso na cidade, como se fosse uma arma, e isso perdurou por mais de um século.

Podemos compreender essa primeira capoeira das primeiras décadas do século XIX como uma manifestação de histeria coletiva de jovens negros turbulentos ruidosamente agressivos, mas também já como uma forma peculiar de luta de extrema eficiência no embate nas ruas desenvolvida por alguns grupos pontualmente situados na cidade, em que se perceberia o destaque e mesmo a excelência de alguns praticantes. Uma prática que poderia ser compreendida como uma arte marcial pela sofisticação de seus movimentos e pela contundência de seus resultados, que começa a ser clandestinamente transmitida aos moleques por alguns já considerados mestres.

O capoeira como o acrobata da navalha, aquele que, em momentos decisivos, não recua e se impõe, mas que também sabe lidar com a adversidade se ela vier, e ela geralmente vinha. Podemos mesmo pensar na formação de uma vanguarda no meio negro. O desenvolvimento de um processo complexo e sofisticado, na cidade do Rio de Janeiro, de experiências compartilhadas e por alguns refinadas, práticas transformadas em tradição a partir de hábitos sedimentados em rodas musicais como em conflitos de rua, um extraordinário acervo cultural marginal, mas notório na cidade, que seria desmantelado pela repressão radical vinda com a República.

Mas antes, houve a repressão continuada, a legislação policial a partir de 1824, impondo chibatadas aos capoeiras presos e o envio para o Arsenal de Marinha, onde compartilhariam com marinheiros desertores e rebelados seus calabouços e masmorras coloniais construídos na ilha das Cobras, em frente ao mosteiro de São Bento. O Arsenal, ao lado do Aljube na freguesia de Santa Rita, do Calabouço no morro do Castelo, e das prisões militares na ilha de Santa Bárbara e na fortaleza de Santa Cruz, compunham o complexo prisional da cidade, "face sombria da antiga cidade de São Sebastião".[6]

A ilha das Cobras tornada progressivamente uma imensa prisão de negros, lá encaminhados ao trabalho forçado na construção do enorme dique Imperial — considerado a grande obra militar do Primeiro Reinado, destinado ao reparo das belonaves —, ou então enviados para tarefas na periferia da cidade, como a construção da estrada da Tijuca, obra que abria um caminho ligando a zona urbana ao sertão carioca.

No Arsenal de Marinha, é aos presos imposto um inimaginável regime disciplinar e punitivo, numa prisão superlotada e volta e meia sacudida por rebeliões internas. Relatos afirmam que certos cativos chegam a fugir da ilha, de diversas formas, alguns mais de uma vez, em geral à noite, em geral a nado, performance possível apenas para um ótimo e destemido nadador, só sob a luz das estrelas, dando braçadas e batendo os pés contando com a simpatia dos peixes e das correntes, os olhos salgados buscando a direção nas luzes bruxuleantes do mosteiro.

Notável, também, é a presença de indígenas na ilha das Cobras no século XIX, servindo como remadores recrutados pela Marinha ou como soldados, muitos vindos de pontos distantes do país.[7] Outro aspecto interessantíssimo e recorrente na historiografia são as relações de proximidade, mesmo que também explosivas, dentro ou fora das prisões, de negros escravizados e forros com o turbulento grupo dos marinheiros, tanto com os de diversas nacionalidades aportados na cidade como com marujos locais, uma camaradagem instável que se estendia para praças e soldados — para a inquietação da polícia e da própria Marinha.

Rudimentos e explosões de solidariedade racial foram experimentados por africanos no Rio no contato com marinheiros negros norte-americanos. Negros foragidos a partir de relações pessoais ou já de uma rede de relações, procurando trabalho em navios aportados, fossem mercantes ou de guerra. Apesar dos problemas que isso poderia gerar, mais de um negro fugido foi embarcado clandestinamente como marinheiro por um mestre de navio idealista ou pragmático, ou engajado num navio de guerra estacionado no Rio, partindo entre marinheiros e soldados para as guerras da região do Prata. Casos de negros que assentam praça nas linhas argentinas ou uruguaias e, ao lado de mercenários europeus, em geral ingleses, chegam a enfrentar tropas imperiais brasileiras. No Arsenal, a Marinha escolhia detentos em que percebia qualidades para preencher vagas entre os marinheiros, compondo-se assim uma tensão entre a deserção e o recrutamento como uma peculiaridade daquele universo. A presença de negros livres e libertos em destacamentos militares, a prática de assentar praça de pretos, e particularmente daqueles envolvidos com tumultos e criminalidade, nos batalhões do Exército ou da Armada.

Ao temor de uma sublevação dos cativos passa-se a somar o de uma insurreição de militares de baixa patente — o que de fato ocorreria na revolta da Armada em 1910. A gente negra de uniforme era acostumada a enfrentar a dura rotina imposta pelo oficialato e nas ruas a truculência da polícia, às vezes com vantagem graças à sua condição. Havia, de fato, uma suspeição generalizada que recaía sobre os negros — e que, duradoura, mantém-se viva na cidade. Momentos em que governantes e agentes policiais suspeitam de estar ocorrendo um movimento generalizado de insubordinação e deserção de militares subalternos aliados a grupos de escravizados na cidade, em particular capoeiras.

Mas é no Arsenal que os capoeiras iriam conhecer como companheiros de penas e celas, além de desertores e rebeldes da própria Marinha, uma nata de reprimidos e castigados vindos dos conflitos nas forças militares, como das lutas no interior e nas cidades, rebeldes e revolucionários. Encontros fortuitos com prisioneiros argentinos e uruguaios vindos das guerras cisplatinas. Em razão da presença de prisioneiros notórios, lideranças, o próprio chefe de polícia Eusébio de Queirós vai se preocupar com uma possível contaminação, provavelmente recíproca, entre líderes políticos e os escravizados insurretos, num momento em que problemas de criminalidade e desordem começam a ser percebidos como problemas políticos. Mesmo antes, as aparentemente inocentes irmandades negras na Cidade Velha tornam-se objeto de investigações.

Esse convívio com presos e marinheiros alarga os horizontes dos negros, trazendo notícias de uma revolução industrial que redefinia as grandes cidades europeias, de conflitos militares da época pós-napoleônica, como de uma revolução atlântica liderada pelos negros contra as sociedades escravistas das Américas; o nome de Dessalines, imperador dos negros da ilha de São Domingos, espalhando-se no boca a boca, como o que tinha acontecido em Salvador.

Do lado de fora, a cidade imunda, suja e insalubre, da gente deixada de lado, na fronteira da zona portuária com a antiga zona comercial da cidade, em partes das freguesias de Santa Rita, Candelária, São José e Santana, com suas ruas espremidas de sobrados arruinados e becos escuros, temidas por suas zonas de prostituição e marginalidade, região que tinha como ponto de convergência a praia do Peixe e a Prainha, frequentadas apenas por escravizados e homens livres pobres.

Uma área que havia sido registrada como sesmaria ainda no tempo de Mem de Sá, uma baixada de areia e brejos em frente ao mar dividida em diversas praias que ganha o nome de Prainha, que é drenada e onde depois se planta cana. Suas praias vão ganhando nomes: do Mercado, dos Mineiros, dos Peixes, de Dom Manuel. No século XVIII, a área do futuro bairro da Saúde era ocupada por um corredor de armazéns parcialmente coberto com produtos importados e a serem exportados, situado à frente de seu cais, por onde desembarcavam mercadorias ao lado de um aldeamento de pescadores.

Desde 1774, por determinação do marquês do Lavradio, vice-rei do Brasil, o lúgubre desembarque dos africanos na cidade fora transferido da praça Quinze, antes exposto aos olhares de todos, e concentrado na praia do Valongo, onde é instalado o mercado de escravos. Assim, dos milhões de africanos vindos para o Brasil, entre os séculos XVI e XIX, talvez um quarto deles tenha desembarcado no atracadouro rústico construído na antiga praia onde se concentraria a atividade, compreendendo porto, casas de comércio, barracões, casas de estocagem dos escravizados, uma espécie de hospital — na verdade um lazareto onde os que chegavam doentes ficavam em quarentena —, um cemitério, e propriamente o mercado, retratado pelo alemão Johann Rugendas. Assim, por mais de sessenta anos, as atividades em torno do mercado do Valongo marcariam tristemente a área, o mercado só sendo desativado como resultado das pressões da Inglaterra, em 1831. O local, ocultado, aterrado e reurbanizado, deu lugar a uma praça e, mais tarde, ao cais da Imperatriz, construído para a recepção de Teresa Cristina, esposa de Pedro II.

Com os constantes aterros, a cidade começa a se estender para além da rua da Vala, que seguia paralela à orla em linha reta até a Prainha, enquanto avançava até o campo de Santana. Para a cidade oficial organizada em torno do largo do Paço, a Prainha era os fundos.

Em torno da capital, foi gestado um campesinato negro ao longo do século XIX, articulando mocambos e quilombos de negros fugidos às comunidades de senzalas das fazendas, como a tabernas interioranas e às feiras das pequenas cidades. Protocamponeses que vão conquistando margens de autonomia, desenvolvendo uma economia própria, negociando os excedentes à sua subsistência, ocupando as margens de rios e riachos e de estradas e caminhos que ligavam a região à corte, por onde ocorria tanto o escoamento da produção de café para o mercado exterior como a chegada de alimentos para a cidade. Os quilombos como comunidades camponesas com economias clandestinamente integradas com suas regiões e integradas aos interesses por produtos agrícolas, caça e, principalmente, lenha da capital.[8]

Se os negros encontram aliados entre pequenos proprietários, comerciantes e barqueiros, como também nos escravos de ganho na corte que mantêm pactos com os quilombolas, por outro lado, o roubo de gado e as ameaças às fazendas, além das preocupações com insurreições dos escravizados no interior, fazem com que os senhores se unam na repressão, utilizando seus feitores, agregados e até outros cativos, ou mesmo contratando capitães do mato conhecedores da região, formando pequenos exércitos particulares armados com mosquetões para "bater" o mato e destruir os ranchos dos fugitivos, eventualmente com o suporte de forças policiais e até de oficiais e destacamentos da Guarda Nacional e do Exército. Mas, se as tropas de linha se mostram eficientes para a contenção de motins e distúrbios nos centros urbanos, elas revelam-se inadequadas para o enfrentamento de guerrilhas no meio de campos e florestas.

Reunindo taperas e formando pequenos mocambos, os negros se dedicam ao extrativismo, à caça e à pesca, à agricultura, alguns até à mineração, tendo como complemento econômico a rapinagem, os saques e roubos a fazendas e povoados e o ataque aos barcos e carroças com cargas. A troca de excedentes ou a paga com o proveniente de roubos servia tanto para a aquisição de sal para conservar os alimentos, de aguardente e de fumo ou de roupas, quanto para a obtenção de armas e de pólvora, gêneros certamente sobretaxados com grande lucro para esses intermediários, sitiantes e vendeiros.

Para tais pequenos comerciantes e intermediários não interessava reprimir, mas sim negociar com os quilombolas para não sofrer represálias. Além disso também era uma forma de burlar o poder dos grandes fazendeiros e comerciantes locais que controlavam o escoamento da produção interiorana para a corte, inclusive da lenha, cuja madeira fora recolhida pelos quilombolas, negociada em grande escala e muito bem paga. Era uma extensa rede de intermediários, chegando aos escravos de ganho que descarregavam, já nos portos da cidade, os produtos trazidos do interior. Uma relação simbiótica que produz conivências, reciprocidades, mas também conflitos e traições. Assim, também no interior, forma-se uma rede de proteção, principalmente entre os quilombolas e as senzalas, mesmo que instável, precária, numa réplica da cidade negra que se formava na capital.

Se entre os antropólogos e sociólogos que, a partir de Nina Rodrigues e depois Arthur Ramos, começam a estudar a cultura dos negros no Brasil falou-se de uma "nagolatria", entre os historiadores que trataram do negro no século XIX no Rio de Janeiro, pode-se falar de sua extensão numa "minalatria" — da qual eu próprio não devo ser perdoado. Os nagôs ou iorubás, aqui conhecidos como minas, começaram a chegar ao Rio de Janeiro ainda no início do século XVIII, quando o mercado de escravizados da cidade vai se servir também de negros vindos da Costa da Mina, uma rota que até então fornecia cativos apenas para Salvador e para as demais capitais oceânicas dos estados nordestinos que se estendem até São Luís. Levas irregulares chegam ao mercado escravagista do Rio a partir daí, até as primeiras décadas do século XIX, extremamente minoritárias, quase ínfimas em relação ao fluxo escravagista do povo banto para a cidade e do total dos cativos aqui negociados.[9]

O genérico "minas" designa no Rio aqueles vindos da costa ocidental africana, região da baía do Benim chamada de Costa da Mina em razão da fortaleza portuguesa, o castelo de São Jorge da Mina (Elmina), construído ainda no século XV. Esses escravizados inicialmente atendiam a uma demanda das minas de ouro e eram em sua maioria enviados para lá, poucos permanecendo na cidade. Considerados pelos brancos como superiores, o termo mina ganha um valor mercadológico. No entanto, principalmente pelas notícias que vêm da Bahia, ganham fama de perigosos.

Ao longo da segunda década do século XIX, essa vinda de africanos da costa do Benim para o Rio de Janeiro seria sustada, e a partir daí todos os minas chegados na cidade seriam provenientes do tráfico interno de escravizados. Com a exaustão das regiões auríferas de Minas Gerais e o genocídio dos grupos indígenas coroados[10] no Vale do Paraíba, a expansão cafeeira na região ganharia importância central para a economia da Colônia, tornando Vassouras uma importante área de comércio negreiro. Na metade do século, o município, sede de grandes fazendas, se transforma na principal região exportadora do país, com uma população que chegava a 35 mil pessoas, entre livres e escravizados.

Grandes levas de negros baianos e de todo o nordeste começariam a vir para o Rio trazidas pelo tráfico interprovincial, destinadas às fazendas de café do Vale do Paraíba. Fluxo que seria engrossado depois da revolta malê de 1835, quando proprietários temerosos começariam a vender os seus também atraídos pelos bons preços, ao que se soma ainda o "êxodo mina" com a chegada ao Rio de libertos nagôs vindos com seus próprios recursos, trazendo pequenos capitais, capacitação em ofícios, experiência no comércio e larga experiência urbana.

Pela Prainha escoa-se o café fluminense que descia a serra em lombo de burro desde o Vale do Paraíba, onde era embarcado em faluas até ali e estocado em seus armazéns para comercialização. Depois o porto de Santos tomaria do Rio sua primazia com o embarque do produto dos cafezais paulistas. Da Prainha expandem-se as freguesias do Valongo, da Saúde e da Gamboa, voltadas para os serviços da cidade e do porto. Principalmente negros, mas também trabalhadores nacionais, muitos com sangue indígena, encarregados de transporte e estocagem ou trabalhando nas obras do porto, dominavam suas ruas e becos que tortuosamente convergiam para o cais, onde surgem cortiços, estalagens e tabernas, como também prédios de empresas do comércio de café.

Entre 1826 e 1850, numerosos minas chegariam ao Rio, gente vinda do entorno da baía do Benim, predominantemente iorubás, vindos após algum tempo de Salvador ou do interior baiano. Assim, já na metade do século, os minas no Rio se constituiriam em quase 20% dos escravizados da cidade e em pouco menos de 10% da sua população. A contínua vinda de nagôs-minas forros de Salvador para o Rio de Janeiro seria crucial, e fica na história do Rio escravagista que vai hoje se conformando, a progressiva liderança que os africanos ocidentais assumem no meio negro, mesmo frente a africanos de outras partes e nações.

A princípio minoritários diante da protonação banto até então hegemônica na cidade, à medida que chegam mais negros baianos no Rio, escravizados e forros, sua presença cada vez maior leva à superação de diferenças étnicas, abrigando outros africanos e crioulos que passam a usufruir das formas novas que a cultura iorubá baianizada engendra na cidade. Altivos, independentes, determinados, indivíduos sem modo de vida claro para as autoridades são estigmatizados como turbulentos e perigosos pelos seus atos e postura, e logo suspeitos de chefiar pequenas comunidades de cativos que estabeleciam conexões entre o campo e a cidade, acobertando fugas e roubos, enfim, possíveis aliciadores de pretos para uma insurreição. Os minas, pontas de lança do inconformismo dos escravizados.

Havia uma incompatibilidade entre a escravidão e as cidades nas evidentes dificuldades de nelas conter os escravizados que no ganho conquistavam autonomia de trabalho e eventualmente até de moradia, inviabilizando o controle e dificultando a repressão. Além disso, chegavam a toda hora os boatos de revoltas próximas do Rio, em Barra Mansa, Bananal, Resende. Por fim, vem a notícia de uma rebelião envolvendo mais de quatrocentos escravizados em uma fazenda em Vassouras. Na corte, a repressão reage à presença dos baianos e tenta usar a experiência da polícia baiana, que se antecipara e assim desbaratara a revolta negra, usando métodos de investigação, sem abrir mão de sua velha metodologia favorecendo testemunhos e confissões.

Casas coletivas de cativos e libertos espalhavam-se discretamente pelas freguesias do centro, de início chamadas de casas de quitanda, vendendo alimentos e refeições. Ainda no período joanino, quando começam a ser visadas, passam a ser conhecidas pela polícia como casas de quilombo, locais de acesso a comida, fumo e bebida, locais de convívio, de pouso, de sexo e culto, de encontro e esconderijo. Locais fora do controle do sistema escravista, que vão acumulando funções pela multiplicidade de exigências. Locais de sociabilidade, de defesa e recarga cultural. Diferente dos cortiços, locais de moradia, a casa de quilombo era por excelência um local de passagem, de uma presença temporária.

Um ambiente mais plural e radicalizado eram os zungus, as casas de angu, termo que se torna dominante a partir da segunda metade do século. Pequenos sobrados, casas alugadas divididas em pequenos compartimentos frequentadas pelos escravizados, muitas na freguesia do Sacramento, onde se podia comer angu — comida originalmente africana, refeição básica do escravizado urbano no Brasil —, beber e reunir-se, onde os negros liderados por minas livres faziam seus batuques. E, progressivamente, tornam-se locais de reuniões e culto, de encontros, onde passa a refugiar-se quem estava insubmisso e era procurado.

Escravos de ganho dormiam nos zungus quando sobrava dinheiro para alugar um quarto, ou então passavam a noite a céu aberto, num beco, num banco de praça, ou nas praias e nas florestas que circundavam a cidade. A rede de zungus, em sua irregular proliferação, como uma fragmentada senzala urbana, espaço clandestino inicialmente tolerado e depois proibido e perseguido. Pode-se pensar nos zungus como a organização de uma anárquica resistência à escravatura já liderada pelos baianos, espaços onde se podia expressar a própria cultura e enfrentar o sistema escravagista, talvez preâmbulo de alguma coisa maior e mais definitiva que ainda não era possível. Criados pelos escravizados, passam a ser frequentados também por forros e por africanos livres — comerciantes que buscavam o grande mercado consumidor de produtos africanos que era a cidade, e que tinham nos zungus sua única opção de hotelaria —, e por homens brancos de baixa condição, jovens portugueses e marinheiros.[11]

Enfim, uma cidade negra com seus canais de solidariedade, com suas casas coletivas de moradia e seus zungus, com ruas tomadas pelos negros, por mercadores africanos de todo tipo, mascates, quitandeiros, pelas mulheres vendendo comida e principalmente seus doces, cidade negra que se estendia na vida boêmia das tabernas e bodegas da Cidade Velha. Assim, temos

> uma cidadela escrava, sempre patrulhada pelas hordas policiais, fiscalizada de perto pela chefia da Polícia, mas nunca inteiramente domada. Os capoeiras, como filhos diletos desta comunidade, tinham ali abrigo e proteção contra as intempéries. E ajudaram a defender a sua cidade escrava.[12]

Mas uma revolta negra não chegaria a ocorrer na cidade. Com o fim do tráfico atlântico e a venda, não apenas de negros vindos do nordeste, mas de grande parte dos africanos da capital para as fazendas de café do interior, entre eles muitos minas, a tensão diminui, e o "perigo mina" vai sendo esquecido. As vindas de forros de Salvador continuam, pouco importantes numericamente mas constantes, cruciais para o ambiente popular mais amplo da cidade, no qual, futuramente, os minas também vão se constituir numa liderança. Assim, fica viva a presença não mais de alguns minas notórios isolados na cidade, mas de uma colônia iorubá na capital, como um fator de atração para os ainda em Salvador.

A importância dos baianos, inicialmente pela sua postura militante e agressiva que se oferece como proposta para os outros negros, tensiona ao máximo o outro lado da cidade. Se em Salvador os nagôs eram conhecidos pelo seu exclusivismo étnico, naquele momento, no Rio, os minas abrem-se para a partilha de seu destino com todos os outros escravizados, arrebatando uma vasta clientela para sua liderança, corporificando em si a possibilidade de uma unificação da massa escrava. Esse lado insubmisso não seria contido.

Por outro lado, os minas, e nesse ponto as mulheres foram o sustento, também plantam uma outra imagem tanto no meio negro como em relação à sociedade mais ampla. A presença das baianas nas ruas — sua representação máxima no refinamento da baiana paramentada vendendo seus doces — e a penetração delas no universo feminino das famílias brancas como doceiras, cozinheiras, lavadeiras e passadeiras, quase sempre disponíveis para serviços efetuados à distância, com frequência ou episodicamente, como profissionais confiáveis e refinadas. Aos homens restava seguir seus passos, hábeis nos ofícios manuais, muitos na estiva, sempre as apoiando na organização de pequenos negócios, consistentes e confiáveis nos acertos.

A própria chegada de Pedro II ao trono, o mito do imperador amigo dos escravizados e desvalidos, vai repercutir nas escolhas do meio negro, considerando a pluralidade limitada de personagens desse universo, que passa a perceber aliados até no jogo político das elites, enquanto um Estado nacional vai sendo construído, centralizando atividades burocráticas e policiais enquanto uma estrutura institucional político-parlamentar era montada para regular os conflitos entre as elites e oligarquias. Embora o lado radicalmente combativo dos nagôs-minas continuasse vivo na presença contundente dos capoeiristas "nagoas", eles procurariam outras formas de expressar-se, buscando preservar suas tradições mas ao mesmo tempo mantendo uma relação prudente com a cidade, por quem habilmente vão se deixando perceber de outra forma.

Durante o século XIX, viajantes europeus e dos Estados Unidos os descrevem nas áreas abertas da cidade. A norte-americana Elizabeth Agassiz escreve, em 1865, em sua passagem pelo Rio:

> Sabemos agora que esses negros atléticos, de rosto distinto e tipo mais nobre que os dos negros dos Estados Unidos, são os minas, originários da província de Mina na África Ocidental. É uma raça possante, e as mulheres em particular têm formas muito belas e um porte quase nobre. Sinto sempre um grande prazer em contemplá-las na rua ou no mercado, onde se veem em grande número, pois as empregam mais como vendedoras de legumes e frutas que como criadas.[13]

Comentam-se as aptidões mercantis de cativos e forros minas comparados a africanos de outras procedências, seu domínio de alguns setores do mercado de vendas, e também sua capacidade de organização e habilidade na acumulação de recursos. Predominantes nas funções relacionadas ao comércio de gêneros agrícolas e pescado enquanto escravos de ganho, entregavam aos senhores diariamente a quantia estabelecida, mas sempre retendo uma boa parte do fruto de seu trabalho.

Alguns, mostram pesquisas documentais, conseguiriam comprar sua alforria, juntar alguma fortuna, e ajudar outros a adquirir as suas, o que muitas vezes implicava entrar numa irmandade ou mesmo casar-se com seus antigos cônjuges na igreja católica, preocupados em se inserir respeitosamente, mas distantes e de forma própria, na sociedade dos senhores. Mesmo assim, a maior parte deles não chegava a reunir muitos recursos e propriedades, apenas bem mantendo-se em vida, legando a suas mulheres e filhos seus postos de trabalho.

Alguns minas vindos de Salvador por conta própria rapidamente ocupariam uma ambicionada vaga no Mercado da Candelária, o mais importante ponto de venda de alimentos da cidade. Para um negro forro envolvido no pequeno comércio das ruas, estabelecer-se como locatário ali era certamente uma forma de ascensão. Uma hierarquia entre essas mulheres tinha no topo as matronas minas à frente de suas bancas no interior do mercado, lado a lado com comerciantes lusos; no meio as negras vendedoras trabalhando nas ruas sentadas em tamboretes com seus tabuleiros embaixo de um toldo; e na base escravizadas acostumadas às ordens de suas senhoras, fossem elas matronas minas ou portuguesas.

No Rio, essas senhoras africanas e baianas ficam reconhecidas, por sua altivez e autonomia, como exímias quitandeiras, chegando, algumas, a formar pequenas fortunas. Já na África as mulheres predominavam nos mercados das aldeias e das cidades, pois na cultura iorubana existia uma divisão sexual do trabalho, parcialmente continuada no Brasil. Esperava-se que uma mulher atingisse a autossuficiência ganhando riqueza e prestígio frente à comunidade, e era comum serem mais bem-sucedidas do que seus maridos, a quem ajudavam. Outras, já no Brasil, prefeririam não se casar e formar um outro tipo de família com suas crias e escravizadas, para quem transferiam crenças e conhecimentos e a quem depois deixavam seu espólio. Assim, aqui o patriarcalismo africano sofreria um duro golpe, as mulheres ganhando não só independência como primazia e liderança frente à sua comunidade, às vezes usando até a "lei do branco" para livrar-se de maridos vadios e violentos.[14]

Assim, na praça do Mercado da Candelária, no meio de portugueses e brasileiros, os minas eram um grupo de comerciantes coeso e duradouro que se fazia respeitar. Com suas roupas e ornamentos próprios, ainda mais marcantes nas mulheres, eram também tradicionais na rua do Sabão (hoje General Câmara) as casas dos "mandingueiros", minas que vendiam ervas medicinais ou de uso ritual. Nas freguesias centrais da cidade — Sacramento, Santa Rita, Santana — viviam em casas de cômodos e cortiços, locais onde a vida privada e a comunitária confundiam-se. Ou alugavam velhas casas senhoriais, dividindo quartos e sótãos com outros forros e mesmo com cativos "parentes", onde praticavam sua elaboradíssima culinária adaptada às peculiaridades locais, como também sua música em festas religiosas que se profanizavam, sem que fossem interrompidos cantores ou tambores. Mas quem garantia, mesmo com toda banca, com toda marra, que não seriam interrompidos bruscamente pela brigada noturna?

Outras pesquisas documentais revelam como, a partir da metade do século, os minas constituíam-se percentualmente no grupo que obtinha o maior índice de alforrias — um dado definitivo naquele universo. Para tudo isso era fundamental os laços de nação, na verdade uma nação expandida por uma região africana, incluindo, podemos imaginar, desafetos eventuais e adversários tradicionais reunidos no mesmo desterro. O que fazia a diferença, frente aos outros negros na cidade, era a rede de relações que haviam construído, com a família expandida que constituía a nação e suas instituições próprias, religiosas e festivas, além de outras às quais aqui se associaram em sintonia com a Igreja e com a sociedade civil brasileira, irmandades, associações de auxílio mútuo e grupos profissionais. Ligada à Irmandade de Santo Elesbão e Santa Efigênia, instalada na rua da Alfândega e criada pelos africanos ocidentais ainda no século XVIII, a Confraria de Nossa Senhora dos Remédios, instalada na Irmandade, atendia seus membros com "botica, enfermeiro, comida e até moradia", contando com advogados para atendê-los em demandas com comerciantes rivais brancos ou até contra outros negros.[15]

Minas possuíam cativos, e depois de certo tempo, dependendo, os alforriavam. Aos brancos, a propriedade de escravizados conferia uma posição de mando, sugeria prestígio e poderio, dispondo deles para prover o seu sustento e riqueza, já que não trabalhar era um indicador de sua posição na sociedade. Já os minas optavam por adquirir escravizados de sua própria nação da mesma forma como os comerciantes portugueses do Mercado da Candelária arregimentavam jovens portugueses recém-chegados para servir em suas barracas. Para os minas na praça do Mercado ter cativos não significava não trabalhar, mas sim ter melhores condições de trabalho, podendo até revender esses escravizados de ex-escravizados para fazer um capital, situação que acontece até a década de 1870, quando a escravidão urbana entra em declínio.[16]

Mas, nesse movimento em busca de firmar uma legitimidade de sua presença como homens livres, os minas voltariam a se fechar entre os seus, como era seu hábito em Salvador, priorizando outros minas como companheiros de moradia ou de negócios ou como parceiro amoroso, cônjuge, numa defesa silenciosa mas eloquente dos mais velhos, dos africanos, na defesa de suas tradições e suas conquistas nessa nova pátria que lhes fora imposta. Crucial era a orientação religiosa, a iniciação feita de forma clandestina como as obrigações regulares, o convívio recorrente nos ritos e nas festas, que, depois da Abolição, os conduziriam para os primeiros terreiros de candomblé no Rio. Assim, o parentesco étnico justifica o modesto sucesso econômico e social desses indivíduos pertencentes a essa recém-formada diáspora baiana no Rio de Janeiro, que vai garantir a subsistência e alguma segurança a seus membros e a preservação e a transmissão de importantes traços culturais para seus descendentes diretos, para os afrodescendentes, e, mais tarde, para toda a cidade.

Assim, começa a ocorrer no Rio de Janeiro e em Salvador, as duas maiores cidades africanas fora da África, a criação de uma rede interprovincial entre os nagôs-minas, e na corte um processo de progressiva aglutinação dos escravizados sob a liderança dos minas. A esse processo ainda se soma a evidência de um movimento regular de negociantes nagôs-minas entre Rio, Salvador e Recife, envolvendo o comércio de objetos de culto aos orixás, panos, joias, inseridos em redes de nação, de fé, amizade e trabalho que vão sendo renovadas. E, por outro lado, um recolhimento entre os seus na diáspora baiana na cidade, onde começa a se configurar uma elite no meio negro — suas possibilidades de associação interna os distinguindo dos outros negros. Elite que, então, procura estabelecer relações defensivas e legitimatórias, mesmo que precárias, com toda a sociedade e com as autoridades do Império.

Mas, paralelamente ao projeto das matronas minas de enraizar-se na cidade, em meados do século ocorre, entre os capoeiras, o que parece uma primeira tentativa de construção de uma identidade mais ampla do que a das maltas, embora essa venha na forma de uma oposição entre duas grandes forças unificadoras. Assim, as muitas maltas atuantes se fundiriam em duas maltas rivais: nagoas e guaiamus. Os nagoas (nagôs) aparentemente eram a expressão violenta dos minas transposta das praias e ruas de Salvador para as ruas e praias do Rio. Nada é muito claro; se a arte tem origem angolana, teriam eles aprendido com os bantos em Salvador ou tudo teria ocorrido no Rio? Dos guaiamus, o grupo rival, retém-se apenas a raiz mestiça e nativa de pardos e libertos.

Esses dois grandes grupos têm seu auge no Segundo Império. Os nagoas, com suas fitas brancas, dominando a área que compreende a Cidade Nova a partir do campo de Santana — área ainda pouco controlada pelo poder público. Os guaiamus — caranguejo, do tupi-guarani — ocupando as freguesias centrais da cidade com suas fitas vermelhas e símbolos católicos, territórios que não seriam cedidos sem luta aberta, processo que se conclui por volta da proclamação da República.[17]

Em 1850, é decretada a lei definitiva de extinção do tráfico de africanos, que ainda ocorria em desembarques clandestinos na ampla orla em torno da cidade, enquanto ocorria o apogeu do cultivo do café nas fazendas do Vale do Paraíba. Nessa metade de século, a presença negra na cidade atinge seus maiores números, constituindo-se em metade da população. Nos anos seguintes, essa maioria africana seria dissolvida pelo relutante fim do tráfego, ocasionando o envio de muitos escravizados urbanos para as fazendas de café, e depois para a guerra do Paraguai.

Assim, se nas rodas de capoeira os da África por anos ainda retivessem as lideranças, progressivamente os criolos iriam tornar-se maioria nas maltas, o que seria um final anunciado para os nagoas, expressão da liderança dos africanos no meio. De qualquer forma, a capoeira começa a deixar de ser uma exclusividade dos negros, sendo incorporada e assumida por homens livres, brasileiros e imigrantes portugueses. O acrobático exercício de capoeiragem.

Nessa época, os guaiamus treinavam e ensaiavam os noviços no morro do Livramento, enquanto os nagoas preparavam-se na praia do Russel e no morro do Pinto. Exercícios de agilidade e força, acompanhados pelo aprendizado de golpes de navalha e faca, uma capoeira colonial violenta, letal mesmo, que iria incorporando a percussão, o berimbau e as chulas cantadas por acompanhamento. Assim, os guaiamus ficavam na Cidade Velha, principalmente na freguesia de Santa Rita, próxima ao porto entre os morros de São Bento e Providência, seu território se estendendo desde a atual praça Quinze até o Campo de Santana, já território nagoa. Em torno da zona central, os nagoas tinham sua presença marcante na Glória, na Lapa e no próprio Campo de Santana, áreas de mais recente ocupação urbana por onde a cidade se expandia.[18]

Um mestre reserva segredos mas não nega explicação, só verbalizando o essencial. Os ensinamentos trazidos pela observação e imitação dos golpes na dinâmica da roda, cada mestre tendo sua metodologia dentro de uma compreensão geral da capoeira e da percepção realista de suas circunstâncias, criando as condições de aprendizado.

A cidade negra espalhava-se de forma irregular e, às vezes, imprópria, uma vez que o braço guerreiro dos minas tinha se transferido para áreas periféricas da Cidade Velha, exatamente onde dominavam os guaiamus, as freguesias centrais e a área do porto onde os minas forros tradicionalmente moravam e tinham seus negócios. Devia haver acertos, as baianas se faziam respeitar.

Com a transferência de escravizados para as fazendas de café, a mão de obra urbana braçal e doméstica é parcialmente assumida pela imigração portuguesa, sobretudo por indivíduos vindos das ilhas dos Açores, entre treze e dezessete anos, analfabetos, trazidos muitas vezes nos próprios navios antes empregados no tráfico africano e em condições bem aproximadas. A passagem custava para o indivíduo um tempo significativo de trabalho gratuito para o importador que havia assumido o custo, sendo que, se o trabalhador rompesse o acordo, seria considerado pela polícia do Rio como um "fugido", tal como um negro. Um cônsul português pelo menos chega a reclamar da "venda de pessoas livres" — o que não teria maiores consequências. Boa parte morria pouco depois de chegar, vitimada pela febre amarela e pelas péssimas condições de moradia e trabalho. O recém-chegado tornava-se carregador com seu burro sem rabo, balconista, servente, quitandeiro, vendedor de peixe, de doce, e depois, prosperando, condutor de bonde, barbeiro, dono de venda, botequim, armazém — como foram aqueles que, anos depois, fundariam o Vasco da Gama.

O êxodo de portugueses coincide com o surgimento dos cortiços concentrados nas freguesias do centro da cidade, moradia típica da miséria urbana na segunda parte do século XIX. Assim, lusitanos e africanos, fossem de ganho ou forros, passam a disputar as mesmas ocupações na base do mercado de trabalho, do qual só os minas se safavam com seus ofícios e negócios. Inicialmente racistas, apesar do apetite pelas negras e mestiças, sua imagem, tanto como a das elites portuguesas, alimentou o antilusitanismo xenófobo, mas os enfrentamentos seriam respondidos pelas proximidades que seriam geradas no convívio imediato imposto pela cidade, e o número de filhos de pais racialmente diversos daria características próprias ao caso brasileiro.

Ocorre um momento de transformação do Rio popular, que tinha um perfil majoritariamente africano, à medida que a população vai se tornando mais crioula e portuguesa. Portugueses, e depois italianos e espanhóis, seriam tragados pela "cidade negra", muitos desses jovens migrantes juntando-se às maltas de capoeiristas em busca da socialização e solidariedade que lhes seriam negadas por seus compatriotas abastados na cidade. Eram rapazes lusos orientados por africanos, andando na companhia de negros, com quem compartilhavam valores de força, valentia e violência, tão importantes para os jovens pobres na cidade. Assim, nos cortiços e zungus visados pelos "morcegos", os negros passam a compartilhar com os recém-chegados sua miséria e seu conhecimento da vida brasileira, criando fortes laços e dividindo hábitos comuns, formas de vestir, crenças, divertindo-se juntos ou se enfrentando nas rodas da capoeira.

Os negros detinham um saber que ajudava a enfrentar o rigor do trabalho pesado e a violência repressiva, as chaves para abrir brechas e até curtir um pouco, aliviando as agruras da desclassificação social e da espoliação. Mas o resultado era a marginalização e, muitas vezes, a prisão. A presença de migrantes europeus, trabalhadores livres e miseráveis na cidade, ao lado dos negros compreendidos como as "classes perigosas", muda o retrato social do crime. Logo, na Casa de Correção, os portugueses se tornariam mais da metade dos estrangeiros detidos. O uso da navalha —um atributo do capoeirista, seu porte determinando prisão — tinha sido também uma peculiaridade dos "fadistas", que podem ser apressadamente traduzidos como malandros lusos. Sua generalização nas maltas pode até ter sido o resultado da presença dos portugueses, muitos deles tendo já trazido da terrinha sua "sardinha".

Completando o complexo prisional da cidade, em 1850 fica pronta a Casa de Detenção para prisões provisórias e a Casa de Correção para o cumprimento de penas, o primeiro presídio brasileiro — as duas casas com estruturas panópticas em cruz, tendo no centro o controle dos longos corredores com celas. Algumas freguesias tinham estações de polícia com cadeias, mais o depósito de presos na rua do Lavradio. Torna-se comum mais tarde o envio para Fernando de Noronha.

O desenvolvimento da máquina policial se consolidava num emaranhado de corporações encarregadas de zelar pela paz na cidade, o que eventualmente provocava conflitos de autoridade. Os pedestres, conhecidos como morcegos pelo povo, eram patrulheiros civis da secretaria de polícia associados aos subdelegados de freguesia, que prestavam serviço de patrulha nas ruas das dezoito horas até a meia-noite — efetivos que teriam sua continuidade na polícia civil da cidade. Já a Guarda Real, depois Corpo Municipal de Permanentes, encarregada do policiamento ostensivo nas freguesias centrais, tanto a pé como a cavalo, é o antecessor da polícia militar.

Era notória a presença de negros nas polícias e nas forças militares do país, prendendo para não ser preso, matando para não morrer. Os holandeses não teriam sido vencidos se os negros não estivessem do lado dos portugueses, tampouco a cidade do Rio de Janeiro, sem a atuação dos capoeiristas, teria conseguido enfrentar tropas de mercenários irlandeses e alemães bêbados em 1828. Era óbvia a presença de capoeiristas na polícia da cidade, e logo a construção de um *modus vivendi*, início de uma simbiose e cumplicidade entre a polícia e as "classes perigosas".

Mas, para além das questões da segurança interna, uma conjuntura internacional perversa jogaria o país em uma guerra, quando a composição das forças repressivas internas se reproduziria na formação das tropas brasileiras. Uma tríplice aliança, constituída pelo Brasil com Argentina e Uruguai num tratado de escroques, sustenta um conflito sem vencedores, pois dele só resultaram vítimas. A guerra do Paraguai foi uma guerra de extermínio, injusta e injustificada, imposta pelo imperialismo britânico a seus sócios sul-americanos. Além disso, é inevitável perceber no Paraguai uma república autônoma absolutamente peculiar, com uma situação interna e uma população vivendo um momento sem paralelos no continente, um país que se mantinha fora do fluxo econômico internacional que soprava na América do Sul liderado pela Inglaterra, sem tomar empréstimos nem nada importar de fora — esse foi seu crime.

A parca historiografia sobre a guerra consolidou a ideia de ter sido nesse momento que ocorreu a integração da bacia do rio da Prata na economia mundial, quando Argentina, Brasil e Uruguai, tutelados pelos parâmetros políticos e econômicos do imperialismo inglês, vão se opor à autossuficiência do Paraguai. São feitos pesados investimentos de capitais estrangeiros nesses países — sobretudo em infraestrutura, como estradas de ferro, portos e serviços públicos — visando os banqueiros ingleses, a médio prazo, a obtenção de grandes lucros. Acentua-se a imigração europeia em massa, direcionada à Cuba, ao Brasil e, sobretudo, à região de clima temperado do estuário do rio da Prata. Os números são altos: entre 1855 e 1874, cerca de 250 mil europeus chegam ao Brasil e aproximadamente 800 mil à Argentina e ao Uruguai.[19]

Única área da América Latina onde os indígenas haviam resistido com sucesso ao estabelecimento dos europeus, mantendo íntegros os povoados indígenas, com a permanência do guarani, em vez do português ou espanhol, como o idioma de comunicação entre nativos e colonos — o Paraguai teria tentado ficar fora da esfera do mercado internacional que se estendia pela região, sendo por isso massacrado e obrigado a nele reingressar.[20] A nação paraguaia se tornaria, a partir daí, presa de um lamentável subimperialismo brasileiro, a malha dos interesses ingleses associada às pretensões expansionistas da monarquia nacional.

A longa ditadura do doutor Francia (1814-40) foi sucedida no poder por Carlos Antonio López (1840-62) e depois por seu filho, Francisco Solano López (1862-70). Seus governos haviam isolado o país, que cortara relações diplomáticas e comerciais com seus vizinhos continentais, exceção feita ao Brasil, proibindo tanto a emigração de paraguaios como a imigração de estrangeiros para seu território, desenvolvendo uma autossuficiência baseada na agricultura e na indústria artesanal.

Entretanto, problemas de fronteira se sucedem, e Solano López dedica-se à criação de um exército orientado por oficiais alemães e equipado com armamentos europeus, que passam a ser produzidos no país. O ditador argentino Juan Manuel Rosas impõe um bloqueio militar ao país vizinho. O presidente da província do Mato Grosso invade terras paraguaias, levando López a expulsar os brasileiros. A situação vai tornando-se insuportavelmente tensa, e, quando ocorre a intervenção político-militar brasileira no Uruguai, López, que pregava uma nova configuração geopolítica na América do Sul, tenta, como afirma, "bloquear o esforço expansionista brasileiro", declarando guerra ao Brasil em novembro de 1864 e invadindo o

Mato Grosso, zona de disputa entre os dois países havia mais de duzentos anos.[21]

A Guarda Nacional, criada em 1931, liderada pelos "coronéis", milícia de líderes rurais composta por seus agregados que passa, a partir de 1850, a se subordinar ao poder central, foi o principal instrumento para a contenção das revoltas internas no Império. Mas para um conflito externo é chamado, em primeiro lugar, o Exército, instituição que até então ocupava um segundo plano, dispondo de baixos efetivos.

> O Exército ocupava lugar absolutamente destituído de significação. Não representava o elemento de força em que se apoiava a estrutura social, o domínio de classe que governava o país. Essa classe não tivera, até aí, a necessidade dele, para defender-lhe os privilégios e os interesses; tinha sua própria organização militar, recrutada em suas próprias fileiras, rigorosamente fiscalizada, estreitamente comandada. Não precisava de outra.[22]

Assim, o Exército, quando estoura a guerra, dispunha de pouco mais de 15 mil praças e 1700 oficiais, enquanto a Marinha brasileira tinha 44 navios, alguns já na bacia do Prata, e pouco mais de 4500 homens. Número insuficiente e precariamente armado mesmo imaginando-se que tudo seria um passeio de poucos meses. Mas o país precisou mobilizar Exército, Guarda Nacional e ainda criar corpos de Voluntários da Pátria para sustentar uma luta que duraria mais de cinco anos. Os oficiais do Exército, uns poucos vindos ainda da nobreza, outros dos setores intermediários, alguns com uma boa formação militar, muitos inexperientes e incompetentes — não passavam de funcionários públicos de segunda classe.

Dessa forma, começa uma feroz campanha de recrutamento coercitivo para compor novos batalhões. Qualquer homem com idade mínima podia ser detido e engajado, e a caça a soldados cria um clima de terror no país. Como muitos homens livres já haviam partido para a guerra nos primeiros contingentes enviados, a partir de 1865 os escravizados passam a entrar nas listas de recrutas, combatentes a quem seria oferecida a alforria. O governo imperial compra milhares de cativos, tornando-se momentaneamente o maior comprador nacional, contribuindo, assim, para a alta dos preços no mercado, uma solução que não era estranha para o oficialato, já que as forças militares estavam acostumadas a disciplinar negros presos. O recrutamento forçado era uma tradição na Colônia, quando não havia um exército profissional montado, muitas vezes tendo no interior do país um sentido de retaliação ou punição aplicada pelo grupo dominante contra seus adversários. Nas cidades era utilizado como um instrumento de repressão à vadiagem, à mendicância e ao crime, tendo os capoeiras como alvos preferenciais. A guerra também permitiu a punição de negros rebeldes, como se compreende na poesia "Exemplo de patriotismo", que aparece em 1º de agosto de 1867 no jornal *O Alabama*, publicado em Salvador:

> *Eu tinha um mau escravo, adoentado*
> *Verdadeiro tormento, endiabrado*
> *Libertei-o, ao governo ofereci-o*
> *A fim de eu também ser condecorado*
> *O que era meu desgosto, é minha glória*
> *De quem era capoeira fiz soldado!*[23]

A guerra coincidiria com a estagnação da cafeicultura fluminense, momento em que os novos plantadores paulistas assumem a frente agroexportadora nacional. Assim, os cafeicultores do Vale do Paraíba perdem influência na política nacional, embora conservem honras e vantagens, enquanto os cafeicultores paulistas ascendem, absorvendo grande parte do poder — toda ordem administrativa do país, durante o Império e a República Velha, ficando nas mãos de elementos vinculados estreitamente ao velho sistema senhorial.

O conflito, extremamente sangrento, duraria cinco anos — 1864-9 — ocorrendo pouco mais de dez anos depois do fim do tráfico africano que havia sido substituído pelo interprovincial. Os negros então, a maioria deles nascidos aqui, já falavam todos um bom português, e neles percebia-se uma crescente inquietação libertária. Capoeiras presos na Casa de Detenção, o temido "Palácio de Cristal", em 1864 compõem a primeira leva enviada para a guerra, conflito que varreria provisoriamente a capoeiragem das ruas do Rio.[24]

O Rio de Janeiro durante a guerra seria novamente um polo distribuidor, desta vez de soldados. A notícia sobre a concessão de alforrias espalha-se também pelo interior, fazendo dos quartéis ponto final de muitas rotas dos fugidos das fazendas do Vale do Paraíba fluminense. Muitos se evadem com a intenção explícita de se oferecer como voluntários, sendo logo remetidos para frentes de combate que devoravam homens em quantidades espantosas. Suspeita-se mesmo que tenham se formado redes clandestinas, nas quais o Exército garantia dinheiro a ser pago por cabeça, e "recrutadores" garantiam aos negros fugidos tanto a futura liberdade como o transporte imediato para a capital.

Um exército em que as tropas começam a ser formadas principalmente por negros — esse um fato, e os observadores europeus da guerra o ressaltaram —, alforriados e fardados para lutar por um país escravocrata. Nas cargas da infantaria, os soldados envolvem-se nos temíveis assaltos com baioneta, e diz-se do uso dos negros como buchas de canhão, já que são eles as grandes baixas.

Alguns dados são acachapantes: para cada soldado branco são 45 soldados negros, num exército que era a própria expressão de uma monarquia escravista.²⁵ Ficam na história façanhas de batalhões de negros, e entre os mais conhecidos destacam-se os míticos zuavos baianos, uma unidade de voluntários ou constrangidos, os dois provavelmente, formada para a guerra e integrada apenas por negros, dos oficiais aos praças, os capoeiristas destacando-se nas batalhas. E o 31º Corpo de Voluntários da Pátria, de maioria negra, reunido a partir do corpo de polícia do Rio de Janeiro.

> Trajavam largas bombachas vermelhas presas por polainas que chegavam à curva da perna, jaqueta azul, aberta, com bordados de trança amarela, guarda-peito do mesmo pano, o pescoço limpo sem colarinho ou gravata e um fez na cabeça. Eram todos negros e chamavam-se de zuavos baianos. Os oficiais também eram negros.²⁶

Muitos negros mortos, alguns depois de atos heroicos ou desatinados, outros sobrevivem, alguns recebem medalhas e o reconhecimento dos oficiais brancos. No Exército como na Marinha, por quem lutou Marcílio Dias, morto na batalha do Riachuelo, eternizado na cidade numa estátua da praça Paris e nos livros escolares.

A guerra destrói o Paraguai e mata quase toda sua população, mais de 95% dos homens — só 1% dos sobreviventes tinha mais de vinte anos. Não se esperava a enorme resistência das tropas paraguaias nem da própria população civil, que se entregou à luta até, literalmente, o último homem, mulher, criança. Caxias, o líder militar brasileiro, reconhece o extraordinário valor do povo paraguaio e pede demissão a Pedro II numa carta inesquecível, mas totalmente esquecida, desconsiderada, inconformado com o crime de exterminar todo um povo.²⁷

A Inglaterra forneceu os armamentos e recursos que deixaram o Paraguai completamente destruído e o Brasil endividado em milhares de libras/contos de réis. Assim, uma forma de compreender a guerra do Paraguai é vê-la como uma imposição de sórdidos interesses econômicos por meios militares eventualmente operacionalizados pelo Império brasileiro — e fica clara a responsabilidade de Pedro II —, quando todos os efetivos participantes da luta, soldados e civis dos dois lados, podem ser considerados vítimas.

Juntos a brancos livres, um pleonasmo, escravizados são convocados e alforriados em massa para compor as tropas, e, com seus oficiais superiores brancos, vencem a guerra. Mas o recrutamento de um número tão elevado de homens tem duras consequências nas condições de vida da população, principalmente para os negros, provocando, entre outras coisas, maior carga de trabalho para os que ficaram e falta de suporte para suas mulheres e crianças, situação que contribui, de forma impressionante, para o óbito de muitos. Se em 1800 havia 1 milhão de negros no país, em 1860 eles eram 2,5 milhões, resultado do tráfico, já que a taxa de natalidade entre os escravizados era notoriamente muita baixa. Mas, depois da guerra, restava apenas 1,5 milhão de negros no Brasil. Menos 1 milhão.

A questão discutida naquele momento em que a escravatura começava a parecer uma instituição obsoleta e insustentável nas cidades brasileiras era como lidar com o negro caso fosse feita uma abolição. Como seria uma sociedade em que os negros fossem cidadãos? — perguntavam-se os que até então tinham sido donos de escravizados. Como seria um país com metade de sua população formada por negros? Um problema que a muitos assaltava, uma vez que uma elite racista havia transferido sua visão pejorativa do negro para um povo brasileiro mais ou menos branco que se constituía. O horror de "um país preto". Uma solução fazia-se premente, sobretudo quando os setores produtivos começavam a estimar que o trabalho livre poderia tornar-se mais barato do que o trabalho escravo.

Assim, a guerra do Paraguai vai servir para matar o negro, é a tese mais ou menos explícita de Júlio Chiavenato,[28] que fala de um brutal processo de arianização. Enquanto a sociedade se expandia, o número de negros diminuía. Se antes da guerra, a sociedade brasileira era formada por 45% de negros, nos anos posteriores a ela esse percentual se reduz para apenas 20%, algo executado de forma mais ou menos intencional pela classe dominante brasileira. Como Rui Barbosa pôs fogo nos documentos, não se sabe com certeza quantos foram os cativos alforriados e enviados à guerra, mas calcula-se que eles foram mais de 100 mil. Sabemos que só 20 mil deles retornariam.

Por outro lado, os que escapam e voltam ao país, grande parte deles para a capital, tornam-se uma vanguarda, sobreviventes de uma primeira alforria em massa, heróis de guerra. Ainda em 1869, o 31º volta à capital. Homens libertos da condição de escravizados, com uma terrível experiência na defesa do país, que lhes dava uma nova visão de sua situação e de seus direitos. Mas as expectativas de reconhecimento e prestígio social não se confirmariam. Homens traumatizados por tantas mortes que — uma vez celebrações e elogios esquecidos — entram em choque com sua crua realidade, percebendo-se ainda como subalternos e estigmatizados na cidade. Assim, cria-se uma tensão recorrente e um novo patamar de conflito. Os ex-combatentes não aceitam a repetição das afrontas e humilhações e se opõem a autoridades policiais e a quem mais não os tratasse com as devidas considerações. Os capoeiras tinham voltado ao Rio de Janeiro.

A guerra do Paraguai repercute de diversas formas no Brasil. A partir dela, o eixo do poder militar nacional passaria da Guarda Nacional para o Exército. A própria fundação do Partido Republicano, em 1870, que nem sempre seria favorável à abolição da escravatura, pode também ser associada à guerra.

É na classe média nascente que o Exército, terminado o conflito, iria escolher seus oficiais, alguns vindos do posto de soldado, que seriam depois preparados, a partir de 1874, na Escola Militar, centro de ensino claramente diverso das faculdades jurídicas da aristocracia agrária. Na verdade, os cursos jurídicos não visavam alterar as bases autoritárias e excludentes da ordem vigente, mas sim mantê-la em novas bases.[29] Nascia então um novo tipo de oficial militar caracterizado por um autoritarismo progressista, defensor da abolição da escravidão como da proclamação da República.

Como consequência fundamental, a guerra desestruturaria o próprio sistema imperial ao criar um Exército que ganha crescente importância na condução do país, abrindo um espaço democrático antes contido pelas milícias privadas da Guarda Nacional — Exército que executaria, com profissionalismo e discrição exemplares, a operação da derrubada do Império e implantação da República no país.

Por outro lado, brancos de diversas condições lutaram junto aos negros, quando foram ligados por laços de dependência e solidariedade, que depois da guerra produziram sentimentos de brasilidade e de repulsa à escravatura. Enquanto isso, por aqui, vicejava um movimento abolicionista do qual, em grande parte, estavam alheios os próprios escravizados, assumido por artistas e intelectuais e por alguns negros brilhantes que haviam absorvido a cultura dos brancos e percebido como, na melhor parte dela, a escravatura era uma absurda contradição. Seguidas manifestações ocorrem, quando o tema da liberdade dos negros populariza-se entre a juventude branca, enquanto alguns setores radicais protegiam fugas e propugnavam por um aumento significativo das alforrias. A longa luta entre republicanos — alguns afastando-se da campanha abolicionista para não perder o apoio de importantes fazendeiros — versus o prestígio do imperador frente à parcela mais humilde da sociedade fluminense.

O processo histórico caminhava em direção à extinção da escravidão, principalmente como resultado da própria resistência continuada dos escravizados. Afinal, a liberdade era, antes de tudo, uma causa dos negros, uma luta com significados íntimos, fruto de experiências e significados próprios em que estavam envolvidos de corpo e alma. Agredidos, ressentidos, desesperados, os negros procuraram mudar sua condição através de estratégias próprias, pressionando os senhores como a própria instituição da escravatura, sujeitos históricos que politizaram suas rotinas e seus atos. É a eles que se deve o seu fim, embora, no processo, não possa ser desconsiderado o paternalismo do imperador, a luta de aguerridos abolicionistas, de alguns políticos na arena jurídica e de alguns negros ilustrados realmente ilustres.[30]

Nas últimas décadas da escravatura, numa população composta mais da metade por negros e mestiços, apenas um quarto destes eram cativos. Estima-se que, no momento da abolição, eles seriam menos de 10%. Em São Paulo praticamente não havia mais escravizados, sobretudo nos cafezais. Daí a inquietude da massa escravizada, cativos que não aceitavam mais sua condição. As maltas, às vezes ainda lideradas por um africano, em geral o mais velho do grupo, dominam as freguesias centrais com seus "rolos". A revolta do Vintém, de janeiro de 1880, contra a subida do preço do transporte, com farta participação dos negros nos distúrbios, embora já superados numericamente pelos pobres livres, revelava a falta de habilidade e mesmo de interesse imperial em lidar com a população pobre com estreitos limites de sobrevivência.[31]

Por outro lado, o universo carioca da capoeira passa por episódios terríveis, as maltas impulsionadas umas contra as outras, capoeiras cooptados pela política oficial ou mantendo-se como capangas de políticos e poderosos. A violência entre maltas, a violência entre pobres e ex-escravizados — o sadomasoquismo dos oprimidos. O ano de 1884, momento de grande repressão, com atividade frenética da polícia. A colônia baiana sofre perdas, quando capoeiristas que poderiam ser elos entre a capoeira carioca e a jogada em Salvador são presos. E momentos de modismos, quando, nos últimos anos da monarquia, a capoeira torna-se uma febre entre jovens da elite, filhos das classes abastadas. Mesmo o maior inimigo futuro da capoeira, Sampaio Ferraz, joga capoeira quando jovem, assim como o próprio Floriano Peixoto.

As ligações perversas com a política partidária nacional: a aliança entre as maltas e o partido conservador promove a destruição de redações de jornais, milícias de capoeiras contra os abolicionistas, conflito de capoeiras com os republicanos de Silva Jardim, e o incrível episódio da Guarda Negra. Capoeiras capangas e cabos de guerra eleitorais tinham, quando presos, acesso a advogados providenciados pelos que usavam seus serviços. E praticamente todos os grupos políticos passam a utilizar seus serviços. Capoeiras tornam-se um exército das ruas à disposição para o trabalho sujo, instrumentos dóceis de liberais e conservadores, em troca de vantagens materiais.

Alguns capoeiras fazem opções políticas ligando-se ao partido conservador, aliança que culmina no episódio da Guarda Negra, no pós-República. A solução monárquica da escravatura aproximara ainda mais os libertos da família real, a ponto de criarem uma milícia negra em defesa do regime monárquico. Nos anos finais da monarquia, Rui Barbosa chega a denunciar a tentativa da monarquia de garantir o trono através da mobilização política dos libertos, quando uma "malta de navalhistas" percorre a rua Ouvidor aos gritos de "morte aos republicanos".

Pode-se considerar a Guarda Negra como uma síntese das instituições negras durante a escravatura, herdeira tanto das maltas como das irmandades, surgida sob a batuta do militante negro José do Patrocínio, de início como uma entidade política tradicional, com estatutos, eleições internas e um programa de ação, embrião de um futuro partido político negro. Como é publicado no jornal *Novidades*, em 31 de dezembro de 1888: "nosso fim não é levantar o homem de cor contra o branco, mas restituir ao homem de cor o direito que lhe foi roubado de intervir nos negócios públicos". Duramente afetada por uma nova campanha de recrutamento do Exército em 1888, quando tem vários de seus membros visados, alguns presos, acaba atuando, não mais como uma agremiação organizada, mas como um braço armado clandestino de um projeto absurdo que vitimaria seus executores.[32]

A Guarda Negra foi enfrentada à bala pelos militantes republicanos, como relata Gilberto Freyre valendo-se do depoimento de um deles, que

> confessa ter saído de casa para enfrentar os seus rivais, os agitadores redentoristas ou monarquistas levando um excelente Smith and Wesson e "duas caixas de balas". Isto em plena vigência da Monarquia. Assim armados, é que os ioiôs brancos — entre os quais, alguns, decerto mestiços — do clube Republicano, se dispuseram a repelir o que fosse ou parecesse agressão contra eles, da parte de pretos da Guarda Negra, armados apenas — reconhece Medeiros — de "cacetes e navalhas". [...] "Carregávamos os revólveres, entreabríamos uma fresta na janela e pondo apenas o braço de fora, descarregávamos os cinco tiros do barrilete. Feito isso, nova carregação, nova descarga." Era quase uma espécie de Ku Klux Klan semelhante à do sul dos Estados Unidos, após a vitória do norte na Guerra Civil, que se esboçava no Brasil, da parte de brancos e de quase brancos, contra negros ou gentes de cor.[33]

Não há dúvida de que Pedro II e Isabel gozavam de certa popularidade entre os negros. Na verdade, a monarquia cairia de madura no auge de sua popularidade entre negros e pobres da capital — a massa era monarquista. Já entre os donos de escravizados o conflito estava entre a defesa filosófica e política da liberdade, absorvida por alguns, e a defesa de suas propriedades privadas... Ficam as notícias de negros mesmo nas prisões celebrando a Abolição, e do êxodo dos libertos das fazendas decadentes do Vale do Paraíba que vêm encher vielas e becos da capital.

A extinção do tráfico de escravizados deixa disponíveis recursos enormes, que seriam transferidos para investimentos até aí desconhecidos ou embrionários, surgindo disto as primeiras ferrovias, a navegação a vapor e a instalação de linhas telegráficas, aproximando as regiões do país. As empresas pioneiras de Mauá propõem novas atividades comerciais e produtivas, enquanto o aparelho de crédito amplia-se. Assim, a Abolição teria um impacto significativo na organização das forças produtivas do país, e, certamente, um impacto imenso na vida dos negros, mesmo para os que não eram mais escravizados. Já o golpe militar de 15 de novembro de 1889 proclamando a República, teve entre suas primeiras vítimas, além da família real, os capoeiras.

Para alguns proprietários de muitos negros, a Abolição seria resolvida através de uma estratégia de produção de dependentes, que manteria, por algum tempo, muitos libertos ainda sob o domínio de seus antigos proprietários. A mentalidade senhorial não via um rompimento brusco possível, pois, segundo ela, o negro estaria despreparado para assumir as obrigações de uma pessoa livre, devendo passar, pelo menos por algum tempo, de escravizado para uma condição intermediária de homem livre dependente. Na verdade, eram os proprietários que não estavam preparados para não dispor mais de cativos, e, assim, muitos deles tentariam manter seus empregados e trabalhadores, na República brasileira, sob condições escravagistas — e ainda hoje não estamos livres disso.

Para o negro baiano, a capital do Império era uma miragem e, de repente, uma realidade: a Abolição engrossa o fluxo de baianos para o Rio de Janeiro, liberando os que se mantinham em Salvador em virtude de laços pessoais com escravizados, fundando-se definitivamente uma diáspora baiana na capital, gente que terminaria por se identificar com a nova cidade onde nasceriam seus descendentes. Os baianos iriam situar-se na parte da cidade onde a moradia era mais barata, sobretudo na Saúde, perto do cais do porto, onde muitos homens buscariam vagas na estiva como trabalhadores braçais. Assim, uma Pequena África no Rio de Janeiro estabelecera-se a partir da década de 1870, compreendendo as freguesias da Saúde, de Santo Cristo e da Gamboa, estendendo-se depois até a Cidade Nova, onde nasce, a partir dos migrantes baianos, o samba carioca. É lá que, no pós-Abolição, seriam fundadas as primeiras casas de candomblé baiano na capital.

O desaparecimento da divisão guaiamus versus nagoas, juntamente com o fim das maltas de capoeira no Rio, seria um dos resultados da vaga repressiva de 1890, liderada pelo primeiro chefe de polícia republicano, João Batista Sampaio Ferraz, ele próprio antigo praticante na capoeira. Com carta branca de Deodoro, seus comandados percorrem a cidade prendendo os mais conhecidos capoeiras, os deportando para a ilha de Fernando de Noronha sem formalidades judiciais, o que romperia o importante elo de reprodução cultural da capoeira no Rio de Janeiro.

O desmantelamento da capoeira carioca em um ano de fúria. Sampaio, o Cavanhaque de Aço, limpa o Centro das maltas e volta-se contra as da periferia, e, depois de aprisionar as lideranças, começa a prender capoeiristas notórios, atingindo brancos, pretos, carroceiros, capangas, serventes, balconistas, desempregados. Alguns presos no seu local de trabalho, como um condutor de bondes. Sampaio volta-se contra o bas-fond fluminense, quando capoeiras, mas também vigaristas, desertores, curandeiros, feiticeiros, jogadores, são objetos de sua onda moralizadora sustentada pelo novo Código Penal, que tornava a capoeira crime. Sua fúria repressiva volta-se contra zungus, batuques, feitiçarias e tudo mais que se referisse ao negro. A alternativa para alguns, mais uma vez, era assentar praça no Exército.

Implacável, a repressão atinge até mesmo membros da polícia carioca, do partido Republicano, desde militares de baixa patente a filhos de famílias finas — provavelmente os daquelas em baixa. Já em 3 de janeiro de 1890, a menos de dois meses da proclamação, um vapor de guerra sai do porto com 59 capoeiras enviados para a ilha. "A primeira leva de capoeiras saiu da Corte nos primeiros dias de janeiro e desembarcou em Fernando de Noronha em 24 do mesmo mês. No porão do vapor *Madeira*, estava encarcerada a nata da capoeiragem carioca, talvez os mais hábeis e audazes capoeiras do século."[34]

A capoeira carioca, que por um momento ressurgiria com fúria em 1904 na Revolta da Vacina, definitivamente havia perdido um grupo significativo de indivíduos que "eram" a tradição, e levaria muitos anos para se recompor, ficando secundarizada pela capoeira baiana. Décadas à frente, graças a uma geração de artistas e intelectuais pós-revolução de 1930 que não se deixa intimidar pelo Estado Novo, a arte marcial criada pelos escravizados seria reconhecida, enfim, como parte importante da cultura brasileira das ruas, como uma arte marcial brasileira.

Carlos Eugênio Líbano Soares fala de uma história da capoeira como "um conflito de extrema violência e extrema crueldade, mas também uma lição de companheirismo e solidariedade, de esperança e coragem, na qual africanos e crioulos, irmanados pelo cativeiro, enfrentaram seus carrascos e mudaram seus destinos".[35] No entanto, a capoeira foi marcada também pelo enfrentamento sistemático e sangrento entre as maltas, e pela sistemática cooptação de capoeiras tanto para as forças policiais — para o Exército e Marinha eles em geral eram sequestrados — como para a capangagem de partidos políticos e de particulares.

Fica a imagem da capoeira como um desafio ao Estado escravista e senhorial — como um ato permanente de rebelião. A imagem do valor da solidariedade na malta para aqueles que viviam sem cidadania como uma forma de afirmação pessoal e do grupo. A "revolução capoeira" no Rio de Janeiro, sua contundência, seu refinamento, sua tradicionalização, e seu final na República deixa um vazio que levaria um tempo para ser novamente preenchido, já por capoeiristas cariocas — a transição do capoeira para o capoeirista —, reafirmados por seus irmãos baianos.

A nacionalização da capoeira baiana em detrimento da carioca pode ter tido sua razão na repressão furiosa perpetrada por Sampaio Ferraz, sustando sua tradição no Rio de Janeiro, enquanto nada parecido tenha ocorrido em Salvador. Ou teria sido a contundência das maltas de capoeiras no Rio que a teria invalidado no momento da sua absorção institucional? Mesmo Getúlio, no seu oportunismo populista, teria relutado em dar o reconhecimento do governo a uma capoeira tão associada a distúrbios e enfrentamentos ocorridos na cidade, preferindo reconhecer apenas os baianos.

O baiano Muniz Sodré — que entre outras qualificações foi aluno do mestre Bimba — ratifica o que chama de "a perigosa técnica de luta das maltas":

> Essas características singularizaram a capoeira carioca, que pareceu sempre mais armada (facas, porretes, navalhas) do que a baiana. Claro, essas armas também existiram na capoeira baiana, mas como recursos de um estilo particular, parte de uma artimanha, sem o emprego coletivo e desabusado que tiveram no Rio de Janeiro. O jogo carioca, por outro lado, sempre tendeu mais à violência, apelando muito para cabeçadas e murros, o que terminava gerando disputas

de arma branca. Não se falava em capoeira angola, mas simplesmente em capoeira ou capoeiragem.[36]

A coisa aqui era realmente muito pesada para eles. Fala-se da perda da maldade de uma capoeira baiana, em que a dimensão agressiva fora atenuada, recalcada no pós-Abolição, tornando a outrora mortífera disciplina numa presepada, em confrontos cheios de manhas exibidos na porta dos mercados e nos pontos turísticos de Salvador, restando no jogo apenas ridículos mendengues, cangapés, cabriolas e saracoteios. O próprio mestre Bimba (1899-1974) não fica satisfeito com a capoeira do seu tempo — o capoeirista que ostenta sua agilidade pegando com a boca o dinheiro jogado pela plateia —, e cria em 1928 a capoeira regional, retirando o que havia de mais floreado no jogo de angola e acrescentando o que de mais pesado havia no batuque. "Isso é luta, não é roda", dizia.[37]

Ou seria a fina sensibilidade de intelectuais e artistas baianos pela capoeira que teria feito a diferença, permitindo o reconhecimento da capoeira e sua consagração dividida nas duas principais escolas na modernidade sob as lideranças dos baianos Pastinha e Bimba? Fato é que perdura a questão das origens baianas ou cariocas da capoeira, o inverso do que acontece com o samba, também um fenômeno que ocorre nas duas cidades, mas sua origem é reconhecidamente baiana, embora seja o samba carioca que vai se tornar central na história da música popular brasileira.

No pós-Abolição, muito pouco seria feito para adaptar os negros à nova situação, sendo toda a República Velha um momento particularmente duro para o negro no Brasil: rejeitados, preteridos. Estando, no momento da Abolição, a maioria dos escravizados no interior, a libertação, mas não a liberdade, provoca uma enorme movimentação desses indivíduos que, em grupo, ligados a suas famílias ou de modo isolado, tentam adaptar-se erraticamente à nova realidade, muitos vindo para o Rio de Janeiro no mesmo momento em que a cidade acusava um movimento intenso de chegada de imigrantes europeus.

    Se os problemas do antigo sistema eram antes atribuídos à escravatura pelos setores mais lúcidos e modernos das elites, no novo regime é o negro que passa a ser visto como o problema. Se no final do regime escravagista reclamava-se da falta de escravizados, na República os negros passam a sobrar. Investidos de cidadania, eles passam a ser excessivos para o novo sistema produtivo que os marginaliza, no qual, para ser admitido, o negro precisava ao menos se tornar mulato. Para as elites, a escravidão era uma situação que havia sido superada, o país vivia um outro momento, e os negros, a quem havia sido atribuída plena cidadania, que a ele se ajustassem.

    Para os negros a Abolição termina por revelar, no transcurso dos anos, que a liberdade concedida não significava uma redefinição total das suas posições no país, e que ainda havia muito a conquistar. Alguns se desesperam esmagados pela impressão de que, apesar da carta de alforria, nada tinha mudado, de que haviam sido enganados.

# 3.
# O Rio de Janeiro dos bairros populares

> *A mobília era a mais reduzida possível. Na sala principal, havia duas ou três cadeiras de madeira, com espaldar de grades, a sair de quando em quando do encaixe, ficando na mão do desajeitado como um enorme pente; havia também uma cômoda, com o oratório em cima, onde se acotovelavam muitas imagens de santos; e, cá do lado de fora, queimava uma lamparina e secavam em uma velha xícara ramos de arruda. Na sala de jantar, havia uma larga mesa de pinho, um armário com alguma louça, um grande banco e cromos e folhinhas adornavam as paredes.*
>
> Lima Barreto, *Numa e a ninfa*

Na virada do século, com quase 1 milhão de habitantes, o Rio de Janeiro era o centro vital do país. Capital da nascente República brasileira, principal sede comercial, bancária, industrial, principal centro produtor e consumidor de cultura — a cidade era a melhor expressão, a vanguarda, do momento de transição por que passava a sociedade brasileira. Depois de um período de grande instabilidade no país, pela subordinação de toda a economia nacional às oscilações do preço do café no mercado internacional, agravada pela situação interna com os problemas enfrentados pelo novo regime, o presidente Campos Sales (1898-1902) renegocia a dívida externa, e sob o preço de uma ainda maior dependência do capital financeiro internacional é obtida uma trégua econômica. Essa situação seria aproveitada para um reaparelhamento do sistema, a estabilidade momentaneamente obtida permitindo um primeiro acerto entre as elites no novo sistema.

Se Campos Sales termina seu mandato sob o repúdio das classes populares urbanas, principais vítimas de sua política econômica de forte taxação sobre o consumo, o Estado republicano estava provisoriamente consolidado com o apoio das oligarquias estaduais, sendo então estabelecidas relações do sistema de controle e distribuição do poder, a "política-negócio", num arranjo que duraria até 1930. Rodrigues Alves recebe a presidência, os novos empréstimos ingleses e os compromissos internacionais negociados por seu antecessor, permitindo que seu ministro da Fazenda, Leopoldo Bulhões, invista nas estradas de ferro e nos portos, compre navios de guerra, faça alguns gastos suntuosos e disponha recursos para a remodelação do Rio de Janeiro.

Coração da zona portuária, na segunda metade do século XIX concentrava-se na Saúde grande parte da colônia de negros baianos, muitos dos homens integrados como estivadores no porto. Uma parte antiga da cidade, no entorno da extensão da enseada logo depois do Centro, onde antes as marés altas eram seguidas por enchentes que tornavam seus morros ilhas separadas por um tempo do continente. Fora da cidade oficial, mas imediatamente contíguo, o lugar manteria essa marca ao longo dos anos, marginal mas cada vez mais complementar e funcional ao centro administrativo.

A administração colonial e a Igreja durante a Colônia usariam a área para suas atividades menos "nobres". Assim, lá se instala o Aljube, prisão eclesiástica, depois cadeia comum, além do cemitério dos Pretos Novos. Seus primeiros largos abrigaram as forcas e os pelourinhos da justiça municipal e, depois, o grande mercado de escravos do Valongo, para onde convergiria todo o comércio de homens, uma das principais atividades econômicas do Rio colonial.

Já no século XVIII, com o deslocamento do eixo econômico para as Minas Gerais, o porto do Rio de Janeiro, construído nas vizinhanças do seu Centro, crescera de importância, a ponto de justificar a transferência da capital colonial de Salvador para o Rio. É o porto que daria a feição definitiva do bairro. Já nas primeiras décadas do século XIX, a área urbana fora dividida em cinco freguesias entre os morros do Centro, a população residindo principalmente nas freguesias de Santana e de Santa Rita, esta compreendendo a área situada nas proximidades do cais, bairro de moradia popular onde a população foi apertando-se em mansões tornadas habitações coletivas e em casinhas construídas nas suas ladeiras.

As primeiras grandes docas do Rio de Janeiro são instaladas já na metade do século XIX, arregimentando-se estivadores que moravam nas vizinhanças da Pedra da Prainha, depois conhecida como Pedra do Sal, onde haviam se instalado os primeiros negros chegados da Bahia, lá se desenvolvendo uma poderosa vizinhança de baianos e africanos. As crônicas limitações do porto do Rio iriam justificar diversos projetos e obras que se intensificam na segunda metade do século XIX, quando se destaca o engenheiro negro André Rebouças. O governo Rodrigo Alves, com os 8 milhões de libras emprestadas pelos Rothschild, constrói um cais inicialmente de três quilômetros e meio, que depois seria prolongado, para atracação de navios de grande calado, obra executada por uma firma britânica.

A reforma urbana liderada pelo prefeito Passos seria o momento de maior alteração do bairro, onde, até hoje, pode-se dizer que de alguma forma a Cidade Velha mantém-se, tanto em sua paisagem arquitetônica como humana. As obras do porto justificando um enorme aterro que estende a linha do litoral por mais de vinte hectares, onde se constrói em poucos meses uma avenida em frente ao porto, ocupada por armazéns e servida pela linha férrea.

Ao longo da segunda metade do século XIX, a concentração das atividades artesanais e manufatureiras da cidade no Centro e na zona portuária vizinha, associada às deficiências de transporte, não haviam deixado outra solução para o negro forro recém-chegado à cidade ou para o italiano recém-vindo a não ser aceitar as regras do jogo impostas pelos donos das habitações coletivas que se multiplicavam na área, entre os quais incluíam-se, é sabido, membros da própria família imperial.

Os cortiços eram locais não só da moradia possível de muitos, mas, principalmente para as mulheres, locais de suas tarefas domésticas e do trabalho feito para fora: as atividades de lavadeiras, doceiras, confeiteiras, costureiras, sempre trabalhando cercadas por suas crianças, tornavam essas habitações coletivas pequenas unidades produtivas. Os cortiços eram locais de encontro da gente de diferentes raças ali chegada por variados trajetos, que se enfrentava e se solidarizava frente às duras condições de vida para os setores subalternos da população e sobretudo para os párias na capital.

A contradição da presença de habitações populares na parte mais valorizada da cidade era até então permitida em razão dos interesses dos proprietários do velho casario, que exploravam aluguéis extremamente compensadores, já que o baixo preço cobrado em cada catre era multiplicado por seu número, e o espaço comum reduzido e as baixíssimas condições de infraestrutura exigiam apenas um modesto investimento por parte dos donos.

Eram partes de construção ligeira instaladas no fundo de antigas construções, ou velhas casas senhoriais divididas em pequenos apartamentos, sem áreas de ventilação ou cozinha, casas de cômodos improvisadas em antigos prédios em decadência onde eram apertados novos moradores, pressionados pela carência de moradia barata por que passava a cidade, aproveitada pelos proprietários e por investidores imobiliários.

É exemplar a situação da grande estalagem situada atrás da Casa da Moeda na rua Caldwell: 114 cômodos de pequenas proporções, divididos por biombos de madeira, alguns com pequenas cozinhas instaladas do lado de fora, para que os do fundo pudessem também ser alugados como quartos. A cozinha de frente para a única janela de ventilação. As latrinas, doze, situadas na mesma ala dos quartos, com bancos de cimento corridos sem nenhuma divisória, em sua promíscua proposta de atender a todos os moradores.

Uma nova comissão, desta vez denominada de Conselho de Saúde do Distrito Federal, denuncia as condições dos coletivos e sugere que seus moradores sejam removidos "para os arredores da cidade em pontos por onde passem trens e bondes", pressionando o governo a desapropriar aquelas construções para demoli-las, substituindo-as por casas unitárias para as famílias pobres.

A preocupação com locais epidêmicos situados na área central da cidade já vinha do período imperial depois dos surtos de febre amarela, em 1850, e de cólera-morbo, em 1855, sempre trazidas pelos navios e propagadas pelas partes insalubres da cidade. Uma comissão de médicos, constituída em 1876 com a finalidade de examinar medidas sanitárias cabíveis na situação, depois de constatar as condições higiênicas das habitações dos pobres, argumentava:

> Antes de seguir em suas considerações a comissão não pode, referindo-se a este ponto, deixar de solicitar ao governo imperial que favoreça a construção de domicílios salubres a baixo preço para as classes pobres, tendo em vista burlar a ganância de certos homens que, a título de favorecerem essas classes, construindo edifícios adequados às condições de seus poucos recursos, lhes inoculam o gérmen das moléstias, com lucros fabulosos dos capitais empregados nessas edificações anti-higiênicas e mortíferas.[1]

Mas a atenção do Estado para a questão da moradia popular só é de fato despertada quando se constata, a partir das sucessivas crises epidêmicas nos bairros cariocas, que toda a cidade estava ameaçada, a questão sanitária associando imediatamente a pobreza à insalubridade. Do problema que afetava "apenas a classe inferior", a maioria, a questão passava, agora sim, a tornar-se um problema de todos.

Entretanto, novos grupos ligados aos empreendimentos de modernização da cidade vão ampliando seu poder de interferência, expresso em sucessivas posturas municipais, como na de 1889, que determinava:

> No perímetro desta cidade compreendido entre a rua Visconde de Sapucaí, da América, praia de Santo Cristo, todo o litoral desta praça até a praia dos Mineiros e do outro lado, rua do Conde d'Eu, a partir da rua Visconde de Sapucaí, Riachuelo, Evaristo da Veiga, Visconde de Maranguape, largo da Lapa, rua do Boqueirão e finalmente pelo litoral até a praia dos Mineiros, fica proibido o estabelecimento e a construção de cortiços, casinhas e outras edificações acanhadas para a habitação das classes menos favorecidas, e ainda mesmo nos quintais dos prédios. Penas: 30$000, sendo o dono obrigado a demolir a construção.

A última década do século inicia-se com as graves epidemias de febre amarela de 1889 e 1891, quando o serviço de saneamento é trazido para o âmbito da municipalidade, as polêmicas chegando à câmara e à prefeitura, numa fase que já prenunciava a grande transformação urbana que viria no período de Pereira Passos.

Em 1892, o chefe da Inspetoria Geral da Higiene Pública, dr. Bento Osvaldo Cruz, pai do célebre sanitarista, um dos principais auxiliares da futura administração Pereira Passos, escreve num relatório:

Se, com efeito quisermos aproximadamente avaliar [...] a avalancha de desgraças que de dois anos para cá ameaça temerosamente a nossa economia geral e a normalidade do nosso regime sanitário, basta apreciar com razoável previdência os restritos recursos urbanos de lotação, viação, locomoção, transportes, alimentação, abastecimento e conservação em geral, em confronto com a invasão rápida de sucessivos e extraordinários contingentes de população imigrante e flutuante e o movimento assombroso de empresas novas, comerciais, industriais e fabris, remoções de terra, demolições e construções em larga escala, tudo isso constituindo, como é sabido, fatores de profunda perturbação no meio de uma sociedade bem consolidada, com mais forte razão no centro de um aglomerado efervescente e instável, alvoroçado por solicitações desordenadas, em plena fase de transformação.[2]

O decreto de 1º de junho de 1900 define, com mais precisão, o rumo das reformas:

> A divisão de casas de vastas dimensões por cubículos de madeira, de modo a se estabelecerem sob o mesmo teto famílias diversas, é terminantemente proibida, por contrária à higiene das habitações. Parágrafo único: Essas casas devem ser consideradas prejudiciais à saúde pública, incidindo, portanto, nos preceitos sanitários e sujeitas à lei que regula a Repartição de Higiene. Nos cortiços existentes não se permitirá obra alguma, conserto ou reparação que possam garantir sua segurança, só se tolerando pintura e caiação e não permitindo novas edificações semelhantes em ponto algum.

O decreto, em sua aproximação técnica do problema, dispunha ainda sobre a construção de moradias proletárias, a preparação do terreno e o traçado das ruas, a altura das divisórias e finalmente sobre suas instalações higiênicas. A questão seria logo equacionada cientificamente e então surgiriam as soluções ditadas pela razão para o benefício de todos: assim se imaginava.

O Rio, que inchara abruptamente com a chegada da corte portuguesa, e cuja população não para de crescer ao longo do século com as contínuas migrações para a capital, era na virada para o novo século uma cidade obsoleta para suas funções redefinidas pela Abolição e pela República, além de foco de constantes epidemias. A capital, que se desenvolvera até então de forma não planejada, já fora objeto, na segunda metade do século XIX, das primeiras intervenções urbanísticas, quando começa a ser dotada de uma nova infraestrutura de serviços urbanos e transporte, permitindo que fossem atendidas as necessidades geradas pelo desenvolvimento do capitalismo internacional e preparando a cidade para receber os esperados investimentos industriais.

Paris, durante o reinado de Napoleão III, sofrera uma grande transfiguração urbanística sob a batuta do prefeito Haussmann, perdendo definitivamente suas características de antiga cidade medieval com a derrubada das muralhas que a cercavam e com a construção das modernas avenidas arborizadas, os bulevares, separando seu centro, destinado às atividades das finanças, ao comércio e ao lazer, dos bairros proletários distantes. Paris: mais que um modelo, uma utopia.

Para a direção das obras de remodelação, embelezamento e saneamento da capital que são definidas logo depois da virada do século, é indicado como prefeito o engenheiro Pereira Passos, que assume o cargo com poderes extraordinários, governando os primeiros meses com o Conselho Municipal fechado.

Em síntese, as obras tinham como objetivos: a remodelação do porto da cidade, facilitando seu acesso pelo prolongamento dos ramais da Central do Brasil e da Leopoldina; a abertura da avenida Rodrigues Alves; a construção da avenida Central, atual Rio Branco, unindo diagonalmente, de mar a mar, partindo da Prainha, as partes sul e norte da península, atravessando o centro comercial e financeiro do Rio, que seria reconstruído e redefinido funcionalmente — a abertura da avenida Central significava a total reconstrução do Centro, sendo esse o filé mignon das transformações e sua parte mais polêmica —, a melhoria do acesso à Zona Sul, que se configura em definitivo como local de moradia das classes mais prósperas, com a construção da avenida Beira-Mar; a reforma do acesso à Zona Norte da cidade, assegurada pela abertura da avenida Mem de Sá e pelo alargamento das ruas Frei Caneca e Estácio de Sá.

Grandes demolições necessárias para a realização das obras são realizadas sobretudo nos bairros centrais, o "bota-abaixo" dos cortiços e do antigo casario. Era o fim das casas do carioca popular junto com o dos estabelecimentos comerciais e fabris onde ele trabalhava — o que fazer com essa gente tinha de ser uma prioridade do projeto. Mais tarde, em 1922, o desmonte do morro do Castelo para a abertura da avenida Central, entre a Prainha e a nova avenida Beira-Mar, começando na praça Mauá, que seria montada em 1910 no local do antigo largo da Prainha, com os jardins e árvores preconizados pelo urbanismo francês. Afinal, "até então o Rio, como boa cidade portuguesa que era, não conhecia a arborização dos logradouros públicos".[3]

A reforma completava-se com a ampliação dos serviços urbanos, com a pavimentação da cidade, e com a realização de importantes medidas que visavam ao saneamento urbano e ao combate de epidemias associadas a campanhas de vacinação obrigatória dirigidas pelo epidemiologista Osvaldo Cruz.

As obras que tornariam o Rio de Janeiro uma "Europa possível" mobilizam metade do orçamento da União, e valem-se da grande massa de trabalhadores disponível e subutilizada na capital, disputando o "privilégio" de um trabalho regular. Apesar de apresentar algumas preocupações com aspectos gerais de vida do corpo maior da população carioca, como a expansão do serviço de trens suburbanos, a construção de vilas operárias, priorizando os assalariados, e a própria campanha sanitária que a todos beneficiava — o projeto executado não enfrentava os problemas estruturais de moradia, abastecimento, transporte e trabalho daqueles deslocados de seus bairros tradicionais no Centro para a periferia, para o subúrbio e para as moradias progressivamente improvisadas nos morros do Rio.

O esforço de consolidação nacional com a República reforça a máquina burocrática e repressiva estatal que se estrutura na cidade, absorvendo indivíduos mais ou menos brancos que formariam uma classe intersticial, prestadora de serviços ao complexo socioeconômico que liderava o país. Assim, se a reforma urbana de fato ajusta a cidade às novas necessidades da estrutura política e econômica montada, uma boa parcela de sua população seria completamente desconsiderada em seus interesses, afastada e mantida à margem dos benefícios trazidos pela modernidade.

A falta de perspectiva da República sobre o que fazer com as grandes massas populares que o país herdava da Colônia, associada ao racismo de suas elites, que se renovam mas mantêm os mesmos cacoetes ideológicos, faz com que os governantes pragmaticamente aceitem a popularização da miséria em termos inéditos até então no país. Assim, a prefeitura assistiria impassível à formação das então nascentes favelas do Rio de Janeiro, dividindo a cidade de modo irregular entre partes díspares, bairros propriamente ditos e zonas subalternas e marginais, muitas vezes lado a lado, um padrão de ocupação habitacional e de relações entre os social e economicamente diversos cujas tensões só aumentariam ao longo do século.

A Companhia Jardim Botânico estende seus bondes elétricos para a Zona Sul, como promoção para a venda de lotes em

Copacabana, o novo bairro associado a "uma forma moderna de viver", oferecendo de graça a primeira viagem. Uma liderança de empresas loteadoras e empreiteiras obtém grandes vantagens com a extensão dos serviços públicos para os bairros na orla do mar, e a energia elétrica é estendida até a então inabitada Ipanema. Com a abertura da avenida Beira-Mar, o mar pródigo em ressacas é disciplinado por sucessivas e caríssimas obras.

Lima Barreto em *Feiras e mafuás* sumariza a situação, resumindo o ressentimento daqueles que eram mantidos na periferia:

> Aos famosos melhoramentos que têm sido levados a cabo nesses últimos anos, com raras exceções, tem presidido o maior contrassenso. Os areais de Copacabana, Leme, Vidigal etc. é que têm merecido os carinhos dos reformadores apressados. Não se compreende que uma cidade se vá estender sobre terras combustas e estéreis e ainda por cima açoitadas pelos ventos e perseguidas as suas vias públicas pelas fúrias do mar alto.[4]

Mas a capital efetivamente se modernizava com as transformações urbanísticas de acordo com os padrões da grande cidade ocidental moderna. Seu Centro, onde originou-se a cidade, ancestralmente formado em torno da praça Quinze e por muitos anos mantendo seus limites na praça Mauá e na atual praça da República, é entregue às grandes companhias, aos bancos, jornais, hotéis, cafés de luxo e repartições públicas. Na Zona Sul, valendo-se da nova infraestrutura de serviços e abastecimento, surgem, vizinhos do tradicional bairro de Botafogo, os novos bairros de Copacabana e Ipanema, situados na orla marítima, onde são construídas as novas casas da elite. Entretanto, são as contradições sociais geradas pelo seu encontro com a outra cidade que dariam ao Rio de Janeiro seu caráter próprio, pelo qual ficaria conhecido e pelo qual seria mesmo dubiamente cultuado.

A construção da avenida Central custara a demolição de cerca de setecentos prédios ocupados pela população proletária, por fabriquetas, casas de artífices e pelo pequeno comércio. Por razões de saneamento, são demolidas pela Saúde Pública cerca de seiscentas outras habitações coletivas no Centro e na zona do porto, onde alojavam-se mais de 14 mil pessoas, tanto a gente pequena vinda do Império como negros, nordestinos e europeus recém-chegados na cidade, que são obrigados a procurar moradia nos morros em torno do Centro, pelas ruas da Cidade Nova além do Campo de Santana, ou ainda nos distantes subúrbios servidos pela via férrea.

Em 1886, fora aberto ao tráfego o primeiro trecho da Rio de Janeiro Northern Railway Company, posteriormente chamada Leopoldina, ligando São Francisco Xavier à estação de Meriti, da qual se originou a cidade de Duque de Caxias. Em torno das estações, em seu eixo, surgiriam pequenas concentrações de moradias, algumas delas futuros bairros. Bonsucesso, o núcleo que de início mais prosperou, Ramos, que vem a ser um dos principais centros comerciais na zona da Leopoldina, Olaria, Penha, Brás de Pina, Cordovil, Parada de Lucas, Vigário Geral. A estrada de ferro Melhoramentos, incorporada como linha auxiliar, chega em 1893 a Mangueira e a Deodoro, e cinco anos depois são inauguradas as estações de Vieira Fazenda, Del Castilho, Magno e Barros Filho.[5]

Antes ocupados pela aristocracia com suas chácaras agrícolas e para seu regalo dos fins de semana e pelas propriedades da Igreja, com a melhoria dos transportes são muitos os que se mudam para os subúrbios, um embrião da pequena classe média carioca, que progressivamente torna-se proprietária de lotes menores. São pequenos comerciantes, artesãos especializados e operários assalariados, que, desfrutando de relativa estabilidade no trabalho, podiam arcar com os custos do transporte que os encaminhava para seus empregos e atividades no

Centro. Com o realismo do "bota-abaixo" e as novas linhas do trem, a cidade expande-se para o norte como local para moradia de uma população humilde mas empreendedora, que cresce com as novas levas de migrantes, o que cria problemas em relação ao transporte da massa suburbana, ainda hoje não resolvidos, os trens sempre superlotados.

Com a distensão provocada pela reforma, começam a se solidificar esses núcleos suburbanos em torno das estações de trem, formando um tecido urbano que no século XX torna-se praticamente contínuo. Pequenas companhias loteadoras vendem terrenos valendo-se dessa expansão do serviço de transporte, e mesmo alguns bairros antes aristocráticos, como São Cristóvão, transfiguram-se em bairros fabris.

Lima Barreto testemunhou:

Na vida dos subúrbios, a estação da estrada de ferro representa um grande papel: é o centro, é o eixo dessa vida. Antigamente, quando ainda não havia por aquelas bandas jardins e cinemas, era o lugar predileto para os passeios domingueiros das meninas casadouras da localidade e dos rapazes que querem casar, com vontade ou sem ela. [...] De resto é em torno da estação que se aglomeram as principais casas de comércio do respectivo subúrbio. Nas suas proximidades, abrem-se os armazéns de comestíveis mais sortidos, os armarinhos, as farmácias, os açougues e — é preciso não esquecer — a característica e inolvidável quitanda.[6]

O decreto 3151, de 1882, concedia favores tributários às empresas que construíssem habitações populares para seus empregados, no caso, as indústrias que se instalavam na capital a partir da iniciativa das novas lideranças do empresariado urbano, que se ombreiam progressivamente com a tradicional oligarquia agrário-exportadora, como sua parceira ou, eventualmente, adversária na divisão do poder e nas decisões sobre o rumo do processo político-econômico.

Essas facções modernizantes, reformadoras, tornam-se parceiras do Estado na reconstrução da capital da República, recebendo encargos e evidentemente os repasses das importantes verbas públicas disponibilizadas para as reformas urbanas ligadas à infraestrutura da cidade, necessária para a instalação de fábricas em que empresários nacionais eram parceiros em maior ou menor grau de empresas ou capitalistas estrangeiros. Era para essas elites empresariais locais que o recém-nato Estado republicano acena, procurando implantar uma política de obras voltada para habitação popular, que, com a reforma do Centro e dos bairros da Zona Sul, completaria a reestruturação da cidade.

A Companhia Evoneas Fluminense faz uso das facilidades concedidas pelo decreto 3151, dando começo aos trabalhos de construção de uma vila operária num terreno situado na praia de São Cristóvão, entre as ruas General Bruce e Dr. Gusmão, compreendendo uma escola, consultório médico e sete armazéns, além de um prédio de moradia com 81 cômodos para solteiros, 46 casas de sexta classe com dois pavimentos para famílias, e 12 casas de quinta classe.

O plano conjugava uma elaborada racionalização da ocupação do espaço pelo operário e por sua família, constituindo-se num núcleo autônomo dispondo de serviços médicos e educacionais. Um cuidadoso regulamento previa a disciplina da vila operária, propondo/impondo um comportamento adequado ao trabalhador, que do ambiente de trabalho estendia-se para sua moradia e para seu próprio lazer, subordinado ao controle patronal. Mas, em 1892, a Companhia pedia o cancelamento da concessão.

São aprovados planos de "familistérios" visando criar habitações higiênicas nas freguesias de maior concentração de cortiços e estalagens, gastos que seriam pagos a longo prazo pelos operários como amortização do capital empregado. As vantagens oferecidas pelo decreto de 1882 são entendidas por muitos empresários como tão favoráveis que acabam provocando uma corrida para formação de empresas construtoras, forçando a municipalidade a regular a ação empresarial.

Em 1890, a Companhia de Saneamento do Rio de Janeiro dava início aos trabalhos de construção da vila Rui Barbosa bem no Centro, na rua dos Inválidos, esquina com Senado, numa área de 25 mil metros quadrados. Novas vilas são construídas pela mesma companhia, somando cinco, todas com preocupação higiênicas, com escolas, médicos, acomodações previstas rigorosamente, separando casados de solteiros e refletindo as posições do mundo do trabalho numa hierarquia quanto à qualidade, tamanho e localização das moradias.

A Fábrica Aliança, já na administração Pereira Passos, oferecia 144 casas de quatro a cinco cômodos a seus empregados, abrigando mais de oitocentas pessoas. A Fábrica Confiança em Vila Isabel, a Brasil Industrial em Bangu e a Luz Steárica em São Cristóvão mantinham vilas operárias, todas citadas no Relatório da Prefeitura de 1906, que também informava sobre a construção de 120 casas para operários no beco do Rio.

No entanto, além de muitos projetos terem sido interrompidos, as habitações construídas eram destinadas à minoria de trabalhadores assalariados, de número praticamente irrelevante frente à real dimensão da população mal abrigada. O poder público se omite, resignado com os azares da vida dos pobres. Assim, alguns procuram a periferia, enfrentando os custos do transporte, ou, então, o remédio era subir para as favelas.

O morro da Providência, na Gamboa, foi a primeira "favela" carioca, nome trazido pelos seus primeiros ocupantes, soldados estropiados chegados à cidade da guerra de Canudos a quem são cedidos informalmente terrenos quase verticais. Passando a ser conhecido como morro da Favela, seu nome se tornaria depois um genérico. A favela é uma forma nova de ocupação nos morros cariocas, uma vez que as casas-fortaleza levantadas pelos primeiros colonizadores há muito tinham sido abandonadas como alternativa de moradia.

Assim, nessa virada de século, os morros voltariam a ser ocupados, desta vez por barracos, casas improvisadas construídas com diversos materiais, de chão de terra batida, paredes de barro erguidas a sopapo ou improvisadas com latas de querosene ou tábuas de caixote, sem água ou esgoto encanado nem energia elétrica, como começavam a ser dotados os bairros da cidade, e distantes do transporte público. Contudo, eram livres de aluguéis, taxas municipais e de todas as demais leis instituídas, acessíveis a qualquer um por um custo muito baixo, e ainda situados mais pertinho do céu...

Assentamentos informais irrompem simultaneamente nas primeiras décadas do século XX como um resultado da reforma Pereira Passos, tanto no morro da Providência, próximo do porto e de onde ficava o antigo mercado do Valongo, como no morro de Santo Antônio, ao lado do largo da Carioca, esse depois demolido. Assentamentos de moradias em condições rurais empilhavam-se pelas encostas para aqueles que não suportavam os preços ascendentes do aluguel popular, mas precisavam manter-se perto de seus locais de trabalho e viração.

A massa de trabalhadores era necessária para as indústrias mais próximas do Centro, para o comércio e para o serviço doméstico das casas da Zona Sul. A favela era a resposta pragmática não só dos seus moradores como das classes abastadas e da própria municipalidade. A prefeitura evidentemente sabia que aqueles que tinham sido empurrados para os morros estavam em condições ainda piores do que antes nas antigas cabeças de porco, isolados da cidade, sem luz, esgoto ou quaisquer garantias de segurança, e que aquelas habitações precárias, distantes das rotinas sanitárias municipais, podiam tornar-se perigosos focos epidêmicos. Uma solução anárquica, frontalmente condenada por toda a filosofia urbanística e sanitária que orientou a reforma da capital, mas que, na prática, é aceita por políticos e cientistas.

Assim, novas comunidades se formam avançando pelo morro de São Carlos, da Mangueira, no morro da Babilônia e no Salgueiro. As favelas espalham-se por todos os morros do Centro e arredores e na Zona Sul da cidade, ocupadas por gente que vinha de todas as partes, e que, pouco a pouco, ganharia unidade através de novas formas de organização vindas da atividade religiosa e dos grupos festeiros. As favelas cariocas, mitos e manchas da cidade. No futuro, as favelas, como os sertões, começariam a ser vistas por setores progressistas como símbolos do Brasil profundo, como aconteceria depois da primeira metade do século XX nos filmes do movimento do Cinema Novo.

Com a destruição das velhas casas nas ruas imediatas ao cais, muitos negros sobem a antiga rua do Sabão, que, começando no porto, chegava até o Campo de Santana, e de lá, numa extensão, subia até a Cidade Nova, onde passam a apertar-se com seus primitivos moradores e outros recém-chegados. É nessa área onde, já então na virada do século, voltam a se concentrar os baianos, expandindo a Pequena África com seus terreiros de candomblé ketu, que ficariam ao lado de casas de umbanda e de omolocô, além de candomblés jeje-marrim.[7] Donga conhecia bem a área:

> Quando se fala em Cidade Nova é basicamente na rua Senador Pompeu. Lá é que era o quartel-general devidamente assessorado pelo grande Hilário Jovino. Lá pelos lados do Depósito da Saúde é onde estavam concentrados os baianos. Também na rua do Costa. Mais para o centro tinha a rua da Alfândega, a rua do Hospício, atual Buenos Aires, aquela parte que vai até a avenida Rio Branco. Ali, onde

hoje se veem os sírios, na época era tudo negro, era tudo africano, baiano. Rua do Sabão. Desse núcleo é que se formou tudo do lado de cá.[8]

A Cidade Nova é um dos bairros que ganham vigor na primeira metade do século XIX com o aterro dos antigos alargamentos vizinhos ao canal do Mangue, apesar de a região já há muito ser irregularmente ocupada "nos enxutos de São Diogo", ganhando toda uma nova feição na área onde é hoje a avenida Presidente Vargas, no trecho entre a Central e a praça da Bandeira. Com a isenção das décimas urbanas concedida aos prédios assobradados construídos nas novas ruas abertas em 1811 pela prefeitura, forçada a estender a cidade abarrotada pela chegada da corte portuguesa, a área torna-se habitada mesmo pelos ricos, como moradia ou chácara. Com o movimento posterior destes para a Zona Sul, muitas das antigas construções se tornariam moradias coletivas, constituindo-se o bairro, ainda na metade do século XIX, juntamente com o Centro, em uma das maiores concentrações operárias da cidade. Com a reforma Pereira Passos, a densidade habitacional do bairro aumenta abruptamente, sendo marcante a presença dos baianos. Ainda Lima:

> No começo do século XX, era comum ver a Cidade Nova estereotipada nas revistas teatrais do Rossio como sendo habitada por gente pobre e negra, na maioria dada a malandragem. Mas nela outras categorias humanas já estavam então predominando, entre elas imigrantes italianos de poucos recursos. Nos pontos de bonde da Senador Eusébio ou da Visconde de Itaúna, viam-se napolitanas robustas às dezenas, com grossos anelões de ouro nas orelhas, levando fardos de costura à cabeça, assim como pequenos empregados públicos, tipógrafos, e caixeiros do comércio carioca. Ao cair da tarde vinham as moças para a janela, quando as

festinhas caseiras, bem típicas da época, não tardavam a começar, animadas pelos pianistas amadores, que sabiam de cor o shotish, a valsa e a polca da moda, e aos domingos brilhavam nos salões do Clube dos Aristocratas da Cidade Nova, fundado ainda em 1880 na Senador Eusébio, perto da praça.[9]

A praça Onze, o antigo Rossio Pequeno, cujo novo nome celebrava a batalha do Riachuelo, ficava no centro de uma região que reunia os morros da Favela e de São Carlos, e o Rio Comprido, Catumbi, Cidade Nova, Estácio de Sá, Saúde, Gamboa e Santo Cristo, os bairros ocupados pela comunidade negra carioca. Cercada por casuarinas, é imortalizada como sede do Carnaval popular e do samba no início do século XIX, e constituía-se no único respiradouro livre do bairro. No século anterior, ainda chamada de Rossio Pequeno, era local aberto de uso comum junto aos mangues onde a população jogava seu lixo, como o Rossio Grande, atual praça Tiradentes, na época também área de serventia e gueto dos ciganos na cidade.

Com o desenvolvimento do bairro, a praça é urbanizada em 1846, quando são plantadas as árvores e colocado em seu centro um chafariz projetado por Grandjean de Montigny, arquiteto vindo com a missão francesa trazida pelo conde da Barca em 1816. Além disso, os trens que chegavam à Central do Brasil ofereciam para os moradores dos subúrbios e das favelas da Zona Norte fácil acesso.

As obras de reurbanização da cidade na virada do século — o "bota-abaixo" das moradias populares no Centro — superpovoariam o bairro com gente pobre deslocada, quando a praça Onze se tornaria o local onde se desenrolaria a vida social e cultural tanto desses grupos de operários, pequenos funcionários, estivadores, biscateiros, capoeiras e malandros do meio popular carioca, como da gente do candomblé ou dos cultos islâmicos dos baianos, além de portugueses, italianos e espanhóis vindos de diversas partes e situações. A praça revelaria aos poucos o resultado desse encontro entre seus velhos e novos moradores, alguns desses músicos, compositores e dançarinos dos blocos e ranchos carnavalescos que viriam.

Uma cidade que havia se formado espontaneamente frente às necessidades práticas de seu povo, ganhava uma feição moderna, tendo como modelo a própria Paris, cidade-mito do moderno ocidente. Projeto dirigido às classes superiores e que desconsidera a maioria de sua população, se torna contraditório frente até mesmo às necessidades dessa elite, que precisa de mão de obra barata tanto para levar a cabo seus empreendimentos como para servir suas próprias moradias. Um projeto urbanisticamente incompleto, socialmente leviano. Questões que definiriam na prática uma nova ecologia social na cidade, quando mais ou menos distante da cidade "que se civilizava" surgiria um outro Rio de Janeiro, subalterno e marginal, não mais o dos escravizados e dos quilombolas, mas o de trabalhadores, empregados, biscateiros e marginais, que se estende da zona portuária para a Cidade Nova, que se expande nas favelas e nos subúrbios. A cidade se reforma. A cidade se transforma. A cidade se transtorna. O Rio de Janeiro moderno.

# 4.
# Vida de trabalhador

*O cais do Porto, arquivo de saber*
*Lugar onde se aprende o que quer,*
*Uns pugnam pela virtude*
*Outros se iludem*
*Dada a facilidade*
*Enveredam por maus caminhos*
*Depois desse desalinho*
*Adeus sociedade*

*Eu pelo menos*
*Tudo aquilo que colhi*
*Riquezas de calos nas mãos*
*Da moral impoluta*
*Jamais esqueci*
*Aí as religiões*

*Todas fazem presença*
*Fazem refeição e sobremesa*
*Má querência*

*O cais do porto, arquivo de saber*

*Trabalhei trinta e um anos*
*Existência bem vivida*
*Há um detalhe porém,*
*Que enobrece a minha vida*
*Vinte e seis do dois de quarenta e seis*
*Surgia nova convenção do trabalho*
*Motivada pela paralisação*
*Do onze ao dezoito da nossa profissão*

*O cais do porto, arquivo de saber*

*Eu com quatro anos de associado*
*Juntei-me a um veterano*
*Reivindicando um direito*
*No ministério do ensino*
*Como soberano*

Partido de Aniceto da Serrinha

A Abolição revoluciona inteiramente a vida do negro. O novo Estado republicano pouco se preocuparia com as transformações que evidentemente a libertação oficial provocaria na vida tal número de indivíduos trazidos escravizados ou já nascidos aqui escravizados, que passariam a defrontar-se com as peculiaridades do mercado que se reformula com o trabalho livre. O desconhecimento da nova linguagem trabalhista somado aos preconceitos raciais resulta em dificuldades para competir pelas vagas que se abrem na indústria, no comércio, no funcionalismo e nas obras púbicas. Muitos, nesse período de transição, incorporam-se à massa de desocupados em luta pela sobrevivência nas grandes cidades brasileiras, vivendo das inúmeras formas de subemprego que margeiam as ocupações regulares registradas e reconhecidas pela lei, valendo-se de expedientes sugeridos pela situação, chegando uns ao que a legislação considera como contravenção, e outros ao que é tipificado como crime.

Chiavenato fala com dureza das "condições estruturais que marginalizarão o negro como trabalhador", uma situação que seria mantida intocada por toda República Velha.

> Serão atirados à periferia social, serão uma espécie de lúmpen do lumpemproletariado. Não constituirão uma força produtiva significativa e não se definirão como classe trabalhadora, esmagados pela herança terrível da escravidão. De certa forma, ironicamente, o negro passa a perder importância quando se transforma em homem livre, mas não consegue a emancipação política nem atinge o estágio de trabalhador engajado nas novas formas de produção que surgem no país.[1]

O negro como lúmpen, junto com os menos bem-sucedidos dos imigrantes europeus, seus descendentes e os mestiços nordestinos que chegam regularmente à capital, forma um exército de mão de obra reserva. O negro como símbolo de um passado a ser esquecido, como uma representação de primitivismo e inferioridade, de atraso.

Assim, desocupados como numa demissão em massa, mantidos à parte de uma sociedade que se reorganizava, e a maioria sem acesso a moradias adequadas, pois a erradicação de cortiços e habitações multifamiliares em condições sanitárias precárias jogara os negros na rua em condições desesperadoras de desabrigo e desamparo. Na verdade, era implicitamente esperado que, ao longo das gerações, a marca africana fosse diluída pelo bom sangue europeu. É naqueles anos que se seguem que a diáspora baiana — naquele momento já bastante adubada pelo convívio com os diversos cariocas e percebida como uma referência — teria um papel crucial.

O negro teria melhor sorte no Rio de Janeiro do que em São Paulo, onde a competição com o imigrante europeu, eles lá em maior número, se tornaria, naqueles primeiros tempos, praticamente insustentável. No Rio de Janeiro, havia ainda as oportunidades na multiplicidade de ofícios em torno do cais do porto, renovado e ampliado. Para poucos surgem vagas na indústria, para os aguerridos e oportunistas na polícia, para os mais claros no funcionalismo, para todos no Exército e na Marinha, como praças e marinheiros. Cria-se, à margem dos empregados, um exército de reserva à míngua, disposto a tudo, depreciando o valor do trabalho e esvaziando as reivindicações do operariado frente aos empresários e ao Estado.

Dessa forma, muitos ficam de fora: desempregados, vagabundos, vadios, malandros, capangas, cafetões, prostitutas, ladrões, punguistas, assaltantes. Outros sobrevivem como artistas, em cabarés, teatros de revista, em circos e palcos ou nos bares, valendo-se do aprendido nas festas populares, nas rodas, ou do ouvido na vitrola, no rádio, do visto nos filmes — recriado pelo talento de cada um. Profissões se redefinem, formas de ganhar a vida improvisam-se ou definitivamente inventam-se.

Muitas atividades seriam recusadas por negros, consideradas aviltantes, tarefas brutas e desagradáveis associadas à humilhação da escravatura. A presença dos imigrantes desequilibraria a predominância do negro no trabalho subalterno, que italianos e portugueses saídos das duras condições de vida na Europa não hesitariam em aceitar.

Alguns ainda redefiniam suas vidas, às vezes empurrados para as rodas da marginalidade, estereotipados pela nova racionalidade social, traumatizados tanto pela experiência como escravizados quanto pelas circunstâncias da Abolição. Outros, criados sem assistência familiar, seus filhos fora da rede de educação pública, não sustentariam uma relação regular com o trabalho, inconstantes em paradeiros e ocupações. O reconhecimento da própria dignidade através da experiência da liberdade choca-se com a dramaticidade das condições de vida e de expressão a que é exposto o ex-escravizado na República brasileira. Sua aceitação da rotina do operário fabril é dificultada pela subestimação e pela suspeita, tornando frequentes os casos de indisciplina agressiva ao sistema de supervisão e controle. Some-se a isso a desmotivação inicial frente aos modestos horizontes oferecidos como recompensa à atividade disciplinada e constante do trabalhador subalterno.

Luiz Edmundo relata, em *O Rio de Janeiro do meu tempo*, uma visão do morro de Santo Antônio no período:

> Homens que não têm o que fazer e que trabalho não encontram devido à concorrência atroz que lhes fazem certos elementos alienígenas, gente que vinda de outras bandas, analfabeta e rude, não quer saber do campo, protegida que é pelos seus patrícios e que aqui se instala, a bem dizer, monopolizando os serviços mais subalternos da cidade.[2]

O recrutamento de trabalhadores para as obras de remodelação da cidade era realizado nas esquinas pelo arregimentador, que escolhia entre a pequena multidão que logo se formava ávida pela oportunidade de trabalho. Pelas fotos de Augusto Malta, podemos perceber uma presença significativa de trabalhadores negros. Entretanto, mesmo ali, perduravam as preferências pelos braços mais alvos que se levantavam na rua disputando a diária. Carmem Teixeira da Conceição, a Dona Carmem do Xibuca, apelido do marido, uma baiana de tradição, vizinha das obras na época, depõe:

> quem trabalhava mais mesmo era o português, essa gente, espanhóis, era mais essa gente. Não era fácil, eles não gostavam de dar emprego pro pessoal preto da África, que pertencia assim à Bahia, eles tinham aquele preconceito.[3]

As pequenas profissões não ligadas diretamente à estrutura capitalista moderna que se impunha com suas regras, ainda permitiam a iniciativa pessoal ou de um grupo organizado. Atividades produtivas que exigiam apenas força de trabalho, o domínio de técnicas e de insumos de baixo custo, que pudessem ser realizadas em pequenas oficinas improvisadas ou na cozinha de suas próprias casas ou mesmo na própria rua paralelamente à venda, seriam muito exploradas pelos negros na cidade, por muitos baianos no Rio que exerciam os mesmos ofícios aprendidos ainda como escravos de ganho ou forros na cidade de Salvador.

Era gente que oferecia serviços ou que vendia o que produzia na porta, nos cantos das ruas, alguns em tabuleiros armados, ou que se engajava em pequenas obras, em serviços de reparo e manutenção. Pedreiros, ferradores, marceneiros, lustradores, pintores de paredes ou tabuletas, o "faz-tudo", e alfaiates, sapateiros, barbeiros, ferreiros, tecelões, torneadores, estofadores, serradores, tintureiros, costureiras, bordadeiras, lavadeiras, doceiras, arrumadeiras, artesãos, vendedores ambulantes de seu próprio trabalho ou de quinquilharias, de roletes de cana, de bilhetes, refrescos, livretos e toda a sorte de coisa miúda. Ainda Luiz Edmundo:

> Uma das figuras mais populares, não só do largo como da cidade, o velho Bandeira, preto, vendedor de jornais, alto, gordo, simpático, com a sua perna deformada por uma elefantíase, é quem dá vida e alegria a esse ângulo da praça. Fala alto, discute, ri, gargalha escandalosamente, mostrando sempre maravilhosa e clara dentadura. Também vende, o preto, folhetos de cordel: A História da princesa Macalona, o João de Calais, A vida de s. Francisco de Assis, O testamento do falo, bem como as "últimas vontades" de todos os animais e ainda aquela literatura que o Quaresma então espalha, pelas portas de engraxates e que se vende a cavalo, num barbante, ao lado do Livro de são Cipriano e do Dicionário das flores, das frutas ou da linguagem dos namorados.[4]

A família negra que não sobrevivera ao período da escravatura, a não ser como exceção, a partir das possibilidades que tinham os forros ou nos antigos quilombos no interior, apenas começava a se reestruturar no novo contexto na capital. Bem cedo, muitos negrinhos eram expostos a uma autonomia precoce e injusta, chamados à necessidade de prover ou pelo menos de ajudar no sustento, no melhor das vezes achando uma oportunidade de se engajar como ajudantes das empresas artesanais, distantes das possibilidades da educação formal nas escolas, escolados pela vida mas analfabetos. Crianças vendendo balas, biscoitos, levando recados e fazendo pequenas compras, defendendo-se e ajudando as pequenas unidades familiares.

Dona Carmem fala da formação e da vida profissional do Xibuca, seu marido:

Ele aprendeu com os amigos do pai dele, que era meu sogro, que levava ele pra casa deles pra ele aprender. Ele comprava martelo, paus, pregos, levava pra ele aprender a fazer aquelas casinhas de bonecas, e dali que eles conseguiam. Quando abriam oficinas ele aí pedia uma vaga, gostavam dele e aí ele ia aprender [...]. Trabalhavam mais como biscateiros, pedreiros, meu marido nunca teve patrão. Em trabalho de obra depois que ele aprendeu, tratava obra por conta própria e botava duas ou três pessoas pra trabalhar como operário. [...] Meu marido não quis ficar na Bahia, aqui no Rio se ganhava mais dinheiro, ele abriu uma oficina e ficou trabalhando aqui, tomava móveis para fazer, e consertava camas, aumentava, diminuía, empalhava cadeiras. Um lutador![5]

Conta Heitor dos Prazeres no seu depoimento para o Museu da Imagem e do Som:

Sou do tempo da aprendizagem, que agora é difícil. Quem sabia mais ensinava, o que viria a gerar a formação de grupamentos de pessoas em torno de certos ofícios que se tornam tradicionais no grupo baiano na praça Onze, zona do Peo, da Saúde.

Heitor, lustrador e marceneiro, ocupações tradicionais entre os baianos, que além de músico se revelaria um pintor interessantíssimo — João da Baiana também desenhava muito bem —, conta que aprendeu os primeiros ofícios com o pai: "Fui um dos melhores daquela época, vivia na praça Onze".[6] O mesmo sistema valia entre as mulheres, como conta Cincinha, neta de Ciata:

Elas todas sabem fazer doce, a gente aprende de tudo. Elas diziam pra gente: "amanhã" quando casar, se tiver um fracasso com o marido, não precisa pedir ao vizinho nem a parente, é só fazer qualquer coisa pra ganhar dinheiro. [...] Cada um nas suas casas, os que iam nascendo não sabiam ainda e ia-se ensinando. Não deu tempo de saber muita coisa não...[7]

Eram comuns essas atividades entre os baianos na Pequena África, algumas como Tia Ciata, com seu comércio de doces e aluguel de roupas, ou como Tia Bebiana, com seu ofício de pespontadeira, organizando pequenas corporações marcadas pela solidariedade de laços entre seus membros, em geral já ligados pela nação e pela religião. A ausência da família nuclear é compensada pela vitalidade do grupo, quando mesmo as crianças eram incorporadas à batalha pela sobrevivência. Durante alguns anos, os que se organizam coletivamente conseguem bons resultados na capital, tornando-se simpáticos aos cariocas e tradicionais no mercado, como as baianas vendedoras de quitutes, que foram tão populares no Rio como são ainda hoje em Salvador.

Com a reforma da cidade, são intensificadas todas as fontes de arrecadação para suplementar o financiamento das obras públicas, passando a municipalidade a exigir com mais rigor as licenças para profissões autônomas e para o pequeno comércio, o que atingiria em cheio o comércio paralelo dos baianos. Surge uma vasta legislação que demanda documentos comprobatórios, atestados de visita dos fiscais, e impõe regras de salubridade, implicando procedimentos burocráticos e novos gastos. Essa taxação visava implicitamente acabar ou pelo menos afastar do Centro essa face que lhe dava, em algumas partes, o aspecto de uma feira africana, da mesma forma como Passos manda derrubar os velhos quiosques situados nas ruas e nas praças, considerados resíduos coloniais, explorados por pequenos comerciantes, muitas vezes portugueses ou italianos.

O trabalho braçal no porto, antes exercido em boa parte pelos escravizados, abre melhores perspectivas de emprego regular para o negro no Rio de Janeiro. Um dos pontos fundamentais de escoamento de nossa economia exportadora, receptor das importações essenciais para o abastecimento e para a manutenção do sistema comercial, o porto exigia um número significativo de indivíduos para seu funcionamento, desde a estiva, responsável pelo desembarque das mercadorias, aos catraieiros e arrumadores das mercadorias nos armazéns, num universo complementado por inúmeras funções intermediárias. A reforma do porto, parte das remodelações lideradas pelo prefeito Passos, faria desaparecer algumas dessas funções, como a de catraieiro, já que os navios passam a encostar nos modernos guindastes. Mas novos empregos seriam criados, seja na operação da maquinaria produzida pela tecnologia europeia, seja em novas funções administrativas e burocráticas geradas pelo novo sistema implementado.

Da zona portuária surgem algumas importantes organizações de trabalhadores, como a Sociedade de Resistência dos Trabalhadores em Trapiches de Café, antes chamada de Companhia de Pretos, provavelmente a primeira a congregar a presença maciça de negros em seus quadros e nas suas diretorias. A Resistência torna-se uma legenda entre os baianos, como conta Bucy Moreira, que fala da família de Ciata e dos seus próximos, dizendo que

> eles eram de festa, mas também eram de trabalho. [...] A maioria trabalhava na estiva. Tive mais de vinte primos na estiva, conferentes, estivadores. Tive um primo presidente da estiva. Mas a estiva é uma coisa, a Resistência é outra.[8]

Enquanto a estiva era composta de trabalhadores de diversas origens raciais, a Resistência se mantinha como uma organização predominantemente monopolizada pelo meio negro no cais. Quando, em 1908, dois portugueses, José Fernandes Ribeiro e Manuel Dias são eleitos para a presidência e para a tesouraria, juntamente com outros cinco operários estrangeiros para a diretoria, sinal da crescente entrada de trabalhadores de outras procedências na organização, as rivalidades chegariam até a luta corporal. O confronto era inevitável:

> A eleição dos estrangeiros acirrou os ânimos. Para acalmá-los, foram adiadas as reuniões ordinárias. Porém, o clima permaneceu explosivo e houve sangrenta batalha quando o sindicato novamente reuniu-se no dia 13 de maio. Os brasileiros, muitos deles negros, lançaram-se conta os portugueses. Quatro ficaram feridos, um deles mortalmente. O relatório policial, numa visível provocação para exacerbar as tensões, atribuiu o incidente às divisões étnicas e culpou os estrangeiros pelos distúrbios. Essa disputa acarretou o declínio vertiginoso da Sociedade, já enfraquecida pelos problemas financeiros e pela pressão dos empregadores. Seus associados caíram de quatro mil para duzentos num só ano. Três anos depois, quando contava com cinquenta membros, a Sociedade se revitalizava sob nova liderança.[9]

Como sindicato negro, a Resistência teria seu rancho, o Recreio das Flores, na Saúde, que tinha Antoniquinho como mandachuva, um dos primeiros a desfilar pelo largo. Marinho da Costa Jumbeba, neto de Tia Ciata, era seu mestre-sala, e a lembrança dos feéricos desfiles fica na memória de seu irmão mais moço, Santana: "A avenida ficava... O Recreio quando apontava na praça Mauá, já sabiam que era o Recreio, não precisava nem a iluminação da avenida, era carbureto".[10]

Lili, sua irmã, uma adorável senhora, também se lembrava: "O Recreio trazia aqueles holofotes do cais, que ele era estivador e tinha licença de trazer. O Recreio das Flores era do cais do porto, podia outro vir bom, mas o Recreio tinha que ganhar. Não era fácil...".[11] A Resistência ainda sobrevive por anos com o nome de Sindicato dos Arrumadores do Município do Rio de Janeiro, mantendo a tradição negra da organização, cujo arquivo ainda inexplorado precisa ser estudado como importante fonte desse passado recente no Rio de Janeiro.

Mas muitos não encontravam trabalho e passam a viver de expedientes irregulares, da mendicância ao crime. Indivíduos ou famílias morando nas ruas se tornam uma tradição na vida da cidade que se moderniza, mas dissemina seus pontos escuros, onde gente sem proteção ou alternativa luta apenas para sobreviver. Malícia e maleabilidade eram necessárias para resolver os problemas imediatos de cada dia, e muitos caíam no desespero das soluções extremas, a bebida, o embrutecimento. Outros se suicidam no período imediatamente após a Abolição, desiludidos com as reduzidas chances que se oferecem para o negro no novo regime.

A malandragem, a cafetinagem e o roubo tornam-se expedientes que garantem uma maior dignidade que a mendicância, reservada tanto aos mais velhos, alquebrados pela vida de escravizado, como às mulheres aqui arribadas com filhos pequenos. Dignidade pessoal que, por vezes, não era possível de ser mantida em trabalhos duros, cujos códigos de relações entre patrão e empregado impunham condições de tratamento humilhantes — o que levou a muitos, eventualmente alguns dos mais dotados, a optarem pela marginalidade.

Para o homem no vigor de sua força, respeitado nos batuques e na capoeira, surgia a alternativa da polícia, do engajamento militar, ou mais informalmente se tornar capanga de algum "graúdo", de um político, o que desde o Império se confundia com se tornar seu "cabo eleitoral". Na verdade, tanto a entrada para a polícia ou para a segurança dos poderosos como a vida na malandragem, no crime, constituíam variações de uma só vertente, fazendo cada um suas escolhas de acordo com as alternativas que se lhe abriam no momento, sofrendo tais indivíduos as deformações que a opção lhes impunha.

Manduca da Praia, por cálculos, é cabo eleitoral do partido do governo e sua escolha nos colégios eleitorais, onde comparece sempre eriçado de facas, de navalhas e cédulas, um quebra-queixo a fumegar na boca, na mão vasto cajado de Petrópolis, nodoso e forte, marreta de ofício, que às vezes, *varre até onde acaba a casa*, garantindo com a vontade do partido o que ele chama *soberaniaacioná*. Cada eleição rende-lhe dinheiro, *uns poses*, como ele diz. Na semana em que há voto, a francesa do Manduca passa a ser caixa do partido. A *Tezoura de Prata* recebe, logo, a encomenda de mais um terno.[12]

As negras novamente achariam alternativas no trabalho doméstico ou como pequenas empresárias com suas habilidades de forno e fogão, procurando, tanto na Bahia como no Rio de Janeiro imperial, o sustento através dos ofícios ligados à culinária e ao artesanato associado à venda ambulante. A mulher negra, vinda do trabalho doméstico na casa do senhor ou alugada em serviços de ganho, herdeira da rica civilização africana e de toda a cultura doméstica de portugueses e brasileiros a que dera forma própria, vale-se de suas habilidades engajando-se na rede de empregos que se arma em torno das casas "de família", senhoriais e burguesas, como cozinheiras, lavadeiras, copeiras ou em qualquer outro serviço eventual requisitado — como acontecera em Salvador. As próprias características do trabalho, quando muitas vezes era exigido morar no serviço, em pequenos quartos perto da cozinha para o melhor atendimento dos patrões, dificultam a reconstrução de suas vidas familiares e, principalmente, o cuidado e a educação dos filhos, muitos criados à sombra das casas patriarcais, iniciando-se desde cedo nos pequenos serviços de compras e recados.

Na verdade, a grande maioria estava submetida a um regime de subemprego, sem seguranças ou quaisquer proteções trabalhistas, situação que era precariamente compensada pela proteção paternalista dos patrões, que mantinham sua boa consciência complementando os magros pagamentos com o fornecimento de roupas velhas e objetos usados, o que se tornaria uma solução de uso corrente entre as partes.

Eram comuns, na imprensa carioca da época, anúncios requisitando para o serviço doméstico mulheres europeias, alemãs, espanholas ou portuguesas, nesta ordem de preferência, as nacionais sendo muitas vezes preteridas mesmo nesta órbita do trabalho. "Precisa-se de criada para todo o serviço em casa de família sem crianças, prefere-se estrangeira, rua do Resende nº 180." "Precisa-se de uma boa cozinheira alemã para casa de família de tratamento, paga-se bem, dirija-se à rua Cosme Velho nº 113."

Assim, as profissões domésticas, como as tarefas do comércio, que implicavam contato com o público, seriam preferencialmente ocupadas pelos brancos, e quanto mais brancos melhor. Entretanto, sobravam vagas para os negros, porque era relativamente pequeno o número de puros arianos disponíveis para atividades domésticas. Enquanto a criada branca que servia à mesa aristocrática dava status a uma casa, a freguesia de certos estabelecimentos comerciais ou os frequentadores de restaurantes podiam ressentir-se por serem servidos por negros. Os tempos eram outros, e uma vez "humanitariamente" concedida a Abolição, muitos contavam com a rápida ocidentalização do país, livrando-os da presença de negros que rememoravam o infame passado escravagista.

Se muitas negras se ofereciam para os serviços domésticos pelos jornais, Gilberto Freyre diz, em *Ordem e progresso*, que "delas se esperava, no desempenho daqueles serviços, as mesmas atitudes de subserviência sexual das antigas mucamas". Já a prostituição explícita era uma alternativa que se apresentava para algumas aventureiras, principalmente nos prostíbulos mais populares que se espalhavam da rua Sete e da Uruguaiana até o largo do Rossio, para a Lapa e no Mangue. A prostituição era, muitas vezes, um recurso dos momentos difíceis, uma ocupação de tempo parcial, complementando ganhos insuficientes para as necessidades, muitas vezes da prole, apesar de muitas negras celebrizarem-se no métier, sempre em concorrência com suas rivais estrangeiras.

> *Cocottes* caríssimas, algumas delas verdadeiras mulheres fatais, ao lado de caboclas ingênuas e quase nuas, e em competição com umas tantas baianas rivais das francesas em sutilezas do amor, do mesmo modo que nos hotéis havia cozinheiros baianos rivais dos chefes franceses no preparo de quitutes raros e caros.[13]

A situação do mercado de trabalho só começaria a se modificar a partir dos anos 1920, e mais decididamente depois dos anos 1930, quando já há muito findara a vinda maciça de imigrantes europeus, e as indústrias e o comércio começam a contratar negros para suas necessidades, o que não significa que as concepções estigmatizantes tivessem sido superadas.

Tanto a luta das negras para oferecer melhores condições a seus filhos e manter as festas religiosas comunitárias, como as alternâncias e ocorrências da vida de trabalhador e de malandro dos homens, gerariam alternativas de sobrevivência, moradia, ocupação, como de diversão e até de devoção, que marcariam todo o Rio de Janeiro moderno, muitas vezes paradoxalmente compreendido ou estereotipado a partir das sofridas expressões de resistência ou de exaustão de suas classes populares.

Na página anterior, *Olhar de Tia Ciata* (2022), obra de Márcia Falcão.

Largo do Rosário, Rio de Janeiro, 1845.

Negros de ganho e o comércio na cidade.

Acima, foto de Augusto Stahl (feita por volta de 1865): africana do grupo nagô (ou iorubá) traficada da Costa da Mina para Salvador. Abaixo, imagem também em Salvador, c. 1869.

Retrato de Marc Ferrez. Salvador, 1885.

Cerimônia religiosa na Nigéria. Representação de Oyó.
Abaixo, Festa de Nossa Senhora da Conceição da Praia, em Salvador.

Lavagem da igreja de Nosso Senhor do Bonfim, *c.* 1957, e as batucadas.

*Desembarque*, gravura de Johann Moritz Rugendas, 1835. Abaixo, indivíduos escravizados em terreiro de uma fazenda de café na região do Vale do Paraíba, por volta de 1882.

Mercado da Praia do Peixe e a Revolta da Armada
(acampamento no morro do Castelo, entre 1893 e 1895).

Vendedores e ambulantes no Rio de Janeiro e em Salvador.

JOGAR CAPOÉRA
ou danse de la guerre.

Na página ao lado, a capoeira em gravura de Johann Moritz Rugendas.
Acima, praticada na década de 1930 em Salvador.

O Rio de Janeiro a partir de três panoramas: vista do morro da Conceição, no século XIX; a Gamboa: vista da Prainha e da Saúde, por volta de 1893; e a praça Onze, por volta de 1922.

Largo de São Domingos, *c.* 1910, e os cortiços da rua do Senado.

O morro da Providência (*c.* 1920). Na imagem seguinte, obras de demolição do morro do Castelo, em 1921, na atual rua México; à esq., os fundos da Biblioteca Nacional; acima, a igreja de São Sebastião.

Construção da avenida Central (1904); amolador em frente a moradias e, ao fundo, o Palace Hotel (*c.* 1917); praça da Harmonia, na Gamboa (1908).

Representação do lundu e, abaixo, o Carnaval
de rua no começo do século XX.

Carnaval no Rio de Janeiro. Abaixo, a folia na praça Onze (*c.* 1937).

*Emblema 87*, de Rubem Valentim, de 1987-8.
Abaixo, *O vale de Exu*, de Abdias Nascimento.

Cerimônia no candomblé Ilê Axé Opô Afonjá nos anos 1950.

Partitura de "Pelo Telefone".

Dedicado aos Carnavalescos
**PERÚ e MORCEGO**

# Pelo Telephone

SAMBA CARNAVALESCO

por Ernesto dos Santos.

Prop: Reservada.

Hilário Jovino Ferreira (de terno escuro), o Lalau de Ouro, cercado pelos filhos (1910).

Heitor dos Prazeres (acima), Donga (à esq.) e João da Baiana (à dir.).

Grupo do Caxangá (*c.* 1918). Da esq. para a dir., em pé: Pixinguinha, José Alves, pessoa não identificada, Duque e Feniano. Sentados: China, Nelson Alves e Donga.

Os Oito Batutas (1919). Da esq. para a dir.: Jacó Palmieri, Donga, José Alves, Nelson Alves, Raul Palmieri, Luís de Oliveira, China e Pixinguinha.

Pixinguinha e João da Baiana (tocando reco-reco) durante festa de inauguração da cadeira cativa de Pixinguinha no Bar Gouvea (Rio de Janeiro, 1963). Abaixo, Ibejada organizada por Dona Carmem do Xibuca, em 1980.

Licínia da Costa Jumbeba, Dona Lili, neta mais velha de Tia Ciata, e Bucy Moreira (fotos de Roberto Moura na década de 1980).

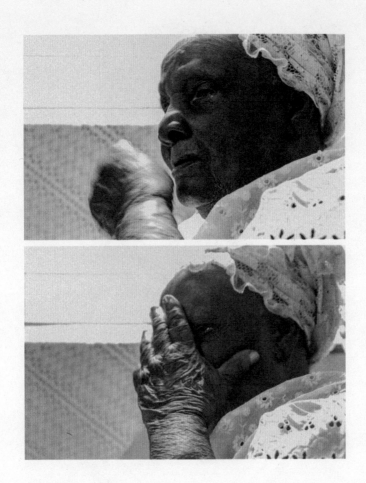

Dona Carmem do Xibuca.

Na página seguinte, *João Candido* (2020), pintura de Dalton Paula.

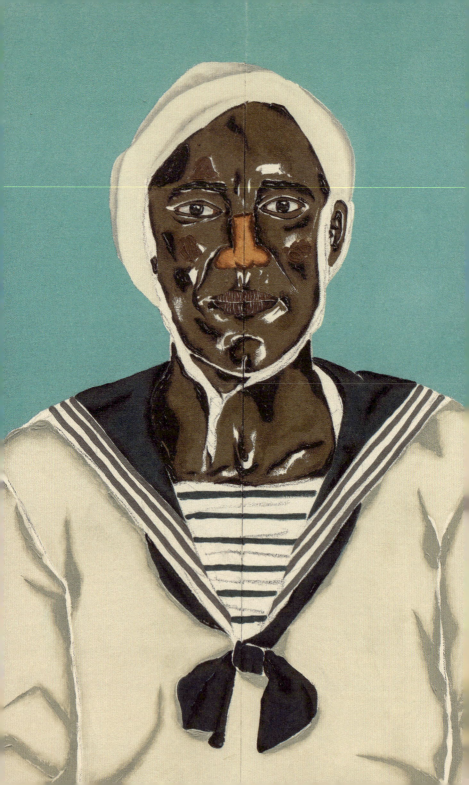

# 5.
# A Pequena África e o reduto de Tia Ciata

> *No tempo da criação, quando Oxum estava vindo das profundezas do orum, Oludumaré confiou-lhe o poder de zelar por cada uma das crianças criadas por orixá que iriam nascer na terra. Oxum seria a provedora de crianças. Ela deveria fazer com que as crianças permanecessem no ventre de suas mães, assegurando-lhes medicamentos e tratamentos apropriados para evitar abortos e contratempos antes do nascimento; mesmo depois de nascida a criança, até ela não estar dotada de razão e não estar falando alguma língua, o desenvolvimento e a obtenção de sua inteligência estariam sob o cuidado de Oxum. Ela não deveria encolerizar-se com ninguém a fim de não recusar uma criança a um inimigo e dar a gravidez a um amigo.*
>
> Texto iorubá reproduzido no livro *Os nagôs e a morte*, de Juana Elbeim dos Santos

A alfabetização cultural promovida pelos baianos nos brancos e mestiços de diversas procedências que frequentavam suas casas, numa convivialidade capaz de atravessar as rígidas distinções de cor, raça, gênero, família, bairro e classe social, principalmente depois de terminados os ritos quando a festa profanizava-se, antecipava a poderosa cultura popular afro-brasileira no Rio de Janeiro, e mesmo uma modernidade democrática que as peculiaridades e circunstâncias dessa cidade, apesar de tudo, sempre prometeram. Os baianos seriam o sujeito que ensina, que traduz, que se apropria e reinventa. Frente ao descaso, ao desprezo e ao abandono dos seus, as tias baianas criam mecanismos de socialização próprios alternativos à escola primária e ao catolicismo, formas de subsistência diversas das garantidas pelo tempo fabril e pelo próprio ideal de modernização, garantindo episodicamente no momento difícil, enquanto não mudava a situação, a suficiência econômica e cultural da sua comunidade.

Mas como retomar os contornos desse lado da cidade, esquecido pelo jornalismo, pela literatura, e pela história oficial do país? Pelo escrito isoladamente em alguns tantos cantos de página da imprensa burguesa? Em livros de temas indesejados que se impuseram às dificuldades de edição? Pelos relatos dos que viveram aqueles anos e ainda estão no mundo dos vivos, ou daqueles que por sua posição são a memória viva da comunidade? Pelo que se ouviu cantado ou dito nas festas populares, nos terreiros e nas longas conversas de bar? Certamente pelo que foi trazido no trabalho dos historiadores dessas últimas décadas. E então confrontar informações, inferir, especular. Ouvir as ruas. Sonhar.

Hilário Jovino Ferreira, nascido no terceiro quarto do século XIX em Pernambuco, de pais presumivelmente forros, e levado para Salvador ainda criança, só viria para o Rio de Janeiro já adulto, onde, graças a seus excepcionais dotes, se tornaria uma das figuras de proa do meio baiano. Já no seu primeiro domicílio no morro da Conceição, Hilário se envolve com um rancho da vizinhança, o Dois de Ouro, sobrevindo-lhe então a ideia de fundar outra agremiação nos moldes daquelas de que participara na Bahia.

Ele próprio conta numa entrevista publicada no *Jornal do Brasil* de 18 de janeiro de 1913:

> Em 1872, quando cheguei da Bahia a 17 de junho, já encontrei um rancho formado. Era o Dois de Ouro que estava instalado no beco João Inácio nº 17. Ainda me lembro: o finado Leôncio foi quem saiu na burrinha. Vi, e francamente

> não desgostei da brincadeira, que trazia recordação de meu torrão natal; e, como residisse ao lado, isto é, no beco João Inácio nº 15, fiz-me sócio e depressa aborreci-me com alguns rapazes e resolvi então fundar um rancho. [...] Fundei o Rei de Ouro, que deixou de sair no dia apropriado, isto é, a 6 de janeiro, porque o povo não estava acostumado com isso. Resolvi então transferir a saída para o Carnaval.

Alguns artistas negros, como Benjamin de Oliveira e Eduardo das Neves, já haviam se celebrizado no universo de diversões da capital. A entrevista de Hilário, uma personalidade sem nenhuma ligação com o circo ou com os espetáculos de variedades, publicada por um diário como o *Jornal do Brasil*, revela seu prestígio no meio popular, e também o progressivo interesse da burguesia carioca pelas coisas que se ouvia dizer que o povo fazia.

Muitos anos mais tarde, em 27 de fevereiro de 1931, Hilário novamente ouvido, desta vez pelo *Diário Carioca*, relembra a fundação do rancho com simplicidade poética:

> Em 6 de janeiro de 1893, estava eu no botequim do Paraíso, na rua Larga de São Joaquim (atual avenida Marechal Floriano), entre as ruas Imperatriz e Regente, em companhia de vários baianos que costumeiramente ali se reuniam, quando me lembrei da festa dos Três Reis Magos que na Bahia se comemorava naquele dia. Estavam presentes o Luís de França, o Avelino Pedro de Alcântara, o João Cândido Vieira, e eu propus então a fundação de um rancho. Passando a ideia em julgado, ali mesmo eu dei o nome de Rei de Ouro. Na mesma hora, no armarinho de um turco, fronteiro ao botequim, comprei meio metro de pano verde e meio de pano amarelo e fiz um estandarte no estilo da Bahia para os ensaios. Ninguém mais descansou. O pessoal saiu avisando que à noite havia um "chá... dançante" em minha casa.

Hilário é um dos criadores fundamentais entre a baianada no Rio de Janeiro, e nele a força de uma liderança mostra-se em toda a sua complexidade, quando a riqueza de uma individualidade se harmoniza com sua condição de veículo, de sintetizador do impulso coletivo. Personalidade de exceção, líder, ídolo, demiurgo, Hilário aparece no momento em que novas soluções eram necessárias para que se preservasse recriada a essência das tradições do grupo no novo ambiente. Inicialmente, através da ligação proposta com a festa natalina cristã, caracterizada pela procissão dramática no dia de Reis. Mas a forma dionisíaca com que o rancho negro se apropriara da festa católica provoca protestos e interdições, que têm como consequência o deslocamento do seu desfile para o tempo desinibido do Carnaval, e sua definitiva profanização.

Na mesma entrevista, concedida ao jornalista Francisco Guimarães, afrodescendente de olhos verdes, o então conhecido Vagalume, Hilário se refere ao tempo do antigo entrudo, desabusado e grosseiro, que ganha novos tons com a aparição de um Carnaval negro de extrema expressividade artística:

> Naquele tempo o Carnaval era feito pelos cordões de velhos, pelos zé-pereiras e pelos dois cucumbis da rua João Caetano e o da rua do Hospício (atual Buenos Aires). O Rei de Ouro, meu Vagalume, se apresentou com perfeita organização de rancho no Rio de Janeiro: porta-bandeira, porta-machado, batedores etc. Perfeitamente organizado, saímos licenciados pela polícia. [...] Devo dizer que o Rei de Ouro foi um sucesso.

As características organizacionais das novas instituições populares, já com a preocupação de se legitimar ante o poder público, aceitando em sua estrutura interna algumas de suas regras, mostra o realismo dos novos líderes. Realismo que também determinaria alianças desses grupos com indivíduos solidários vindos das camadas superiores, capazes de avalizá-los e protegê-los contra as perseguições da polícia e de mobilizar recursos para seus gastos carnavalescos. A necessidade de legitimar as organizações negras faria com que os ranchos chegassem até os palácios de governo.

Os negros lutariam carnavalescamente nos ranchos, cortejos de músicos e dançarinos religiosos, como mostravam os ritos propiciatórios, mas pândegos e democráticos, que já anteriormente haviam aparecido na Bahia, para então impor a sua presença, suas formas de organização e expressão, nas ruas da capital da República. O Carnaval potencializa as expectativas máximas de liberdade por parte do negro, que celebrava o relaxamento, mesmo que episódico, do controle e da repressão. A baiana Bebiana, irmã de santo de Ciata de Oxum, é a figura central da primeira fase dos ranchos cariocas, ainda ligada ao ciclo do Natal, guardando em sua casa, no antigo largo de São Domingos, a lapinha, em frente à qual os cortejos iam evoluir no dia de Reis.

Assim, Hilário, que se tornaria o principal criador e organizador dos ranchos da Saúde, é talvez o responsável pelo deslocamento do seu desfile para o Carnaval, o que transformaria substancialmente suas características: a festa dionisíaca passa a sugerir um novo enfoque musical e coreográfico já na Cidade Nova, em torno da praça Onze, onde se ordenariam os novos pontos de encontro, organização e desfile dos baianos, antes concentrados na zona portuária.

Com a modernização da cidade e o deslocamento dos antigos moradores do Centro para a Cidade Nova, o "pequeno Carnaval" toma a praça Onze de Junho. Além dos ranchos, trabalhadores regulares e irregulares, biscateiros, desocupados, malandros e toda a gente estrangulada no mercado de trabalho, mais a molecada esperta, formam grupos anárquicos, blocos e cordões, quando a alegria desenfreada junta-se por vezes à violência, sobretudo nos esperados encontros com blocos rivais, com quem invariavelmente atracam-se em formidáveis brigas.

Mas os ranchos eram uma outra coisa. Vindos das bases familiares e corporativas dos baianos, originavam-se de uma tradição processional-dramática de procedência religiosa, elaborando uma narrativa em seu desfile a partir de acontecimentos presentes ou passados fundamentais, tendo seus personagens centrais sempre atualizados, repaginados, pelos acontecimentos. E muitos desses ranchos teriam seus "sujos" compostos por seus próprios integrantes, esses sim próximos dos blocos, apenas mais musicais e conceituais. Os sujos eram grupos carnavalescos que saíam no dia seguinte ao desfile dos ranchos, informais e satíricos, já descomprometidos com as formalidades da situação festiva ligada à identidade tradicional do grupo, comentando os acontecimentos recentes, provocando humoristicamente os rivais.

João do Rio descreve com sua habitual expressividade o grupo carnavalesco, impactado pela violência festiva dos negros:

> O cordão vinha assustador. À frente um grupo desenfreado de quatro ou cinco caboclos adolescentes com os sapatos desfeitos e grandes arcos pontudos corriam abrindo as bocas em berros roucos. Depois um negralhão todo de penas, com a face lustrosa como piche, a gotejar suor, estendia o braço musculoso e nu sustentando o tacape de ferro. Em seguida gorgolejava o grupo vestido de vermelho e amarelo com lantejoulas d'oiro a chispar no dorso das casacas e grandes cabeleiras de cachos, que se confundiam com a epiderme num empastamento nauseabundo. Ladeando o bolo, homens em tamancos ou de pés nus iam por ali, tropeçando, erguendo archotes, carregando serpentes vivas sem os dentes, lagartos enfeitados, jabutis aterradores com grandes

gritos roufenhos. [...] Mas o Carnaval teria desaparecido, e seria hoje menos que a festa da Glória ou o bumba meu boi, se não fosse o entusiasmo dos grupos da Gamboa, Saco, da Saúde, de São Diogo, da Cidade Nova, esse entusiasmo ardente, que meses antes dos três dias vem queimando como pequenas fogueiras crepitantes para acabar no formidável e total incêndio que envolve e estorce a cidade inteira. Há em todas as sociedades, em todos os meios, em todos os prazeres, um núcleo dos mais persistentes que através do tempo guarda a chama pura do entusiasmo. Os outros são mariposas, aumentam as sobras, fazem os efeitos.[1]

Os cucumbis — em quimbundo, língua banto, puberdade — eram folguedos que aparecem no Rio de Janeiro imperial, ainda ligados a ritos de iniciação correntes outrora na África, pouco se diferenciando de ticumbis, congos e de outras formas de designação de desfiles presentes no Carnaval negro carioca desde o final do século XIX. Já os afoxés — encanto em iorubá — eram cortejos carnavalescos chamados em Salvador de "candomblé de rua".

Dos cucumbis, ainda quase tribais, e dos afoxés, na Bahia subordinados às casas de santo, surgiam novas versões cariocas, que se valeriam de uma mistura de variações estilizadas das formas tradicionais com novidades produzidas pelos baianos da capital, quando alguns africanos influentes na comunidade, presos às origens e resistentes aos novos tempos, chegam a ser satirizados. Há notícias de um afoxé fundado em 1900 na Pedra do Sal pelos baianos João Câncio, Romão e Salu, que sai liderado por um Obá, ministro de Xangô, e outros dignatários cantando toadas em iorubá. A verdade é que a distinção entre esses gêneros de desfile não pode ser hoje perfeitamente compreendida, e é impossível separá-los pela forma com que cada um dimensionava as influências africanas frente aos apelos da modernidade. Grupos chegam a denominar-se, ou ser denominados pelos jornais, de afoxés-cucumbis.[2]

Hilário era um inovador que buscava sua autoridade na tradição. Ele conta:

> Essas coisas eu costumo plantar e, desde que pega o galho, eu solto nas mãos de outros e vou fundar qualquer novidade. Assim é que no ano seguinte fundei o Rosa Branca, na rua da América, 106, na casa de Amélia de Almeida. Foi também uma surpresa! Logo no ano seguinte, na travessa Bom Jardim, 64, fundei o Botão de Rosa. Aí, não queria saber. Começou a luta das criaturas contra o criador, de modo que as sociedades por mim fundadas e instituídas queriam dar-me o bolo. [...] Os mestres são como onça — não ensinam o tal pulo. E foi assim que consegui dominá-los. Naquele tempo é que se brincava. Nós tínhamos os sujeitos que saíam com a roupa do ano anterior ou mesmo sem fantasia; arranjava um sambinha mexendo com alguém e todo o grupo ia para a porta do suplicante, cantava e dançava e vinha para a sede. O manifestado preparava o seu sujo e ia para a porta do outro retribuir a visita. O camarada tinha que aguentar firme. Os nossos sujos de antigamente são os blocos de hoje que, de acordo com a evolução, progrediram espantosamente e até invadiram já o terreno dos ranchos.[3]

Hilário Jovino fica também celebrizado, nessa história que vai se construindo, como um dos criadores da coreografia do mestre-sala — juntamente com Getúlio Marinho, o Amor —, uma perturbadora recriação dos códigos corporais de elegância e cortesia das elites, que perderam seu sentido paródico hoje nos desfiles das escolas de samba.

Um dos mestres da segunda geração de baianos já nascidos no Rio, Heitor dos Prazeres põe os pingos nos is:

Mestre-sala, ou vulgarmente baliza como quase todos os chamam, há muitos. Os ranchos, as escolas de samba, e até mesmo os blocos, os têm. Ao lado da porta-estandarte, da porta-bandeira, ele e ela ficam em realce, tornam-se atração principal do conjunto, encarnam as personagens de maior evidência no enredo ou na figuração do tema explorado. Alguns são discretos, compreendem que devem ser galãs de certa fidalguia, e mesmo não executando o "fino" da coreografia necessária à sua exibição, dão conta do recado. Outros, preferindo ser espalhafatosos, desmandam-se em acrobacias estapafúrdias e truncam totalmente a característica do mestre-sala. Ganham aplausos das arquibancadas, mas não são mestres-salas.[4]

Assim, o Carnaval perdia uma parte de sua feição bruta, compensação gritada das limitações da vida das camadas populares na primeira metade do século XIX, ao africanizar-se, ganhando uma feição moderna e bastante sofisticada em suas possibilidades expressivas, aceitando empréstimos e recriações de uma multiplicidade de festas africanas, configurando-se, como já rudimentarmente era o entrudo, como território anárquico de comentários e representações dos acontecimentos, que ganham uma forma elaborada através de composições cantadas e dançadas pelos seus participantes.

O sucesso no Carnaval carioca, do final do século XIX até a década de 1920, das Grandes Sociedades — desfiles de foliões e músicos fantasiados em alas com comissões de frente, seguidos por carros com temas críticos e alegóricos, que ficam conhecido na boca do povo como "carros alegóricos" —, havia substituído a anarquia e a violência das festas do entrudo, assim como o Carnaval de cordões e ranchos dos baianos no Rio, para depois serem os dois substituídos e sintetizados nos desfiles das escolas de samba.

Assim, o ciclo dos grupos festeiros no Rio chegaria até a criação das escolas de samba, gênero processional complexo que se mostraria duradouro, valendo-se da estrutura dramática de um enredo desenvolvido por personagens e alas, recurso já utilizado pelos ranchos. As escolas já trazendo a novidade rítmica do samba e de sua coreografia, e recursos que depois nele seriam investidos — seja por pais de santo, bicheiros ou pela secretaria de turismo — que ganhariam progressivamente dimensão.

De Hilário conta seu afilhado Bucy Moreira:

> Era um padrinho danado em tudo que tava metido. O Jovino era um espírito danado. Tinha o espírito de don Juan, um jeito bem-apanhado. Olha, esses pretos que não suam, sabe como é? Preto enxuto, meu padrinho. Tudo dessa espécie tem transporte de cão, não sua, pode fazer o calor que fizer, ele tá sempre enxuto.[5]

Hilário entra como tenente para a Guarda Nacional, uma segunda linha do Exército de efetividade para ele apenas honorífica, carreando prestígio para seus membros e proteção para os negros que obtinham a distinção na corporação, bastante ligada à antiga polícia carioca. Hilário, que ganha o apelido de Lalau de Ouro, era também forte no santo, sendo ogã, membro do corpo de conselheiros escolhido entre indivíduos de maior prestígio do terreiro de João Alabá, onde se reuniam os principais membros da comunidade baiana no Rio. Era considerado amigo poderoso e implacável adversário, capaz de valer-se dos seus diversos dotes e saberes num confronto.

A casa do candomblé de seu pai João Alabá, na rua Barão de São Félix, 174, era um dos mais importantes pontos de convergência e afirmação dos baianos de origem. Babalorixá, pai de santo, chefiando tanto a mística do terreiro como sua parte administrativa — "ele sabia de tudo", diziam. A posição de liderança de Alabá era menos comum nos cultos iorubanos no Brasil, já que os principais candomblés, sobretudo na Bahia, haviam sido fundados e liderados por mulheres. Alabá iniciaria muitas filhas de santo, entre elas Deolinda — mãe-pequena da casa, a primeira depois dele —, Carmen do Xibuca e Ciata. Quando falece em 1926 sem deixar sucessor, o candomblé é fechado.

O candomblé como matriz simbólica de toda comunidade baiana no Rio. Agenor Miranda Rocha,[6] que uso como referência, alude à Saúde, Gamboa e Santo Cristo como polos de atração da população pobre no pós-Abolição, onde casarões transformados em cortiços e chácaras loteadas criam um emaranhado de ruelas. Lá seriam fundadas as primeiras casas de candomblé ketu trazido pelos baianos para o Rio de Janeiro. Com a Lei Áurea, as condições ficam mais favoráveis e propiciam a fundação dessas primeiras casas de candomblé nos bairros portuários. Enquanto em Salvador as casas de candomblé ketu matriciais vão ser abertas na metade do século XIX, no Rio de Janeiro a manutenção de casas abertas só vai ser possível no pós-Abolição. As novas levas de nagôs-minas que chegavam na capital traziam ialorixás e babalorixás que vão promover um renascimento do candomblé na cidade.

Agenor refere-se a outras casas matriciais no Rio. O candomblé onde Cipriano Abedé, de Ogum, era babalorixá e babaoluô, também olossain, sacerdote de Ossain orixá das folhas litúrgicas e medicinais, seria o mentor de Agenor em sua formação para olossain. Abedé veio da África para a Bahia no final do século e recebeu o axé por ordem do Oxóssi de Tia Júlia, mãe de santo da Casa Branca, para fundar um candomblé no Rio, na Saúde, que leva depois para a Cidade Nova, casa de culto que mantém até sua morte em 1938. O candomblé de Benzinho Bamboxê, na rua Marquês de Sapucaí. Mas talvez o mais antigo tenha sido o candomblé trazido por mãe Aninha de Xangô da Bahia para o Rio, em 1886.

Mãe Aninha (1869-1938), Eugênia Ana Santos, é um personagem central na história dos candomblés ketu no Brasil. Fundadora do Axé Opô Afonjá, uma das três casas matriciais ketu baianas, vem ao Rio de Janeiro dois anos antes da Abolição, liderando um grupo de membros do culto, hospedando-se na Pedra do Sal e fundando, junto à comunidade dos baianos, uma casa no bairro da Saúde. O candomblé que funda entre as casas matriciais no Rio de Janeiro, o Axé Opô Afonjá carioca, é o único que perdura. Assim, Aninha estabelece, de forma duradoura, um vínculo entre o culto ketu de Salvador com o Rio de Janeiro, e, deixando a casa sob a direção de uma de suas filhas, volta para Salvador.

As informações não são claras, há notícia de sua volta à capital em 1925, para reabrir ou fundar um candomblé na Gamboa. Fala-se também, mais tarde, de um encontro com Vargas, intermediado pelo ministro Oswaldo Aranha, a quem atendia em seus problemas pessoais e, provavelmente, também em consultas sobre questões nacionais. É quando a grande dama do candomblé baiano reivindica o respeito às religiões afro-brasileiras no país, obtendo a promulgação do decreto presidencial nº 1202, que garantia o livre exercício do culto. Que momento extraordinário!

Se a Abolição permitiria que os candomblés pudessem existir abertamente na cidade, a atenção policial sobre os cultos negros mantém-se. Embora não fossem mais proibidos, sofriam diversas restrições — um tempo em que não se podia cantar alto nem tocar com força os atabaques. A proclamação da República promovera a secularização do Estado brasileiro, teoricamente garantindo a legalidade de todas as religiões. Mas o Código Penal, proibindo a "medicina religiosa" compreendida como curandeirismo, condenando tal prática como perigosa à saúde pública e contrária à moral e aos bons costumes, fornecia a base jurídica para continuidade da repressão aos terreiros e casas de culto de origem africana, garantindo a persistência das batidas policiais e mesmo a abertura de processos criminais.

Mãe Agripina, filha de Aninha, mantém as tradições do Axé Opô Afonjá no Rio, eventualmente mudando-se para uma casa em São Cristóvão. Conta-se que, então, Xangô, o dono do axé, teria dito à Agripina que "não queria mais comer calado, porque já tinha uma roça". E, assim, o terreiro é transferido para um terreno mais amplo e distante arranjado por membros do culto em Coelho da Rocha.[7]

Assim, entre os negros no Rio, os africanos e os baianos da nação iorubá, garantidos por suas tradições civilizatórias e coesos pelo culto do candomblé, eram considerados uma gente distinta, a cujas festas não era qualquer "pé-rapado" que tinha acesso, e cujas cerimônias eram vedadas aos de fora. Dona Carmem, chegada ao Rio de Janeiro antes da passagem do século, era filha de santo de João Alabá:

> Era candomblé nagô. Na casa de meu pai enchia muito. Elas assim que vinham da Bahia, vinham pra cá, era na casa de meu pai que a baianada vinha. Porque lá, da Bahia, Costa da Mina, vinham barricas de búzios, sabão da costa, obi, orobô, mel de abelha, azeite de dendê, isso tudo vinha despachado pra lá, porque era a casa do Rio de Janeiro forte no santo, a baianada toda se acoitava ali.[8]

A preocupação de um pai de santo é promover a continuação do culto dos orixás, garantindo a coesão do grupo e dando-lhe o sentido central a partir da atividade religiosa, exercendo sua liderança sobre a comunidade e sobre cada indivíduo frequentador do terreiro. Os baianos no Rio frequentavam o candomblé de Alabá, e eram membros da casa algumas mulheres que ficariam conhecidas como as tias baianas, esteios da comunidade, responsáveis por uma nova geração de africanos e baianos que nascia carioca, mulheres que lideravam as frentes do trabalho comunal, responsáveis centrais pela própria sobrevivência e continuidade do culto, rainhas negras de um Rio de Janeiro chamado por Heitor dos Prazeres de "Pequena África", reino que se estendia da zona do cais do porto até a Cidade Nova tendo como capital a praça Onze.

"Porque baiana como era, trouxe isso no sangue", relembrava o grande Donga falando de sua mãe, Amélia Silvana de Araújo, Tia Amélia, no indispensável *As vozes desassombradas do museu*. Amélia era cantadora de modinha, e realizava na rua do Aragão grandes reuniões de samba. Conhecida também como Amélia de Aragão, morou antes disso na rua Teodoro da Silva, 44, onde nasce Donga em 1889, e depois na rua Costa Pereira, 129. Nessa época, vivia com a comadre Maria Francisca, Dona Chiquinha, madrinha do "Donguinha".

> Lá em casa se reuniam os primeiros sambistas, aliás, não havia esse tratamento de sambista e sim, pessoas que festejavam um ritmo que era nosso, não eram como os sambistas profissionais de agora. Era festa mesmo. Assim como havia na minha casa, havia em todas as casas de conterrâneos de minha mãe. Eu fui crescendo nesse ambiente.[9]

É fácil perceber a centralidade dessas mulheres conterrâneas, mantenedoras das festas realizadas em homenagem aos santos e dos encontros de conversa e música, onde expandia-se a afetividade do corpo, atualizando o prazer e a funcionalidade da coesão.

Perciliana Maria Constança, Tia Perciliana do Santo Amaro, foi neta de escravizados beneficiados pela Lei do Ventre Livre. Seus pais, Joana Ortiz e Fernandes de Castro, tinham uma quitanda de artigos afro-brasileiros na rua do Sabão, conseguida com muito trabalho depois de alguns anos no Rio de Janeiro. Perciliana morou muitos anos na rua Senador Pompeu 286, na zona do Peo, casada com Félix José Guedes, outro baiano vindo para a capital. João da Baiana, o caçula de seus doze filhos, conta que seus pais:

[...] cantavam muito, pois sempre estavam dando festas de candomblé, as baianas da época gostavam de dar festas. A Tia Ciata também dava festas. Agora, o samba era proibido e elas tinham que tirar uma licença com o chefe de polícia. Era preciso ir até a Chefatura de Polícia e explicar que ia haver um samba, um baile, uma festa enfim. Daquele samba saía batucada e candomblé porque cada um gostava de brincar, à sua maneira.[10]

João frequentava essas festas desde os dez anos, seus pais conheciam as tias baianas — Ciata, Amélia, Rosa:

umas moravam na Senador Pompeu e outras na rua da Alfândega e rua dos Cajueiros. Desde garoto eu já fazia samba. Minha mãe gostava, lá em casa todos eram baianos menos eu, que sou carioca. Minha mãe gostava porque eu dei para o candomblé, para a batucada, para a macumba, e gostava de compor. Ela tinha orgulho de mim porque eu era carioca e venci meus irmãos que eram baianos, eu discutia com as minhas irmãs e dizia: "Sou carioca e vou te escrever nas pontas dos pés". Fazia umas "letras", uns passos, e elas ficavam malucas.[11]

João, que se celebriza como compositor e grande personalidade da época, era mesmo ligado no ritmo e tocava desde pequeno num grupo de garotos com Heitor dos Prazeres e Antônio Marinho. Outro filho de Perciliana, o Mané, foi palhaço do circo Spinelli, onde provavelmente foi da trupe do grande Benjamim de Oliveira, tocador de violão e cavaquinho.

Aviso publicado no *Jornal do Brasil* de 2 de fevereiro de 1906, assinado por Hilário:

A S.D.C. a Jardineira comunica aos associados e admiradores desta sociedade que foi criado o grupo Me Queiras Bem, o qual nas manhãs de 25, 26 e 27 sairá à rua com o já conhecido garbo. E bem assim, que sábado de Aleluia o grupo iniciará, com estrepitoso baile, a nova fase desta sociedade. Aproveitando a ocasião convida todos os ranchos para que seja a lapinha, conforme uso baiano, em casa de nossa camarada Bebiana, onde estarão os ramos para quem primeiro chegar ao largo de S. Domingos nº 7 — presidente Hilário Jovino.

Antes de 1911 — quando o patrocínio do *Jornal do Brasil* ao desfile de ranchos lhe daria também uma feição competitiva e novas preocupações artístico-musicais além do sentido místico e comunal da festa — os ranchos com sua lapinha desfilavam debaixo da janela de Tia Bebiana e de Tia Ciata, essa ainda em sua antiga moradia, na rua da Alfândega, esquina de Tobias Barreto. Dona Carmem lembrava:

> Bebiana de Iansã era uma baiana muito divertida, o pessoal, também os clubes, eram obrigados a ir na lapinha cumprimentar ela. Não era rica, além do santo ela pespontava muitos calçados, tinha moças que trabalhavam pra ela, em casa ela ganhava aquele dinheirinho. Quando tinha que dar festa, algum pagode, ela ia pra casa de seu João Alabá, elas todas davam de comer ao santo na casa de meu pai João. Quando elas não queriam ir à Bahia, iam pra casa de meu pai.[12]

Era comum as baianas de maior peso irem à Bahia tratar de suas coisas de santo e dos negócios da nação nas casas de candomblé de Salvador, assim como os negros baianos iam eventualmente à África, voltando com informações e mercadorias. Tia Bebiana e suas irmãs de santo, Mônica, Carmem do Xibuca, Ciata, Perciliana, Amélia e outras, que pertenciam ao terreiro de João Alabá, formam um dos núcleos principais de organização e influência sobre a comunidade. Assim, enquanto uma parte da minoria proletarizada das classes populares sob a liderança de militantes políticos organiza-se em sindicatos e convenções trabalhistas, uma boa parte do povão carioca, predominantemente negro ou mestiço, também se organiza politicamente, em seu sentido extenso, a partir dos candomblés.

Outras tias também fizeram história na Pequena África: Tia Perpétua, que morou na rua de Santana, Tia Veridiana, mãe do Chico Baiano, Calu Boneca, outra mãe de santo, Maria Amélia, Rosa Olé da Saúde, Sadata da Pedra do Sal, que foi uma das fundadoras do Rei de Ouro com Hilário Jovino, o primeiro rancho organizado no Rio de Janeiro. Gracinda, que tinha um bar, o Gruta Baiana, na Rio Branco, morou na Júlio do Carmo num sobrado grande que dava para a praça Onze. Ficou-lhe a fama de ter sido uma baiana muito bonita. Tia Mônica era mãe de Dona Carmem do Xibuca.

Tia Gracinda, que foi mulher do Didi, citado até hoje como Didi da Gracinda, era do candomblé mas teria se envolvido, ainda bem moça, com o formoso Assumano Mina do Brasil, negro malê, mas nunca chegou a viver com ele, porque as leis do culto islâmico impediam. Contam que o anjo da guarda de Assumano só lhe permitia ter mulher três vezes por mês. Pior para Gracinda.

Josefa da Lapa, ou Josefa Rica, uma das baianas da mesma geração de Ciata e Perciliana e irmã de santo das duas na casa de João Alabá, "fazia doces, vivia outra vida que eu não posso contar nem aprofundar, coisas que eu não tenho certeza", fala reticente Dona Lili Jumbeba. O realismo da experiência na viração a que uma mulher negra podia eventualmente ser exposta cortava os moralismos que pudessem surgir na casa dos baianos, gente alegre e de muito respeito. Assim, Josefa, dona de um rendez-vous na Lapa, era recebida em todas as casas tradicionais e era presença importante nas festas.

Mas a mais famosa de todas as baianas, a mais influente, foi Hilária Batista de Almeida, Siata, Assiata, Tia Ciata, sua casa ganhando uma dimensão mítica considerada como o lugar de origem do samba carioca. Nascida em Salvador em 1854, no dia de Santo Hilário, mesmo dia que Hilário Jovino, razão pela qual se tratavam nas rodas por "xará", quando nas boas, Hilária é feita no santo ainda adolescente por Bambochê, também pai religioso de Obá Biyi, mãe Aninha, a fundadora do Axé Opô Afonjá. Moça, já era conhecida por Ciata, apelido com que se celebrizaria mais tarde na colônia baiana do Rio de Janeiro, quando, ainda vivendo as primeiras experiências da vida adulta, tem uma filha, Isabel, fruto do namoro com um conterrâneo, Norberto da Rocha Guimarães.

Em 1876, com 22 anos, chega ao Rio de Janeiro com sua filha e vai morar inicialmente na rua General Câmara. Tempos depois, muda-se por conveniência para as vizinhanças de um dos líderes da colônia baiana no Rio, Miguel Pequeno, marido de Dona Amélia do Kitundi, na rua da Alfândega, 304. Assim, Ciata passa por diversas moradias na zona portuária antes de se mudar, já casada com João Batista, para sua mítica casa na praça Onze, e, hoje, dá seu nome a uma rua próxima da praça Mauá que leva até a Pedra do Sal, local recentemente tombado como patrimônio da cidade. Seu nome, afirmado por seus descendentes e figurando nos múltiplos livros que tratam dos princípios do samba, é Hilária Batista de Almeida. Entretanto, no seu atestado de óbito, consta Hilária Pereira de Almeida, e numa petição para sócio do Clube Municipal encaminhada por seu filho João Paulo, em 1949, este escreve o nome da mãe como Hilária Pereira Ernesto da Silva. Enigmas, dúvidas documentais, à espera de futuros pesquisadores.

A casa de João Alabá, de Omulu, considerado o terreiro mais antigo do Rio, dava continuidade a um culto nagô que havia sido iniciado na Saúde, provavelmente antes da Abolição, quando não era ainda possível manter uma casa de candomblé aberta na capital, por um africano com nome de Quimbambochê

Obiticô — ou Bambochê, ou ainda Bamboxê, como às vezes seu nome também é grafado. Registrado no país como Rodolfo Martins de Andrade, havia chegado a Salvador trazido por um navio negreiro na metade do século XIX, junto com a avó da babalorixá Senhora, sucessora de Aninha no Axé Opô Afonjá, onde se torna, depois de alforriado por sua irmã de nação Marcelina, um influente babalaô.

Bambochê quer dizer em iorubá "ajuda-me a segurar o oxé", o machado duplo, ferramenta ritual de Xangô. Homem de destino extraordinário, depois de viver alguns anos no Rio retorna à Bahia, de onde um dia partiria de volta pra sua amada África. Segundo Dona Carmem, João Alabá iria muitas vezes à Bahia visitar o Axé Opô Afonjá, o que torna legítimo imaginar ser Ciata e sua gente baiana no Rio ligada a um dos troncos mais tradicionais do candomblé ketu de Salvador.

Na casa de Alabá no Rio de Janeiro, Hilária tornar-se-ia iyá kekerê, sucedendo Deolinda, mãe-pequena, auxiliar direta do pai ou da mãe de santo que lidera o candomblé, assim a segunda no terreiro, responsável pela instrução sobre as oferendas propiciatórias que cada um deve fazer à medida que avança no culto, influindo sobre as questões espirituais e materiais dos fiéis. Mãe-pequena, também dirigia as iaôs, as já iniciadas, orientando-as nas danças dos orixás e nas suas obrigações, além de ocupar-se do contato com as noviças, a quem prescrevia os banhos e outros procedimentos rituais — principalmente porque o chefe do terreiro, Alabá, era um homem. Como ebami, as que têm mais de sete anos de feita, era também a axogum da casa, a mão de faca, responsável pelo sacrifício dos animais, o que não era comum nas casas tradicionais de candomblé, onde o axogum é em geral um cargo masculino, e seu ocupante é escolhido entre os ogãs, homens de Xangô.

A iyá kekerê tanto usa o adjá, um instrumento próximo da sineta, que marca situações cerimoniais, como propicia ou mantém o transe dos cavalos possuídos dos orixás. É a força e ascendência no santo que marcaria a presença de Hilária junto à comunidade, um peso de líder religioso que se fortalece tanto na organização das jornadas de trabalho comuns como na preparação dos ranchos, embora ela nunca saísse neles.

A seu espírito forte, Ciata aliaria uma crescente sabedoria de vida, um talento para a liderança e sólidos conhecimentos religiosos e culinários. Doceira, começa a trabalhar em casa e a vender nas ruas, armando seu tabuleiro na esquina da Uruguaiana com a Sete de Setembro, e depois no largo da Carioca, sempre paramentada com suas roupas de baiana preceituosa, que, após certa idade, nunca mais abandonaria, como era comum entre as mulheres no culto.

Norberto, que também vem para o Rio, nunca mais se aproximaria de Ciata nem de sua filha. Aqui, Hilária se casa com João Batista da Silva, negro bem situado na vida, também baiano, numa relação longa que seria da mesma forma fundamental para sua afirmação no meio baiano no Rio de Janeiro. João Batista teria cursado a Escola de Medicina na Bahia, interrompendo os estudos por razões que não ficam conhecidas. Fora da universidade, enfrentando as dificuldades da vida com vantagem, João Batista, já no Rio, mantém-se em empregos estáveis, chegando a ser linotipista do *Jornal do Commercio*, e conseguindo depois um dos ambicionados cargos do funcionalismo público, na Alfândega. Mais tarde, de acordo com seu neto, o sambista Bucy Moreira, graças à sua mulher e ao presidente da República, conseguiria um posto privilegiado no baixo escalão do gabinete do chefe de polícia da cidade, o que permitiria que, depois do "bota-abaixo", alugassem uma casa ampla na Cidade Nova, na rua Visconde de Itaúna:

> Eu vou contar a história. Aqui na polícia central, tinha um sujeito que se chamava Bispo quando eu era criança. Depois eu fui crescendo e eles continuavam aqui na polícia.

Ele era investigador e chofer do chefe de polícia, esse Bispo. Então o Wenceslau Brás tinha um encosto aí na sua relação, que tinha um equizema aqui na perna que os médicos na junta médica diziam não poder fechar. "Se fechar morre!" O Bispo disse pro Wenceslau Brás: "Eu tenho uma pessoa que lhe cura disso". Era o tal Bispo, esses velhos investigadores, um senhor de bem. Ele disse: "Mas eu vou falar". "Ciata, você pode deixar, ele é um bom homem, é um senhor de bem, o presidente e tal..." E eu fui crescendo e compreendendo que ele era bom porque o Bispo dizia: "E você não sabe que homem é aquele. Ele é o criador desse negócio da lei de um dia não trabalha, compreende, ele dá um dia, um sujeito quer faltar hoje não faz mal, deixa na conta. Essa semana inglesa que tem sábado não trabalha, foi ele que estabeleceu, isso muito antes. Não houve uma luta pra isso". Ela disse: "Quem precisa de caridade que venha cá". Ele disse: "Mas ele é o presidente da República". "Então eu também não posso ir lá, não tenho nada com isso não, não dependo dele." Às vezes ela era explosiva: "Não conheço ele, eu vejo falar em Wenceslau Brás mas não conheço não". "Ah, mas você tem que fazer alguma coisa, eu dei minha palavra que você ia." Ela disse assim... Aí minha prima, uma tal de Ziza, cambonou, ela recebeu orixá, primeiro pra saber se podia curá-lo, o orixá disse: "Isso não é problema, cura facilmente, não vai acontecer nada, pode deixar". Então foi que ele ordenou. Então ela estabeleceu: "São dessas ervas que eu faço medicamento pra ele se curar, dentro de três dias tá fechado, ele não precisa botar mais nada". Então mandou lavar com água e sabão e botar aquela coisa em pó, torrar aquilo e botar, ficou curado. Então perguntou o que queria. Ela terminou mesmo indo porque o Bispo era pessoa didata né, tava sempre lá em casa e fez, forçou a barra, e ela foi lá fazer o serviço. Ela mesmo lavou o pé dele com água e sabão, "Não mexa, não põe nada, amanhã lava outra vez e põe esse. Três dias, se não fechar põe mais três dias". E dentro de três dias estava curado. Quando ele tirou a faixa tava limpo. Agora perguntou a ela o que queria. "Não, não quero nada, desejaria para o meu marido, o senhor pudesse melhorar a situação dele. Minha família é numerosa." Ele disse assim: "Que que eu posso fazer? Compreende? Qual o estudo que ele tem?". Ela disse assim: "Lá na Bahia ele foi segundanista de medicina e tal". "Ah! então eu tenho um lugar pra ele, vou botar ele aqui no gabinete do chefe de polícia." Foi ele quem botou, foi isso, foi assim.[13]

Fora as irmãs de santo, Ciata teve uma irmã de sangue conhecida no Rio de Janeiro como Tia Mariato, mãe de Cachinha. Com João Batista teve quinze filhos, entre os quais Glicéria, que se casaria com Guilherme, outro dos baianos a fazer parte da Guarda Nacional, pai de Bucy Moreira. Além de Glicéria, o casal teria Sinhá Velha, que se casa com o mestre-sala e líder rancheiro Germano; Noêmia, Mariquita, muito animada e tocadora de pandeiro, Pequena, Macário, filhos que nasceriam todos no Rio de Janeiro, até o caçula João Paulo da Silva, apelidado de Caboclo, que a exemplo do pai também vai estudar medicina. Fatumã, porta-bandeira do Rosa Branca, e Caletu, pastora do Rei de Ouro, também suas filhas, ficam gravadas nos maravilhosos apelidos africanos, nomes caseiros, afetivos. Os nomes ocidentais com que foram registradas, entre os baianos em geral, são lembrados apenas nas formalidades.

Mulher de grande iniciativa e energia, Ciata faz sua vida de trabalho constante, tornando-se, junto das outras tias baianas de sua geração, parte da tradição "carioca" das baianas quituteiras, atividade com forte fundamento religioso que foi recebida com muito agrado na cidade desde sua aparição, ainda na primeira metade do século XIX, quando sua presença é documentada no livro de Debret, *Viagem pitoresca e histórica ao Brasil*.

Assim, depois de cumpridos os preceitos, com parte dos doces colocados no altar de acordo com o orixá homenageado no dia, a baiana ia para seus pontos de venda, com saia rodada, pano da costa e turbante, ornamentada com seus fios de contas e pulseiras. Seu tabuleiro farto de bolos e manjares, cocadas e puxas, os nexos místicos determinando as cores e a qualidade. Na sexta-feira, por exemplo, dia de Oxalá, ele se enfeitava de cocadas e manjares brancos.

Ciata de Oxum — orixá que expressa a própria essência da mulher, patrona da sensualidade e da gravidez, protetora das crianças que ainda não falam, deusa das águas doces, da beleza e da riqueza. Na vida no santo e no trabalho, Ciata era festeira, não deixava de comemorar as festas dos orixás em sua casa da praça Onze, quando depois da cerimônia religiosa, frequentemente antecedida pela missa cristã assistida na igreja, armava-se o pagode. Nas danças dos orixás aprendera a mostrar o ritmo no corpo, e, como relembra sua contemporânea, Dona Carmem, "levava meia hora fazendo miudinho na roda". Partideira, cantava com autoridade, respondendo aos refrões nas festas que se desdobravam por dias — alguns participantes saíam para o trabalho e voltavam, Ciata cuidando para que as panelas fossem sempre requentadas, para que o samba nunca morresse.

Havia na época muita atenção da polícia às reuniões dos negros: tanto o samba como o candomblé seriam objetos de contínua perseguição, vistos como coisas perigosas, como marcas primitivas que deveriam ser necessariamente extintas, para que o ex-escravizado se tornasse o parceiro subalterno "que pega no pesado" de uma sociedade que hierarquiza sua multiculturalidade. Mas nas festas que se tornam tradicionais na casa de Ciata, a respeitabilidade do marido, funcionário público ligado à própria polícia, garantia o espaço que, livre das batidas, se configuraria como um local privilegiado para as reuniões dos baianos. Um local de afirmação do negro onde se desenrolam atividades coletivas tanto de trabalho — uma órbita do permitido apesar da atipicidade de atividades organizadas fora dos modelos da rotina fabril — como religiosas e festivas. E se brincava, tocava, cantava, dançava, conversava e organizava.

Com as dificuldades que surgem, estava sempre chegando mais gente, além da venda dos doces, Ciata passa também a alugar roupas de baiana feitas pelas negras com requinte para os teatros e para as cocotes chiques saírem no Carnaval, nos Democráticos, Tenentes e Fenianos, as associações carnavalescas da pequena classe média carioca. Mesmo homens, até gente graúda, iam se vestir de baiana, liberdades que se permitiam os másculos rapazes da época nos festejos momescos.

Hilária perde o marido por volta de 1910. Percebendo sua importância para tantas pessoas que compunham seu grupo familiar e suas responsabilidades com toda a baianada carioca, não se deixa abater. Sempre vestida de baiana, fica conhecida por sua autoridade, por seu humor, por seu temperamento às vezes explosivo, e por sua solidariedade aos que a ela acorriam. Sua neta Lili se lembra dela nesses anos:

> Quando ela ia nessas festas usava saia de baiana, bata, xales, só pra sair naqueles negócios de festas. Na cabeça, quando ela ia nessas festas, minha mãe é quem penteava ela. Fazia aqueles penteados assim. Ela não botava torso não. Só botava aquelas saias e aqueles xales "de tuquim" que se chamavam. Mas ela acabava na beira do fogão fazendo doces com os empregados, ela mesma, quando tinha encomenda na rua da Carioca. As pessoas diziam: "Baiana, eu quero um bolo de mandioca puba". Ela apanhava aquelas coisas pra gente fazer, lavar aquilo. Quando era pagode de são João

tinha uma mesa, tinha Alice "Cavalo de Pau", era uma mulher que morava no Maranguape que ia cantar lá. Era assim, ela era sócia do Tenentes mas não era cantora, mas era uma mulher muito chique. Porque era assim: o falecido Zuza pegava um prato, um pandeiro, ó, começava, ora, já viu castanhola? Os ensaios para o Carnaval naquela época eram com castanholas. Quando ela dava os pagodes em casa, tinha o coronel Costa que mandava seis figuras. Quer dizer: ficava o baile na frente e o samba lá nos fundos.[14]

A festa de Cosme e Damião, feita para seu anjo da guarda — uma Ibejada tradicional por muitos anos não interrompida, enquanto era viva uma de suas irmãs de santo, dona Carmem do Xibuca, moradora de uma vila da Cidade Nova —,[15] Nossa Senhora da Conceição, a festa de sua Oxum, e a dos outros orixás, além dos encontros musicais realizados a partir de diversos pretextos, como os aniversários da família e dos amigos, celebrados com entusiasmo. Simbolizando a prosperidade dos baianos, as festas na casa de Ciata, principalmente as profanas, eram frequentadas pelos "de origem" e pelos negros que a eles se juntavam, reunindo estivadores, artesãos, alguns funcionários públicos, policiais, afrodescendentes e brancos de baixa classe média, gente que se aproxima progressivamente trazida pelo samba e pelo Carnaval. Alguns "doutores gente boa" também compareciam, atraídos pelo exotismo das celebrações.

Com o comércio de roupas, muita gente de Botafogo vai até a casa de Ciata. Torna-se folclórico para alguns assistir a um pagode na casa da baiana, onde só se entrava através de algum conhecimento. Do mesmo modo, passa a interessar à alta sociedade da época consultar os "feiticeiros" africanos, como eram estereotipados aqueles ligados aos cultos negro-brasileiros — vide Wenceslau Brás —, e mesmo frequentar os candomblés, fechados à curiosidade de estranhos. A partir dos conhecimentos do marido e de seu prestígio no meio negro, e reconhecidos mesmo fora dele, Ciata começa a manter relações com gente do outro lado da cidade, a ponto de por vezes contar até "com os seis soldados do coronel Costa", que ficam garantindo dubiamente a festa africana, provavelmente alguns deles negros, o que dá maior espanto à situação.

Enfim, era necessário aprender a se relacionar de alguma maneira com os brancos, ter aliados, conhecer gente de outras classes, como os jornalistas pioneiros que cobriam nas páginas secundárias dos jornais os acontecimentos das ruas, que ganhavam algum destaque nas proximidades do Carnaval. Os brancos das elites não eram vistos como inimigos, nem claramente responsabilizados pela escravatura. Deles o negro "de origem" se distinguia por sua particularidade cultural, pelo devotamento à sua vida separada, na qual, dependendo, um graúdo podia chegar e ser bem recebido só para olhar, apesar da sabida ignorância deles das tradições e preceitos.

"Eles gostavam mesmo é de comer", diziam as negras, quando a comida anteriormente consagrada, depois de separadas as partes dos orixás, era servida à assistência. Podiam aparecer, era gente de quem um negro podia se valer em caso de precisão. Já outros, sobretudo gente não tão diferenciada racial ou socialmente, como os jornalistas Francisco Guimarães, o mestiço Vagalume, ou o branco Mauro de Almeida, o Peru dos Pés Frios, chegavam de outro jeito e acabavam virando gente de casa e participando do samba. Isso, com seus limites. Limites?

Com a morte de Bebiana, Ciata ficava sozinha como referência dos ranchos, e sua mudança para a casa na Visconde de Itaúna simbolizou a passagem do desfile e de todo "pequeno Carnaval", o grande Carnaval da gente pequena, para a praça Onze. A casa que alugava era bastante grande, fosse um pouquinho maior o senhorio teria logo feito um albergue, uma cabeça de porco para arranjar mais dinheiro. Depois de uma sala de visitas ampla, onde nos dias de festa ficava o baile, a casa se encompridava para o fundo, num corredor escuro onde se enfileiravam três quartos grandes intervalados por uma pequena área por onde entrava luz através de uma claraboia. No final, uma sala de refeições, a cozinha grande e a despensa. Atrás da casa, um quintal de terra batida onde se dançava, e um barracão de madeira onde ficavam ritualmente dispostas as coisas do culto.

Na sala, durante o baile tocavam-se os sambas de partido entre os mais velhos, e mesmo música instrumental quando apareciam músicos profissionais, muitos deles filhos dos baianos que frequentavam a casa. No terreiro, o samba raiado, e às vezes, as rodas de batuque entre os mais moços. No samba se batia pandeiro, tamborim, agogô, surdo, instrumentos tradicionais confeccionados pelos músicos, ou apropriavam-se os presentes do que estivesse disponível, pratos, panelas, raladores, latas, caixas, valorizados pelas mãos rítmicas do negro. As grandes figuras do mundo musical carioca, Pixinguinha, Donga, João da Baiana, Heitor dos Prazeres, surgem ainda crianças naquelas rodas, onde aprendem as tradições musicais baianas a que depois dariam uma forma nova, carioca, tanto cantada como instrumental.

João da Baiana, outro filho da colônia baiana no Rio, um dos talentos que aparecem naquele momento, fala dessas tradições festeiras e musicais dos baianos, que seriam, entre outros redutos, uma das fontes primordiais dessa "cultura popular carioca" que se montaria depois a partir do impulso e dos interesses já de uma indústria cultural, apropriando-se do que era antes desvalorizado e mesmo perseguido:

As nossas festas duravam dias, com comida e bebida, samba e batucada. A festa era feita em dias especiais, para comemorar algum acontecimento, mas também para reunir os moços e o povo "de origem". Tia Ciata, por exemplo, fazia festa para os sobrinhos dela se divertirem. A festa era assim: baile na sala de visitas, samba de partido-alto nos fundos da casa e batucada no terreiro. A festa era de preto, mas branco também ia lá se divertir. No samba só entravam os bons no sapateado, só a "elite". Quem ia pro samba, já sabia que era da nata. Naquele tempo eu era carpina [carpinteiro]. Chegava do serviço em casa e dizia: "Mãe, vou pra casa da Tia Ciata". A mãe já sabia que não precisava se preocupar, pois lá tinha de tudo e a gente ficava lá morando, dias e dias, se divertindo. Eu sempre fui responsável pelo ritmo, fui pandeirista. Participei de vários conjuntos, mas era apenas para me divertir. Naquele tempo, não se ganhava dinheiro com samba. Ele era muito malvisto. Assim mesmo às vezes nós éramos convidados para tocar na casa de algum figurão. Eu me lembro que, em certa ocasião, o conjunto de que eu participava foi convidado para tocar no palacete do senador Pinheiro Machado, lá no morro da Graça. Quando o conjunto chegou, o senador foi logo perguntando aos meus colegas: "Cadê o menino?". O menino era eu. Aí meus companheiros contaram ao senador que a polícia tinha tomado e quebrado o meu pandeiro, lá na Penha. O senador mandou que eu passasse no Senado no outro dia. Passei e ganhei um pandeiro novo, com dedicatória, peça que tenho até hoje.[16]

Nessa época Hilária tinha um grupo numeroso em torno de si, moças filhas dos amigos que se juntavam à família na feitura e venda dos doces ou no comércio com as roupas. O que ficava na sua mão, depois de dividida a renda, era usado no sustento de muitos e no santo, nas festas dos orixás que se sucediam ao longo do ano. Sua neta Lili conta que Ciata era consciente do poder do dinheiro nesse mundo, e da necessidade de ter-se uma vida devotada ao trabalho, mas na qual não se perdesse a grandeza.

O desenvolvimento de novas possibilidades produtivas nas cidades e a imobilização de pequenos capitais por famílias ou organizações negras permite a ascensão econômica, mesmo que às vezes apenas episódica, de determinadas minorias, ligações político-religiosas conjugando-se com interesses socioeconômicos comunitários.

> O patrimonialismo do terreiro não visava exatamente o núcleo familiar em geral desestruturado pelo poder escravagista, mas o próprio grupo social negro enquanto continuação possível de valores étnicos ancestrais. [...] Essa transmissão de saberes, técnicas, competências — características de uma patrimonialização — foi vital, sobretudo no Rio de Janeiro.[17]

Além de doceira, Tia Ciata era perita em toda a cozinha nagô, no xinxim de galinha de Oxum feito com azeite de dendê, cebola, coentro, tomate, leite de coco e azeite, no acarajé de feijão branco e camarão, no sarapatel de sangue de porco e miúdos, prato espantoso para o paladar ocidental, ou no tradicional vatapá baiano ainda na receita tradicional, com caldo de cabeça de peixe, amendoim, dendê, creme de milho, creme de arroz ou fruta-pão, temperados com audácia e sabedoria.

Nos dias dos orixás, os pratos eram preparados no rigor dos preceitos, como na Ibejada. O caruru dos Ibejes se inicia com o ritual da matança dos frangos, a carne separada para o orixá e o restante para a refeição comunal em enormes gamelas onde se adicionam os ingredientes: o quiabo pacientemente cortado em fatias, o camarão seco, castanhas, ervas e o imprescindível dendê. O ajeum, a comida da assistência, cuidadosamente servida com o oguedê frito no azeite, farofa, duburu, abará, acarajé e feijão preto, presidida a festa por Xangô, o quiabo de sua característica o situando nesse enredo da culinária mitológica.

As bebidas tradicionais, hoje praticamente desaparecidas, eram feitas em casa, sobretudo o aluá, preferido pela maioria dos orixás e também vendido nas ruas pelas negras. Feito em geral de milho fermentado em utensílios de barro com cascas de abacaxi, a bebida era preparada de três a sete dias antes de ser servida, assim como o xequetê, outra bebida ritual feita com frutas fermentadas para acompanhar os pratos votivos.

Nas festas em torno do Carnaval, a família de Ciata saía no Rosa Branca e no seu sujo, Macaco é Outro. Os hábitos de solidariedade, de trabalho e criação coletivos tornavam possível a saída do rancho, já que era o próprio grupo que costurava e bordava as roupas, confeccionava os ornamentos e os instrumentos de percussão, e criava o enredo e as músicas. O Rosa Branca, como outros ranchos da época, já se utilizava de instrumentos de corda que se integravam na orquestra aos tamborins, chocalhos e cuícas, seus componentes impondo o ritmo e o sapateado, estilizando e abrandando a vigorosa coreografia do batuque. A casa de Hilária era um dos pontos principais do itinerário dos cortejos, como fora anteriormente a casa de Tia Bebiana, os ranchos passando debaixo de sua janela para prestar homenagem à bamba Ciata, que, rainha, em sua roupa de baiana, saudava os festeiros.

Com a progressão dos carnavais cariocas, os desfiles passam a receber incentivos financeiros e honoríficos, ofertados pelo comércio e, estranhamente, por algumas casas funerárias, e depois pelos jornais, interessados no público novo que o lento processo de alfabetização formava nas classes populares e pela atração que suas manifestações festivas e artísticas exerciam nas classes superiores. Os ranchos se desenvolvem e se sofisticam, chegando à forma acabada do Ameno Resedá que, fundado em 1907, monta uma verdadeira ópera ambulante com coro e orquestra, mobilizando para tal artistas e intelectuais da nascente burguesia, pretendendo explicitamente operar uma retradução das tradições populares em códigos mais modernos, mantendo a forma processional a que é imposto um estilo novo, alegórico e pomposo, e um samba lento de grande força melódica.

Hilária e Hilário — Ciata e o Lalau de Ouro — talvez tenham sido, naquele Rio de Janeiro subalterno, umas das principais lideranças negras do período, em razão da força que tinham os baianos. Nascidos no mesmo dia mas não no mesmo ano, algumas vezes opuseram-se, fizeram-se demandas. Ciata com seu espírito agregador, familiar, religioso, mas veemente em suas causas. Hilário, festeiro por excelência, mas individualista, sensual, feiticeiro, e, por característica, polêmico.

Assim, por algumas vezes, e por razões similares, Ciata se indisporia gravemente com seu turbulento xará, sentindo e tomando as dores de Miguel Pequeno, seu grande amigo que a hospedara em seus primeiros tempos no Rio de Janeiro. Donga narra o acontecido:

> [...] os baianos que chegavam de sua terra iam para a casa do Miguel Pequeno ou então da Tia Bebiana que morava próximo. Miguel Pequeno era uma espécie de cônsul dos baianos. As casas daquele tempo tinham sempre quatro a cinco quartos, de modo que dava pra todo mundo. Além disso, sempre tinha um quintal nos fundos com pés de mamão e de fumo. Havia fartura. A turma vinha da Bahia e ficava alojada até se arrumar melhor. Seu Miguel era casado com Tia Amélia Kitundi. Ele era escuro, mas Amélia era uma mulata muito bonita, não era brincadeira. Tão boa que todo mundo olhava pra ela. Um espetáculo. A presença dela atraía mais pessoas para a casa de Miguel Pequeno. Este, a exemplo do Sereia, do Dois de Ouro, queria também fundar

um rancho. Ele tinha tirado licença na polícia, que era na rua do Lavradio, porque naquele tempo era preciso legalizar-se para fundar um rancho. Hilário Jovino, depois de ter fundado o Dois de Ouro, já estava sendo conversado pelo Miguel para participar de seu rancho, pois ele precisava de muitos elementos bons e o Hilário era um sujeito de um tirocínio tremendo, inteligente mesmo. O Hilário estava vai não vai. Houve então uma espécie de cisão do Dois de Ouro que o Miguel queria fundar. Mas o Miguel demorou muito e o Hilário nem chegou a ajudar. Atrapalhou. Não sei o que a Tia Amélia viu no Hilário que acabou fugindo com ele. Isso virou um caso. Tia Assiata já estava morando na casa de seu Miguel. Com o acontecimento, seu Miguel, desgostoso, não quis mais saber do Rosa Branca, o rancho que ia ser, e deu todos os papéis para Tia Assiata. Hilário passou então a odiar a Tia Assiata e esta retribuía o ódio. Daí ela se organizou. Mas houve outro caso que acentuou mais a divergência. O Hilário também teve um negócio com a Marquita, filha da Tia Assiata. Nesta altura, ela mudou-se para a rua dos Cajueiros. Desta rua é que ela passou para a Visconde de Itaúna na praça Onze.[18]

De qualquer forma, o afastamento dos dois não se manteria, já que terminavam se encontrando, as aproximações propiciadas pelos acontecimentos ou exigidas na rotina das festas. Eram pessoas de proa da comunidade que volta e meia ficavam frente a frente, que se mediam e se afinavam em torno de seus interesses comunitários, transformando suas brigas pessoais na rivalidade entre seus ranchos. Assim, O Macaco é Outro, um "sujo" saído do rancho Rosa Branca, da família de Ciata, liderado pelo seu genro Germano, casado com Sinhá Velha, foi criado em resposta às provocações feitas pelo Bem de Conta, um "sujo" liderado por Hilário, que saíra arremedando

Germano, e tinha como estandarte uma bandeira com repolhos, tomates e cebolas, dizendo no refrão:

*Repolho, tomate e cheiro*
*São flores do nosso canteiro*
*A custa do nosso dinheiro*
*Na rua dos Cajueiros*

A música tornava pública a cobrança de uma dívida que não teria sido paga pela compra do material para a confecção das fantasias. Mas as quizilas não sepultariam as afinidades, e os dois bambas se frequentariam e muitas vezes cantariam na mesma roda — e chegam até, juntos, a contestar a autoria de "Pelo telefone" de Donga. Este, sim, a partir daí manteria uma constante polêmica com a negra, e depois de sua morte contestaria sua importância.

A praça Onze e a casa de Ciata despontavam como sedes e como limites, como pontos de encontro e de comunicação entre a elite baiana no Rio e o povo carioca e também com alguns jornalistas e indivíduos das elites. Seu prestígio, somando-se à ocupação respeitada de seu marido, permitia que fosse preservada a privacidade de sua casa, que se abria para a comunidade. Privilégio? Coisa de cidadão, que, quando preto dispunha ou exigia, estranhava-se. Na sua casa, capital daquele pequeno continente liderado por africanos e baianos cercados por cariocas por todos os lados, podiam-se reforçar os valores do grupo, afirmar o seu passado cultural e sua vitalidade criadora recusados pela sociedade.

Lá começam a ser elaboradas novas possibilidades para esse grupo excluído das grandes decisões e das propostas modernizadoras da cidade, gente que pouco a pouco se integraria ao ritmo mais amplo da sociedade carioca, a partir do processo de proletarização, que se acentua após o fim da República Velha, e da redefinição de sua vida cultural, quando as novas instituições populares, principalmente as festivas, seriam submetidas mas legitimadas pelas legislações varguistas.

No meio popular carioca, onde a colônia baiana por algum tempo foi uma elite a partir de suas organizações religiosas e festeiras, era também de grande importância a presença de negros malês, genérico que se referia aos africanos islamizados, sobretudo as etnias muçulmis e haussás, que migram para o Rio de Janeiro. Onde, como os iorubás, ficam conhecidos como "minas", marcados por liderar as insurreições baianas na primeira metade do século XIX. Embora em número muito menor do que os nagôs, o negro islâmico organiza-se também em grupos de culto no Rio, que, contavam os antigos, saíam nas ruas dos subúrbios distantes com suas roupas brancas e gorros vermelhos celebrando as iniciações.

Em suas casas pelas ruas de São Diogo, Barão de São Félix, Hospício, Núncio e da América, no coração da extensão da Pequena África na Cidade Nova, revelavam sua dedicação por seu culto, uma nação que vai desaparecendo, levando seus sacerdotes a progressivamente atender negros de outras nações, por quem eram compreendidos como poderosos feiticeiros, e mesmo aos brancos, em busca de filtros amorosos ou outras soluções fulminantes para seus problemas, que para tal vencem seus temores e se aproximam da parte "mal-afamada" da cidade. João do Rio, em *As religiões no Rio*, se refere aos malês do princípio do século:

> Logo depois do *suma* ou batismo e da circuncisão ou *kola*, os *alufás* habilitam-se à leitura do Alcorão. A sua obrigação é do *kissium*, a prece. Rezam ao tomar banho, lavando a ponta dos dedos, os pés e o nariz, rezam de manhã, rezam ao pôr do sol. Eu os vi, retintos, com a cara reluzente

> entre as barbas brancas, fazendo o *aluma gariba,* quando o crescente lunar aparecia no céu. Para essas preces, vestem o *abadá,* uma túnica branca de mangas pendidas, enterram na cabeça um *filá* vermelho, donde pende uma faixa branca, e, à noite o *kissium* continua, sentados eles em pele de carneiro ou de tigre. [...] Essas criaturas contam à noite o rosário ou *tessubá,* têm o preceito de não comer carne de porco, escrevem orações numas tábuas, as *atô,* com tinta feita de arroz queimado, e jejuam como os judeus quarenta dias a fio, só tomando refeições de madrugada e ao pôr do sol. [...] Há em várias tribos vigários gerais ou *ladamos,* obedecendo ao *lemano,* o bispo, e a parte judiciária está a cargo dos *alikaly,* juízes, *sagabano,* imediatos dos juízes, e *assivajiú,* mestre de cerimônias. Para ser *alufá* é preciso grande estudo, e esses pretos que se fingem sérios, que se casam com gravidade, não deixam também de fazer *amuré* com três e quatro mulheres.

As informações que oferece João do Rio baseiam-se em relatos mais ou menos confiáveis de seus informantes, já que é provável que essa organização que descreve não chega a existir com toda essa complexidade no Rio de Janeiro. Um grande número de malês havia sido trazido pelo tráfico negreiro para Salvador, onde se formara à parte uma comunidade islâmica extremamente religiosa, independente e militante, adepta da poligamia masculina, as mulheres submetidas a um estrito código de pertencimento.

O conde Gobineau, companheiro de Pedro II em conversas intelectualizadas durante sua estada no Rio de Janeiro como embaixador da França, autor de teorias afirmando "cientificamente" a supremacia do homem branco que se popularizariam entre as elites, escreve sobre eles por volta de 1869:

A maioria desses minas, senão todos, são cristãos externamente e muçulmanos de fato: porém, como esta religião não seria tolerada no Brasil, eles a ocultaram e a sua maioria é batizada e trazem nomes tirados do calendário. Entretanto, malgrado esta aparência pude constatar que devem guardar bem fielmente e transmitir com grande zelo as opiniões trazidas da África, pois que estudam o árabe de modo bastante completo para compreender o Alcorão ao menos grosseiramente. Esse livro se vende no Rio nos livreiros ao preço de 15 a 25 cruzeiros, 36 a 40 francos. Os escravos, evidentemente muito pobres, mostram-se dispostos aos maiores sacrifícios para possuir esse volume. Contraem dívidas para esse fim e levam algumas vezes um ano para pagar o comerciante. O número de Alcorões vendidos anualmente eleva-se a mais ou menos uma centena de exemplares [...]. A existência de uma colônia muçulmana na América, creio, nunca foi observada até aqui, e [...] explica a atitude particularmente enérgica dos negros minas.[19]

No Rio de Janeiro, os muçulmanos negros, pela exiguidade de seu número, não perdurariam por muito tempo como um grupo separado, e alguns, apesar de sua rivalidade com os nagôs, iriam progressivamente deles se aproximando, enquanto outros se isolariam ou até voltariam para a África. Os iorubás, incorporando alguns elementos do islã, reservariam para os malês um lugar especial e fraterno em sua mitologia, os sacerdotes de Ifá os entronizando ao lado dos orixás brancos e particularmente como filhos de Oxalá. Da mesma forma, o islã acomodava os iorubás em sua visão cosmológica, evitando o confronto com o povo de orixá e incorporando elementos do seu panteão.[20]

Muitos anos depois daqueles primórdios, Dona Carmem ainda se benzia quando falava de Assumano Mina do Brasil, "da costa da África", que morava num sobrado na praça Onze, 191. Homem que trabalhava com os astros, era comum passar dias em jejum. Era conhecido dos baianos ligados ao terreiro de candomblé de João Alabá, e se frequentavam. Sua mulher, Gracinda, dona do bar Gruta Baiana, na rua Visconde do Rio Branco, vivia numa casa separada da sua, na antiga rua Júlio do Carmo, já que os preceitos impediam que Assumano tivesse mulher durante a maior parte dos dias. Conta-se que, certa vez, Gracinda, irritada, forçou sua companhia, e Assumano, em consequência, quase morreu.

Tia Dadá, Tia Inês, Tia Oni, Torquato Tererê e tantos outros, provavelmente pertencendo ou sendo ligados à comunidade islâmica carioca, eram consultados para os assuntos do amor e da morte, trabalhando, enfim, como empresários independentes. Atendiam a quem chegasse, substituíam a situação ritual pela consulta, oferecendo seus serviços mágicos aos impacientes e aos necessitados, aos que vinham em busca de remédio, dinheiro ou vingança — revelando a enorme crise mística que tomava a cidade naquele tempo de transformações, esperanças e miséria.

Da Pequena África no Rio de Janeiro surgiriam alternativas concretas no meio popular carioca de consciência de suas circunstâncias e solidariedade entre seus pares, de vida religiosa, de trabalho e vizinhança, de alguma segurança, de felicidade e expressão artística, quando a cultura do negro africano vindo da experiência da escravatura seria uma referência no seu encontro com o migrante nordestino de raízes indígenas e ibéricas e com o proletário e o pária europeu, com quem o negro partilha os azares de uma vida de sambista e trabalhador.

As características do desenvolvimento da cidade e de seus bairros populares e a sucessão das gerações em meio a um processo de massificação cultural imposto tornariam cada vez mais difícil o exclusivismo dos nagôs. Assim, incorporam-se progressivamente aos seus descendentes, sobretudo a partir de 1930, indivíduos de diversas procedências, tanto a partir da solidariedade despertada nas órbitas de vizinhança e trabalho, quanto a partir da complexidade de encontros e influências na vida da cidade. A indústria de diversões, que incorpora muitos desses indivíduos e redefine sua produção artística tornando-a rentável, cria uma série de possibilidades e também de impasses no meio negro, questões pessoais entre as grandes personalidades, artistas populares, lideranças, que teriam força desintegradora junto à baianada e seus aliados cariocas.

Entretanto, esse movimento também tem força democratizante — as separações forçam novas alianças, propiciam encontros da gente diversa que se identifica a partir de contextos comuns e situações compartilhadas, abrindo uma elite, inicialmente exclusivista, transformando seu aristocratismo em resistência comum para enfrentar a grande distância em que é mantido o povo pelas classes superiores e os sentimentos de inferioridade por elas impostos. A consistência das tradições e a força daquela geração permitiria que se mantivesse uma identidade negra atuante na forja do Rio de Janeiro moderno, na aparição de novas formas culturais populares que fascinariam toda a cidade e chamariam seus interesses para cena.

A velocidade das transformações e a chegada dos interesses de uma indústria cultural, criando conflitos no meio baiano, expõem a antiga unidade do grupo e interferem nas suas formas fundamentais de expressão. Se o candomblé baiano se mantém em algumas casas, e mais frequentemente de forma sincretizada nas macumbas que aparecem nos morros, e depois na umbanda da classe média, os ranchos desaparecem, renovando-se na forma moderna das escolas de samba. Os descendentes dos primeiros baianos, dispersos pela cidade, mantêm o justo orgulho de suas origens e de seus antepassados, vivos ainda hoje nas modernas instituições religiosas e carnavalescas da cidade, nas artes e no temperamento profundo do Rio de Janeiro, para quem são tradição e referência.

# 6.
# As transformações

> *Pelo lado de cá, sim, era preciso, de qualquer jeito, levantar uma barreira: sob o comando de Nero, no espaço de uma manhã, ergueu-se uma barricada formidável. (Para falar a verdade, a barricada da Pouca-Vergonha nunca chegou a ficar pronta: a cada hora alguém acrescentava, com permissão do seu comandante, um móvel velho, troncos de árvore, barricas e tonéis de querosene. O povo da nossa rua — com desonrosas exceções — perdeu-se de amores pela sua trincheira. Tratou-a como se fosse um rancho de Carnaval. Ângela, por exemplo, que nunca mais tivera notícia de Gonzalez, trazia flores diariamente e encarapitou, lá em cima, um São Sebastião de três palmos.)*
>
> Trecho do livro *Quatro dias de rebelião*, de Joel Rufino dos Santos

A aproximação dos cultos negros com o catolicismo se daria desde o início da escravatura, a partir de situações em que o africano, um ser extremamente religioso, necessitava participar da religião dos senhores, que, imposta, mas por vezes usada como uma máscara, permita-lhe ocultar seus próprios ritos. A continuidade dessa aproximação de início forçada do escravizado com o mundo dos brancos teria como resultado, entretanto, a associação de orixás com alguns dos santos católicos, levaria filhas de santo a irmandades de Nossa Senhora e transformaria as missas em preâmbulos das festas africanas.

Tal aproximação se inscreveria de forma complexa tanto nas religiões africanas atualizadas pela vida brasileira, como nas novas religiões negro-brasileiras, resultado do encontro do universo místico do negro seja com o dos brancos senhores e sua religião oficial, seja com a religiosidade de caboclos, de índios, ou mesmo com as crenças e rituais de outros brancos, encontrados nas situações de paridade social que ocorreriam depois da Abolição.

As transformações, as recriações, suas peculiaridades e mesmo lacunas vão marcar esse momento de fixação dos cultos negros no Brasil. Por exemplo, no culto ketu mais tradicional na Bahia é praticamente extinta a casa dos Eguns, voltada para a presentificação dos antepassados — só se tem notícia de uma dedicada a seu culto na ilha de Itaparica —, enquanto aqui tem continuidade e generaliza-se o culto dos orixás — entidades não antropomórficas representadas, digamos sumariamente, por elementos primordiais da vida associados a aspectos da natureza.

Contudo, mantêm-se os fundamentos dos cultos originais, sobretudo a dinâmica do transe e de sua socialização pela possessão das entidades comunais — que de resto é comum às demais religiões das diversas culturas africanas aqui aportadas —, o que nos permite pensar numa grande religião negro-brasileira com versões regionais, encimada pelo panteão dos orixás iorubás. Entretanto pode-se imaginar a perda de elementos culturais ocasionada pelo afastamento de suas comunidades próprias dos diversos africanos, provocando uma inevitável simplificação dos cultos na maioria dos terreiros, tendo sido reduzidos os rituais que, além disso, exigiam anteriormente um tempo longo de reclusão e sacrifícios pecuniários, fora das possibilidades dos fiéis.

Com o rompimento tanto das linhagens familiares como do culto de orixás ligados a regiões ou a cidades africanas, seus membros divididos ou mortos pela escravatura, a memória religiosa fragmenta-se, mas mantém-se fiel ao sentido fundador, a pluralidade cultural dos participantes alterando referências cosmogônicas e litúrgicas. Assim, de candomblé, seriam chamados em Salvador tanto os terreiros tradicionais ketu que perduram, como os dos bantos, nações que negociariam misticamente suas relações com os orixás iorubás.

Fora do universo das casas tradicionais, tanto em Salvador como no interior baiano, essas tradições seriam recriadas, retraduzidas, frente à realidade movediça do negro, principalmente depois da derrota das insurreições, quando as dificuldades ocasionadas pela repressão que se sucedeu passam a se constituir em forte motivo de desagregação entre os africanos. Assim inicia-se, à medida que se rompe cada pequena organização de nação, o processo de justaposição às matrizes ketu de entidades das diversas culturas africanas, e, no momento seguinte, de entidades nacionais, índias e caboclas, os encantados, bem como dos santos católicos. Dessa forma, procedimentos místicos de povos diversos convivem e em cada casa de culto se harmonizam de forma própria — embora a liderança do negro mantenha-se de forma nítida.

Assim, se algumas casas tradicionais mantinham o culto aos orixás de forma bastante aproximada da matriz africana, como é o caso das principais casas nagô-ketu, em paralelo a esses universos restritos, onde as referências locais africanas lutam para preservar-se, a grande maioria dos terreiros da capital baiana e do interior transformava-se a partir de novas lideranças formadas fora das nações, consequência exatamente do encontro dos nagôs com africanos vindos de outras partes do continente pelos azares do tráfico escravagista.

Nos candomblés de caboclo, como são chamados alguns, revelando a presença de influências autóctones, a figura do líder ganha grande importância, podendo-se dizer que os terreiros se tornam idiossincrásicos e a tradição se renova a partir da personalidade religiosa de seus chefes, que não só a interpretam como preenchem suas lacunas. Essas religiões foram gestadas por povos livres na África, regendo suas vidas através de mitos que definem sazonalmente o fluxo da sociedade e medeiam suas práticas, situação que se transtorna radicalmente ao tornarem-se os africanos uma casta de escravizados no Novo Mundo.

Os novos cultos no Brasil ganham um cunho mais assistencial e imediatista em meio a tradições que continuam em processo de perpétua transformação, atendendo às necessidades do negro escravizado, que mesmo depois de libertado não é legitimado culturalmente na sociedade brasileira, como continua ocorrendo no contexto do Rio de Janeiro com a macumba carioca.

Nas próprias casas tradicionais, como no Ilê Iyá Nassô, e nas casas de candomblé baiano instaladas no Rio, geralmente em correspondência direta com um terreiro de Salvador, como no culto fundado no Rio por mãe Aninha vinculado ao Axé Opô Afonjá, estavam presentes objetos de culto cristão, como já eram associadas cerimônias católicas e o próprio espaço da igreja à sequência regular dos ritos da religião negra. No barracão central, o altar era composto com santos católicos destacados pelos panos brancos e pela ornamentação de flores de papel colorido.

Testemunha Roger Bastide anos mais tarde:

> Pode-se perguntar qual a função do altar católico na festa. À primeira vista parece que ele não desempenha função alguma; em todas as cerimônias a que assisti não o vi ser utilizado nem no princípio, nem no meio, nem no fim. E mesmo quando há muita gente, os espectadores, os ogãs, as filhas de santo em descanso escondem-no com os seus corpos.[1]

Bastide ressalva, entretanto, que a ordem das imagens e os demais elementos no altar variavam de acordo com o calendário místico, o que revela sua funcionalidade no culto do candomblé. Também são paramentados os altares em muitas casas de santo para as festas de Maria ou de santo Antônio do calendário católico, quando no terreiro são cantadas sentidas ladainhas.

A presença da gente do candomblé nas igrejas — a missa precedendo as principais festas dos orixás — já era uma tradição dos baianos e se mantém ainda hoje no Rio de Janeiro, mesmo com a oposição de alguns párocos preocupados com a africanização da cerimônia cristã tomada pelas tias negras com seus trajes africanos. A missa era preâmbulo da festa no barracão, memória do tempo em que a presença do negro na igreja justificava as suas festas religiosas separadas, vistas pelos senhores como uma mera repercussão "primitiva" da celebração católica.

Esse sentido de máscara já havia sido substituído no grupo baiano no Rio de Janeiro por uma compreensão diversa da missa, quando o ritual católico era encarado com espírito devocional, integrado como um momento complementar e propiciatório à celebração do orixá homenageado. Uma cerimônia de abertura, quando o negro acenava prudentemente para a sociedade maior visitando-a, antes de retornar a seu universo para reafirmar suas próprias tradições.

Dessa invasão do candomblé à religião católica fazem parte as festas de Salvador, como a lavagem de Nosso Senhor do Bonfim, que, também de origem portuguesa, é apropriada pelos negros e reinterpretada a partir de seus costumes de lavagem dos objetos sacrificiais com óleo de dendê, sangue e água consagrada. Na Bahia, nas sextas-feiras, dia de Oxalá, na igreja do Senhor do Bonfim, os candomblés saíam em procissões, as mulheres levando a água para a festa em jarras ornadas de flores, como já era de uso na época, lideradas pelos pais de santo, e caminhavam até as igrejas vinculadas a suas irmandades — essas já acumpliciadas com os negros a quem ofereciam alguma legalidade em suas manifestações públicas, mantidos certos limites. Do lado de fora, nas praças próximas ao templo cristão, aconteceriam as rodas musicais dos africanos.

Com os bantos, o processo ocorrera de forma diversa, uma vez que a Igreja tinha sido acionada na operação portuguesa em Angola, e muitos dos que para aqui foram trazidos escravizados já tinham tido contato com o catolicismo ainda em terra africana. Foram notáveis suas festas na corte, saídas das irmandades durante o ciclo do Natal, celebrando nas ruas motivos religiosos que se desdobravam em festas populares. Nesses grupos de festeiros negros, cucumbis, pastoris, revela-se a extrema sociabilidade dos bantos, a que se opõe a atitude mais reservada e eventualmente esotérica dos iorubás.

As novas religiões populares, que expressariam a voz do negro, seu lamento e sua revolta nas grandes metrópoles do Brasil republicano, teriam no candomblé baiano — o panteão de orixás presentificando a África — e nas entidades locais dos bantos, contando a história da escravatura no Brasil, suas principais referências. A desintegração na capital das antigas organizações de nação e a crescente chegada de outros trabalhadores, nacionais ou estrangeiros — formando uma nova clientela por quem a principal empresa religiosa nacional, a Igreja católica, mostraria um certo desinteresse —, transforma o mercado dos bens de salvação e de assistência espiritual na cidade, abrindo possibilidades para outros cultos, para outros messias.

Ainda no século XIX, a reinterpretação dos cultos e das festas da Igreja católica pelo catolicismo popular e pelas religiões negras seria progressivamente recebida com reservas pela Cúria. No entanto, a Igreja católica sempre pretendeu ser a grande religião brasileira, mantendo a presença que conquistara na Colônia através da política das "duas Igrejas", que criara espaço tanto para um cristianismo africanizado, separado, como para um catolicismo popular, sobretudo interiorano, sem padres, centrado no culto dos santos.

Mas começava a ganhar prestígio na Igreja a liderança de um espírito clericalista que defendia a uniformização das expressões do culto nos moldes romanos, o que criaria choques e mesmo proibições de costumes devocionais que já haviam se popularizado. Com a separação da Igreja do Estado, na República, é dado aos bispos pleno controle das questões religiosas, definindo-se uma nova postura eclesiástica que enfatizava a vida sacramental e a instrução religiosa. Os setores populares, com seu analfabetismo e suas crendices, eram por eles vistos como incapazes de perceber de forma profunda a fé cristã.

Os padres redentoristas, vindos em fins do século XIX para as novas missões, evitam as manifestações de caráter festivo e profano, dirigindo-se em suas pregações principalmente aos próprios padres. É criticada a participação dos sacerdotes católicos na vida política do país, como acontecera com frequência durante o Império. Muitas irmandades são suprimidas em virtude de seus hábitos de autonomia ou então são incentivadas a se laicizarem de todo, enquanto as que perduram são marginalizadas dos novos rumos da Igreja. Quando a volta dos jesuítas faz ressurgir as congregações marianas e as organizações de Filhas de Maria, essas então seriam vinculadas direto à autoridade eclesiástica. A romanização da Igreja brasileira é mais bem assimilada pelas elites, e força uma redefinição da participação popular, que se mantinha teimosamente apegada a suas antigas tradições.

A separação entre Igreja e Estado também permite, a partir da virada do século XIX para o XX, o ingresso no país de grupos protestantes, pequenas empresas de salvação que defendem o acesso dos fiéis ao texto bíblico, rompendo as tradições da hierarquia católica e mantendo um caráter leigo de participação em oposição ao clericalismo imposto pelos bispos. Se o povo estava acostumado a considerar-se católico, mesmo que de segunda classe, o protestantismo oferecia uma opção religiosa que teria grande ressonância no futuro entre as camadas populares em sua consonância com o sentido disciplinar exigido ao trabalhador. Seria possível mesmo antecipar o embate das seitas protestantes no futuro contra as religiões negras.

É nesse encontro entre negros baianos e cariocas, em que os orixás iorubás, mestres africanos, se associariam às entidades históricas dos bantos, que se fundam as novas religiões negras, e, particularmente no Rio de Janeiro, desse encontro surge a macumba carioca.

Nessa virada de século, momento de recriação dos cultos e da própria mística de negros caoticamente aproximados na capital, é crucial a figura carismática de Exu, orixá do candomblé baiano, ou dos Exus, protagonistas da macumba carioca. Personagem místico, discute questões cruciais como a palavra, o conhecimento, a comunicação e a própria ética social do negro na sociedade brasileira frente aos apelos da ordem e da insubmissão.

> Esse está só e de pé como filho de estrangeiro
> É justamente à entrada da cidade que se encontra o campo
> [em que ele cava
> Quando ele se irrita, atira uma pedra na floresta e essa começa
> [a sangrar
> Exu, enviado da morte sobre a cabeça dos homens
> Ele grita pra provocar agitação na casa
> Usa uma calça curta para se colocar como guarda à porta
> [de Deus
> Faz o torto ficar direito e o direito ficar torto
> É um homem pequenininho que volta com eles do mercado
> [noturno

Homem muito próximo, como as margens da estrada
Falam muito mal de mim
Faz com que não se compre e nem se venda nada no mercado
                                             [até o cair da noite
Agbe faz com que a filha do rei não cubra a nudez de seu
                                             [corpo
Patife que mostra seus testículos às crianças que mostram
                                             [seus testículos
Fiscal da estrada de ferro
Cobrador que toma o dinheiro à força
Provoca agitação sem perder o fôlego
A discussão gera a batalha
Iba Agbe Mejuba
Salve Exu! Exu! eu me prostro [2]

Exu, o mais jovem dos filhos incestuosos de Iemanjá no mito nagô, intermediário entre as divindades e os homens, o Mercúrio africano, homenageado antes de qualquer cerimônia — homenagem dúbia que no candomblé o alija das festas — auxiliar dos feiticeiros e dos mágicos, nas análises eruditas é comparado ao *trickster* anglo-saxão. Seria o patrono dessa transição que a cidade propõe aos últimos africanos e a sua numerosa descendência, como já começara a ser nas lutas ao lado de Ogum durante a escravatura. Se os terreiros tradicionais de candomblé são protegidos por Exus — um trancado, vigilante das entradas, e outro compadre, familiar —, sua incorporação nas iaôs é sempre assumida com reservas, com receio. Muitas filhas, quando ele é seu orixá de frente, lastimam sua sina, e a identificação com o demônio cristão, de alguma forma nelas introjetada pelo catolicismo oficial, lhes promete uma vida de turbulência.

Esse sincretismo com o diabo vem de sua invocação pelos escravizados na luta contra o sistema escravagista, fechando os caminhos dos capitães de mato com suas armas de fogo, envenenando-os quando insuportavelmente cruéis, com a conivência de Ossain, atemorizando à noite os portugueses. Seus significados de liberador expandem-se tanto para a luta política como para a sexualidade desenfreada, garantindo sua atualidade na sociedade moderna brasileira. Se Bastide afirma que "a luta racial só pode influenciar as linhas já traçadas pela tradição ancestral", acreditando na riqueza da cultura africana para expressar as formas modernas de viver e de sentir, as experiências do negro e de seus novos parceiros na sociedade brasileira moderna criam novas sínteses religiosas, aparentemente mais ajustadas à situação do negro que o fino cristal nagô. Assim é que novos cultos aparecem no Rio e em outras cidades, no interior, por toda parte, como uma linguagem mística do negro brasileiro, liberto mas não livre, aprisionado em sua subalternidade.

Os novos terreiros absorvem e unem em um discurso comum a influência do candomblé e as principais linhas bantos há muito presentes no Rio de Janeiro, em Minas Gerais e no Espírito Santo, como a cabula, que aparece mencionada em relatos desde o início do século XIX, e a omolocô, de origem banto. Neles se incorporam também elementos islâmicos, como as linhas de muçulmi da macumba carioca, e procedimentos de magia, tanto branca, com suas receitas protetoras e amuletos, como negra, das linhas quimbandeiras desreprimidas que tomam forma no culto de Exu. A presença da Igreja católica aparece não só nos santos e nos objetos de culto, como numa filosofia maniqueísta muitas vezes autodepreciativa, subestimadora, relativizada só pelos Exus, que na última das giras descem em grande número em seus cavalos e comandam a macumba.

As tradições são violentamente discutidas e recriadas, embora adotando princípios tradicionais dos cultos de origem africana, cada centro toma características extremamente particulares, variando conforme o peso dos elementos culturais presentes e em relação ao posicionamento de suas lideranças quanto ao próprio acordo social. Mais tarde, na macumba carioca, a diversidade de gradações político-rituais entre os terreiros iria desde a expressão extremada de uma subcultura nacional divergente do ocidente tropicalizado das elites até a retradução dos códigos dominantes numa religião da plebe, como futuramente seria a umbanda federada pela classe média.

Terreiros quimbandeiros nos topos das favelas nos anos 1970 — num brusco *flash-forward* — onde predominavam as linhas negras ligadas aos Exus e aos Pretos Velhos, no qual o ambiente recendia a pólvora, fumo e a cachaça. Nesses mesmos anos, despontam terreiros vinculados às lideranças brancas que comandam as federações umbandistas, kardecistas, com seus Exus "batizados", desafricanizando seus rituais na direção das giras de oriente musicalizadas pelo tema de *Ben-Hur*. Sociedades negras pluriculturais, em que os códigos ainda não se estabilizaram frente à turbulência das transformações expressando a multiplicidade de mentalidades e das circunstâncias culturais de grandes setores da vida carioca.

Durante a República Velha, o catolicismo popular que se fixara no culto aos santos abre uma porta para a identificação de numerosos brancos e mestiços que chegam do interior para a capital com os cultos negros, gente que se africaniza enquanto afirma, nos terreiros do morro e do subúrbio, seus caboclos encantados que se entronizam na macumba. Exu, ao contrário dos outros orixás do panteão nagô, que na macumba carioca descem só em dias ou ocasiões especiais e quase nunca falam, ganha representações ligadas a personagens históricos que sintetizam o percurso de muitos, marginais, malandros, rebeldes, que voltam ao mundo falando e agindo sem restrições, numa gira que ganha extrema popularidade entre os frequentadores.

Assim, a macumba/umbanda que se forma a partir da iniciativa de indivíduos da classe média — juntamente com as novas instituições populares festivas, os novos gêneros musicais, os novos interesses e paixões que se consagram na cidade entre gente tão diversa — revela essa necessidade de afinidade e encontro numa sociedade tão radicalmente heterogênea e hierarquizada que vem surgindo. Novas identidades intelectuais e afetivas expressas numa linguagem também inédita, mas que vem de longe, precisam dar conta de situações de identificação e de conflitos que caracterizam o convívio das novas classes urbanas do Rio de Janeiro.

Contendo tanto a simbologia dos Pretos Velhos, que negociam o percurso da senzala à casa-grande com o bom senso adquirido pela experiência de submissão e servilismo — o sofrimento aceito sem revolta porque o negro é o próprio Cristo em holocausto —, mas também tendo viva nos Exus a aventura palmarina e as revoltas malês, a macumba carioca passa do mesmo modo pelas casas dos baianos, embora as concepções de superioridade nagô tenham gerado, por um momento, uma quizila surda entre macumba e candomblé.

Embora não mais oficialmente como ocorria até o Império, o catolicismo permaneceria como a religião do Estado e das elites, enquanto as religiões negras teriam que lutar por sua legitimação e segurança achando aliados. Como aconteceu na Bahia com artistas e intelectuais que se aproximam devocionalmente dos antigos candomblés nagôs, legitimando-os em seus textos teóricos ou ficcionais dos anos seguintes. Como aconteceu na visita de mãe Aninha a Vargas. Ou como mais tarde aconteceria no Rio, quando as macumbas seriam dubiamente protegidas pelas federações umbandistas dominadas pela classe média. Mas, mesmo hoje, às vezes parece que nada ainda foi conquistado.

Nos locais de moradia e encontro dos novos grupos que se formam e a partir das lideranças que se firmam apoiadas pela autoridade no santo surgem alternativas lúdicas em formas renovadas de comunhão e participação popular, como nos afoxés, que nos dias interditados nos candomblés saem dos terreiros. E no jongo dos bantos do interior para o Rio de Janeiro, quando o canto e a dança têm sempre fundamento e os versos improvisados em charadas desafiam os que não conhecem as tradições.

Aniceto do Império fala com rigor e sedução com Ângela[3] que, durante uma entrevista lhe perguntara sobre o jongo:

> O jongo mata, jongo não é brincadeira, o jongo é das Almas e é importante que a senhorinha saiba que está conversando com uma pessoa do santo, eu sou do santo, aquilo ali é a casa das Almas e casa de Exu. É difícil eu me enganar, sabe, se eu lhe disser que sois linda é porque é, talvez não lhe diga que és linda porque é falta de princípio, mas também não lhe digo que és linda, fico na minha. Então o seu interesse de pesquisar é mais para ter patenteado, ter gravado como arquivo a declaração de a, b, ou c, mas não é maior no sentido da palavra. Mas como diz o baiano, "não é buruburu de ofidam" diz ele, burro, burra, burra. Estou lhe falando de cadeira, estou lhe autorizando, estou lhe dando outorga, me desminta, me chame de mentiroso se puder. O jongo é das Almas, o jongo deve ser iniciado à meia-noite, o jongo exige uma fogueira, nessa fogueira uma vasilha com algo dentro, deve ser acesa uma vela, ao lado dessa vela um copo d'água virgem, liso. O jongo deve ser dançado com a indumentária branca, na falta de branca, alva. Mas eu tenho medo, sem força de expressão, o jongo deve ser dançado descoberto, se é homem descoberto. São três atabaques em ordem crescente segundo o tamanho, candongueiro é pequeno e tem o som bem agudo, depois o angoma puíta, e depois desse o caxambu. Porque caxambu

não é dança, não é o ritual: o caxambu é um instrumento, e o ritual é o jongo. O jongo é pai de muitas outras músicas que existem por aí, o jongo é pai de tudo isso ou mãe. O jongo é muito respeitado, o jongo mata. O jongo carece até cabeças maduras pelo seguinte motivo: o jongo é deitado no metá-metá, o linguajar de caboclo, é eu falar consigo dirigindo-me a ele. E tem que saber desamarrar, desatar aquilo, entender que é consigo o que eu estou falando.[4]

Os significados de revolta que emergiam nas religiões populares eram a todo momento atualizados pelas condições de vida do negro carioca e dos demais moradores dos setores populares da cidade, pela intolerância como eram tratados pelas classes superiores e por suas instituições. As reformas urbanísticas de 1904 tinham deixado muitos sem teto. Nas casas do Centro e da Saúde que haviam escapado do traçado das obras, a gente se apertava nas noites quentes. O trabalho era bruto e mal pago, e os bandos de meninos soltos pela cidade nada prometiam às futuras gerações.

A subestimação da massa fez com que a urgente campanha da vacinação fosse implementada, ainda naquele ano, de forma excessivamente autoritária nos bairros pobres, já que a "gentalha" era considerada incapaz de compreender os benefícios da moderna ciência europeia. A insatisfação é catalisada pelo uniforme cáqui dos oficiais da Saúde Pública, que começavam a percorrer as ruas ao lado dos policiais. Oswaldo Cruz já fora vaiado na rua do Riachuelo pelos garotos dos cortiços, rápidos em transmitir o tema das conversas que ouviam nas rodas. Logo começam a ser despedaçados pelas pedras os lampiões da iluminação pública, e uma revolta popular desencadeia-se com enorme violência, sem que se possa detectar ao certo seu objetivo ou suas lideranças. Era o dia 12 de novembro de 1904, e a luta nas ruas do Centro do Rio duraria quatro dias.

Um grupo de políticos da oposição, com o apoio dos positivistas ligados ao meio operário e da liderança do movimento anarquista no Rio de Janeiro, estava no meio de uma veemente campanha contra a política governamental de deflação utilizada para equilibrar as finanças públicas, denunciando como lesivas ao país as obrigações com os banqueiros ingleses que haviam viabilizado a reforma da cidade. Entretanto, não se pode atribuir a estes políticos a responsabilidade pela extensão ou pela intensidade da revolta, de todo a eles alheia.

Sua forma espontânea de combustão espalha-se em vários pontos da cidade, entre os andaimes das obras da avenida Central, e nas ruas General Câmara, Harmonia, avenida Passos, Assembleia, Imperatriz, e muitas outras, onde se armam barricadas. A forma catártica que assume a revolta, investindo contra a ordem pública, não decorria de maquinações de suas lideranças em busca de alianças que lhes permitissem ameaçar o poder constituído. Sua origem deve ser buscada nas rodas das ruas, nas conversas nos bares e nos terreiros, que num momento haviam explodido em luta coletiva, desesperada e sem medida, de um povo achatado pela violência cotidiana.

Manduca e Pata Preta, capoeiristas e malandros da Saúde, são alguns dos nomes de revoltosos que ficam nos jornais, erguendo uma bandeira vermelha na barricada da rua da Harmonia, derrubando bondes no largo do Rossio, jogando rolhas que desestabilizam os cavalariços embalados, numa multiplicidade de iniciativas que não nos autoriza a ir mais longe além de perceber líderes de rua, de ponto, de bando, que, multiplicados, enfrentam a polícia municipal e depois o Corpo de Bombeiros e batalhões do Exército chamados às pressas. A luta sangrenta, não registrada nos livros de uma história voltada para o mito nacional da harmonia e da passividade popular frente aos governantes, termina em muitas mortes e prisões, como um episódio do processo de reestruturação da cidade, que se valeria tanto do tijolo como da pólvora para impor sua racionalidade civilizatória.

Em novembro de 1910, durante as festividades que marcam a subida à presidência de Hermes da Fonseca, estoura outra rebelião de caráter popular, desta vez, uma revolta na armada de guerra, quando os marinheiros, sob o comando do negro João Cândido, rebelam-se contra os castigos corporais impostos pela Marinha. E, tomando três cruzadores fundeados na baía de Guanabara, havia pouco comprados e trazidos da Inglaterra, voltam seus poderosos canhões sobre a capital federal, exigindo uma nova Abolição.

Oswald de Andrade, surpreendido pelos acontecimentos em meio a um namoro com uma atriz da Companhia Grasso, evocaria os acontecimentos num livro de memórias:

> No Rio de Janeiro assisti à primeira revolução política que o Brasil teve nesse século — a do marinheiro João Cândido. O marechal Hermes da Fonseca tinha assumido a presidência da República num ambiente de grande hostilidade. Era um joguete mais ou menos cretino nas mãos do caudilho sulista Pinheiro Machado. Foi quando se esboçou a luta civilista encabeçada pela figura de Rui Barbosa. Uma noite, tendo-me demorado numa pensão do Centro, em visita aos artistas de Giovanni Grasso, senti, à madrugada que começava, um movimento desusado na rua, onde passou a trote um piquete de cavalaria. A estranheza do fato cresceu quando ouvi falar a palavra revolução entre gente que juntava nas esquinas. Revolução? Coisa assombrosa para a sede de emoção e conhecimento de minha mocidade. Indaguei como se passava o caso e apontaram-me o mar. Apressei-me em alcançar o começo da avenida Central, hoje Rio Branco, no local onde se abre a praça Paris. Aproximei-me do cais, entre sinais verdes e vermelhos, escutei um

prolongado soluço de sereia. Aquele grito lúgubre no mar escuro me dava exata medida da subversão. Que seria?[5]

A mais aristocrática de nossas armas, a Marinha, na Primeira República recrutava seus oficiais entre os filhos da antiga nobreza do Império, da aristocracia rural e da nova burguesia urbana. Já a marujada, que sempre faltava tal era a má fama da vida de marinheiro, era arrebanhada à força para preencher as divisões, de forma autoritária, contrária às leis estabelecidas pela democracia brasileira, sendo aferrados os rapazes a engajamentos nunca menores do que dez anos. Marinheiros, principalmente negros e mestiços, eram os responsáveis pelas manobras braçais nos enormes navios importados pelas compras faraônicas da Marinha, autorizadas pelo Congresso de Rodrigues Alves, ou serviam como criados aos elegantes oficiais em sua elaborada rotina. Muitos dos engajados eram meninos de menos de quinze anos.

As grandes verbas obtidas pela Marinha — que, juntamente com três grandes couraçados, compra dos estaleiros ingleses outras 24 naves, sendo três submarinos — não repercutem nos salários dos marinheiros nem na melhoria de suas condições de trabalho. A realidade era a dureza e a rigidez da disciplina militar mantida por um regime penal apoiado em castigos corporais, um resíduo direto da escravatura, como afirmam os comunicados enviados pelos marinheiros à Presidência e ao Congresso ao longo dos acontecimentos.

Mais um bárbaro chicoteamento de um marinheiro faz surgir a revolta há muito armada nas conversas entre a marujada, e a luta se precipita com a visão insuportável do corpo do companheiro torturado. Alguns oficiais tentam enfrentar a marujada e são mortos. Os outros são feitos prisioneiros, confinados em seus aposentos. Para surpresa geral, uma vez aprisionados os comandantes e seus imediatos, os marinheiros organizados operam as grandes belonaves com eficiência e, no controle de couraçados com um poder de fogo bem superior aos dos fortes na baía de Guanabara, passam a controlar militarmente a capital da República.

Eram liderados pelo marinheiro de primeira classe João Cândido, negro gaúcho nascido em 1880, filho de tropeiro, engajado na Marinha, que estivera na Inglaterra em treinamento e fizera parte da tripulação que trouxera o couraçado *Minas Gerais* para águas brasileiras. Eles haviam aprendido a manobrá-lo.

No dia seguinte, depois de um breve bombardeio à cidade como prova de força, os marinheiros enviam um comunicado ao presidente da República exigindo o fim da chibata:

> Rio de Janeiro, 22 de novembro de 1910.
> Ilmo. e Exmo. Sr. Presidente da República Brasileira.
> Cumpre-nos, comunicar a V. Excia. como chefe da nação brasileira: nós, marinheiros, cidadãos brasileiros e republicanos, não podendo mais suportar a escravidão na Marinha brasileira, a falta de proteção que a pátria nos dá; e até então não nos chegou; rompemos o negro véu, que cobria aos olhos do patriótico e enganado povo.
> Achando-se todos os navios em nosso poder, tendo a seu bordo prisioneiros todos os oficiais, os quais têm sido os causadores da Marinha brasileira não ser grandiosa, porque durante vinte anos de República ainda não foi bastante para tratar-nos como cidadãos fardados em defesa da pátria, mandamos esta honrada mensagem para V. Exa. Faça aos marinheiros possuirmos de direitos sagrados que as leis da República nos facilitam, acabando com a desordem e nos dando outros gozos que venham engrandecer a Marinha brasileira; bem assim como: retirar os oficiais incompetentes e indignos de servir a nação brasileira. Reformar o

código imoral e vergonhoso que nos rege, a fim de que desapareça a chibata, o bolo, e outros castigos semelhantes; aumentar o nosso soldo pelos últimos planos do ilustre senador José Carlos de Carvalho, educar os marinheiros que não têm competência para vestir a orgulhosa farda, mandar pôr em vigor a tabela do serviço diário, que a acompanha.

Tem V. Exa. o prazo de doze horas, para mandar-nos a resposta satisfatória, sob pena de ver a pátria aniquilada. Bordo do Encouraçado *S. Paulo* em 22 de novembro de 1910. Nota: Não poderá ser interrompida a ida e volta do mensageiro.

(assinado) Marinheiro

A obra de Pereira Passos ficava à mercê dos negros em comando dos poderosíssimos canhões ingleses, contra os quais pouco poderiam fazer as baterias terrestres. Por uma vez o poder militar fica com os dominados, e esses exigem com enorme dignidade para devolvê-lo medidas até bem modestas e setorizadas. Uma revolução popular que vencera, controlando a sede do país. Os jornais comentam que "é bem doloroso para um país forte e altivo ter que sujeitar-se às imposições de setecentos ou oitocentos negros e mulatos que, senhores dos canhões, ameaçam a capital da República".[6] A perícia no manejo dos navios impede tentativas de comandos de oficiais ansiosos por vingança. À cidade, por vezes, os ventos trazem alguns compassos de maxixe tocado pela banda da marujada. Uma bandeira vermelha é posta no mastro.

Pinheiro Machado discursa no Congresso criticando os militares, acusando-os de terem aproveitado da República para elevar seus salários de oficiais, enquanto não era atendido o interesse dos praças, comparando-os ao sacrificado baixo escalão do funcionalismo público. Mas a todo momento vem à tona seu orgulho ferido, seu despeito pelos negros, escravizados submetidos que tinham se tornado senhores da situação, expressão do sentimento de todo o Congresso e das elites nacionais afrontadas pela inferiorização episódica frente aos marinheiros sublevados:

> Eu bem sei quão graves são eles, tratando-se de uma revolta, não capitaneada por nenhum chefe de responsabilidade, não dirigida por elementos que tenham um certo grau de cultura, suficiente para avaliarem os danos que podem causar, os males que podem resultar do bombardeio desta capital, que eles possam praticar todos os excessos, ceifando vidas preciosas, direi mais, ocasionando o êxodo de uma população em defesa da vida de mulheres e crianças inermes, que não têm como nós temos, o dever de repelir a agressão, se ela vier.

Por trás do chavão da "defesa da vida de mulheres e crianças inermes", se mostra a concepção das elites quanto ao negro: eterno subordinado, inferior, adversário sem altura, cuja humilhação parece fazer parte da própria afirmação da identidade do branco. Valendo-se de um telegrama forjado por um grupo de senadores anunciando a rendição dos marinheiros, garantindo a "honra" do Congresso, os revoltosos são formalmente atendidos e, vitoriosos, no mesmo dia começam a desembarcar dos couraçados, reintegrando-se formalmente ao serviço.

No curso dos meses seguintes, com as greves nas capitais comandadas por organizações operárias, sobem a temperatura política da cidade e as pressões para uma solução de força. Quando o governo decreta o estado de sítio e intensifica medidas repressivas, os marinheiros envolvidos com a revolta começam a ser presos e conduzidos ao Batalhão Naval, onde muitos são mortos de forma bárbara. Os sobreviventes são conduzidos ao navio *Satélite*, onde é reunida sob a guarda militar uma estranha população de quatrocentos prisioneiros enviada sem julgamento para trabalhos forçados na Amazônia: os marinheiros eram a maioria, além de mendigos e prostitutas recolhidos pela Divisão de Costumes, motorneiros de bondes e líderes de outras categorias presos durante as últimas lutas políticas. Fuzilamentos e tortura fazem parte do relato da viagem tenebrosa. Poucos chegariam aos tribunais para ser condenados a largas penas. A história da Revolta da Chibata, como fica conhecida, logo é esquecida entre as novas manchetes dos jornais, omitida pela Marinha brasileira.

Rui Barbosa, como que incorporado, fala no Congresso:

> Dentro de mim, neste momento, sinto eu inteira a alma de minha terra; a voz que me vai dos lábios agora, é a voz do povo brasileiro. Não sou eu, é ele que declara hoje ao marechal-presidente que, se ele arrebatou ao banco dos réus esses criminosos, assentou nesse banco o seu governo. No Brasil não se organiza exército contra o estrangeiro; desenvolvem-se as instituições militares contra a ordem civil. [...] Que vale hoje neste país, diante de qualquer impulso de um tenente, a vida de um de nós? A presidência atual quis e fez anistia, rufando tambores aqui dentro, pela boca dos seus amigos, em como a executaria lealmente. E que resta da anistia? Os cadáveres da ilha das Cobras, os cadáveres do Satélite e os cadáveres de Santo Antônio do Madeira.[7]

João Cândido, preso e torturado, não seria abandonado por sua gente. Sua irmã morava na Saúde. Era comum a presença de marinheiros na zona portuária, muitos quando desengajavam tornavam-se estivadores. O líder dos marinheiros seria mantido preso sem julgamento por dezoito meses, quando a Irmandade da Igreja Nossa Senhora do Rosário, uma das mais antigas confrarias negras da cidade, faz contato com três advogados para sua defesa, Evaristo de Morais, Jerônimo de Carvalho e Caio Monteiro de Barros, que aceitam a causa abrindo mão de honorários. Seu nome passa a ser uma legenda não só na zona portuária como em toda a Pequena África, já que havia muito as coisas do cais estavam ligadas à vida da baianada. Depois de liberto, a Irmandade ainda o auxiliaria, arrasado pelos maus-tratos, o que não impediria que sua vida se estendesse até 1969, quando já chegava aos noventa anos.

*Há muito tempo, nas águas da Guanabara*
*O Dragão do Mar reapareceu*
*Na figura de um bravo marinheiro*
*A quem a história não esqueceu.*
*Conhecido como Almirante Negro*
*Tinha a dignidade de um mestre-sala*
*Ao acenar pelo mar*
*Na alegria das regatas*
*Foi saudado no porto*
*Pelas mocinhas francesas*
*Jovens polacas e por batalhões de mulatas*

*Rubras cascatas*
*Jorravam das costas dos negros*
*Entre cantos e chibatas*
*Inundando o coração*
*Do pessoal do porão,*
*Que a exemplo do marinheiro*
*Gritava então:*

*Glória aos piratas*
*Às mulatas*
*Às baleias*

*Glória à farofa*
*À cachaça*
*Às sereias*

*Glória, a todas as lutas inglórias*
*Que através de nossa história*
*Não esquecemos jamais*

*Salve o Almirante Negro*
*Que tem por monumento*
*As pedras pisadas do cais*

*Mas salve o Almirante Negro*
*Que tem por monumento*
*As pedras pisadas do cais*

*Mas faz muito tempo...*

"O mestre-sala dos mares", letra de Aldir Blanc censurada, música de João Bosco.

## 7.
# O samba e a polêmica do "Pelo telefone"

> [...] *ao delegado do distrito, ordenando-lhe auto de apreensão de todos os objetos de jogatina. Antes, porém, de se lhe oficiar, comunique-se-lhe minha recomendação pelo telefone oficial. Recomende-se, outrossim, ao mesmo delegado que intime os diretores de clubes existentes na avenida Rio Branco e a sua proximidade a se mudarem para outros locais, com prévia ciência dentro do prazo de trinta dias, sob pena de serem cassadas as respectivas licenças.*
>
> Ofício do chefe de polícia do Distrito Federal, Aurelino Leal, em 20 de outubro de 1916

O samba, associado às religiões negras, perseguido pela polícia no Rio de Janeiro como diversão de vagabundo — conta João da Baiana. Na verdade, havia muitas coisas cantadas pelos negros na cidade a que se denominava samba, uma nova palavra de sabor africano que se espalhava como um incêndio da Saúde à Cidade Nova, nas favelas e nos subúrbios. No entanto, ao contrário da capoeira, cujo local de origem é polêmico, sabe-se que o termo "samba" surgiu na Bahia, de origem banto. Donga é incisivo:

> O samba não surgiu comigo. Ele já existia na Bahia, muito tempo antes de eu nascer, mas foi aqui no Rio que se estilizou [...]. Quando eu nasci, em 5 de abril de 1891, na rua Teodoro da Silva, minha mãe, Amélia dos Santos, natural

da Bahia, já era conhecida como uma das pessoas que haviam introduzido o samba no Rio.[1]

O samba baiano, sem registros, era música cantada e dançada nas rodas, às vezes antes, às vezes depois da capoeira, e ao som de sua orquestra — pandeiro, atabaque e berimbau. Uma forma musical anterior ao samba havia nascido nos batuques que antecederam a capoeira, o lundu, como diz Mário de Andrade, "a primeira dessas coisas de negros, [...] a primeira forma musical afronegra que se dissemina por todas as classes brasileiras e se torna música nacional".[2] Também uma música cantada e dançada crioula, cultivada tanto pelos negros como pelos outros, que, como a modinha, teria sua fase.

Também o maxixe, esse que surge já na Cidade Nova no início do século XX, como uma maneira diferente de dançar o lundu, teria sido outro degrau entre as músicas de origem afro-brasileira que se popularizam por toda a cidade, pelo país, consideradas já como gêneros de uma música popular brasileira. Se o lundu é uma forma cantada acompanhada por percussão de tambores e palmas, em que um casal de cada vez, separados, dança no meio da roda, unindo-se apenas na umbigada, no maxixe — inicialmente uma forma musical exclusivamente instrumental, antes de as canções ganharem letras — diversos pares enlaçados dançam ao mesmo tempo, adotando uma forma moderna e internacional, como na valsa e na polca.

O "samba baiano" tem sua continuidade no "samba tocado pelos baianos no Rio", não mais o mesmo, já modificado pelos anos transcorridos e pelas sugestões musicais que propunha a capital, mas certamente um desdobramento da experiência musical baiana. O samba no Rio de Janeiro não nasce no morro, ele vai para o morro. Nei Lopes refere-se ao percurso partindo do samba baiano, à base de solo e coro, confluindo para o que chamaremos de samba da "Pequena África da Praça Onze", onde o núcleo irradiador foram as festas da comunidade baiana; depois ainda, o samba amaxixado da "Pequena África", dando origem ao samba de morro; e, finalmente, esse samba de morro se dicotomizando em samba urbano (a partir do samba do Estácio), próprio para ser dançado e cantado em cortejo e em partido-alto, próprio para ser cantado e dançado em roda.[3]

Assim, no mesmo momento em que o maxixe disseminado na Cidade Nova começava a ser tocado de forma ampla pelo Rio, e que diversas formas musicais que se denominavam de samba, certamente com características musicais e poéticas comuns, começavam a ser tocadas nos bairros populosos ainda influenciadas pelo maxixe, defrontando-se nos bares e nos cantos de rua e todos os anos na festa da Penha — podemos imaginar os baianos reunidos na casa de Ciata, cultivando variações de seu samba, entre elas a do samba de partido-alto.

Marinho da Costa Jumbeba, o Zinho, neto de Ciata, nascido em 1888, estivador e mestre-sala dos ranchos da família, testemunha: "o partido-alto na casa de minha avó era uma coisa linda. Era tocado por pandeiro, cavaquinho, violão, flauta, clarinete, conforme os instrumentos que tinha, tocados por Pixinguinha, João da Baiana, Donga, Alfredinho e outros mais". De início música apenas instrumental, o partido torna-se um samba cantado em forma de desafio, com versos improvisados a partir de um refrão. "É, sobretudo, o samba da elite dos sambistas, bem-humorado, encantador e espontâneo."[4] Lopes esclarece a denominação de partido-alto: partido é dicionarizado como uma união de homens que dividem as mesmas ideias, ou seja, uma união que se presume ser alta, de alto nível, de uma elite.

Conta João da Baiana:

Tinha os sambas corridos, aqueles que nós cantávamos. E havia também o samba de partido-alto que eu e o Donga sambávamos. No partido-alto cantava-se em dupla, trio ou quarteto, nós tirávamos um verso e o pessoal cantava um de cada vez. No samba corrido todos faziam coro. O samba duro já era batucada. A batucada era capoeiragem.[5]

Candomblé, batucada, macumba, e aí compor um samba: todo um percurso. A forma cultivada pelos baianos, que eles tocariam na festa da Penha influenciando e deixando-se influenciar — apesar de seu apego às origens —, era uma forma pré-industrial, pois não bastava aos participantes dançar ou acompanhar o cantor, era necessário que fossem eles também donos desse saber, capacitados a improvisar respostas, partindo do tema poético-musical proposto. Aquele samba que se faz, se toca e se dança nas casas das tias baianas, o samba liso cantado e dançado na roda, já que samba duro é só para os homens e no terreiro. Ciata faz o miudinho na roda, passos que ela tinha aprendido menina na Bahia, o gracioso arrastar dos pés. Festa de preto, festa das baianas. Na casa de Ciata, surge a primeira geração dos filhos dos baianos que se tornariam músicos profissionais, como Pixinguinha, Donga e João da Baiana. Os três meninos geniais: na percussão João da Baiana, o samba era com ele, nas cordas Donga, e o sopro de Pixinguinha.

Nos pagodes da comunidade baiana, na sala era tocado o choro, à base de flauta, cavaquinho e violão, no quintal o samba, batido na palma da mão, no prato e faca e no pandeiro. Pixinguinha, filho de pai carioca, carteiro e flautista, como era de praxe, e de mãe baiana, revela: "O choro tinha mais prestígio naquele tempo. O samba, você sabe, era mais cantado nos terreiros, pelas pessoas muito humildes. Se havia uma festa, o choro era tocado na sala de visitas, e o samba, só no quintal, para os empregados".[6] Mas progressivamente os chorões começam a também tocar o samba, que vai ganhando insuspeitado prestígio.

Só bem depois, na virada dos anos 1930, viria o samba do Estácio, seus contornos finais esboçando o samba moderno, com segunda parte de consumo de massa. Da praça Onze amaxixada para o samba batucado e marchado no Estácio, rumando para a Mangueira, para o Salgueiro e para Oswaldo Cruz, berço da Portela — redutos musicais nos bairros miseráveis da cidade e nas favelas, a partir dos quais popularizam-se o samba e as escolas de samba. Do ambiente familiar dos baianos na Cidade Nova para a área próxima do baixo meretrício entre o largo do Estácio e a subida do morro de São Carlos, assim como onde nasce o jazz em New Orleans. Mas, ainda no início da segunda década do século, o samba entre os baianos era alguma coisa única, diferente, tocado só para os seus, distante dos muitos ouvidos musicais da cidade, a não ser na festa da Penha. O que faria a diferença seria o "Pelo telefone".

Em 1913, em meio a um período de intensa turbulência política, marcada por greves operárias, crises militares e pela eterna discussão sobre a questão sucessória da presidência, Irineu Marinho, diretor do semanário *A Noite*, desencadeia uma inflamada campanha. Ele condenava o jogo que se popularizara no Rio de Janeiro, em clubes que abriam na ex-avenida Central, já com nome de avenida Rio Branco, e nas suas cercanias, acobertando verdadeiros cassinos, sob os sugestivos nomes de Cercles des Armes, Internacional, Aliados, Clubes dos Políticos, Congresso dos Lords, Épatant, Palace Club etc. Ou, em sua forma mais popular, o jogo de pinguelim, uma espécie de roleta de pobre, que se disseminava pela cidade, bancada por falsos vendedores de "casquinhas açucaradas". O principal acusado pelo jornal era o então chefe de polícia Belisário Távora, responsabilizado por mais esse tradicional conchavo realizado entre aproveitadores e a polícia carioca, tachado de "incompetente" e "conivente" pelos inflamados artigos escritos no tom moralista tão ao gosto de nossos jornalistas e políticos, encimados por títulos como "O cancro da jogatina" ou "Escândalos do jogo".

Embora a campanha provocasse certas medidas por parte das autoridades para não dar na vista, alguns dos cassinos que funcionavam seguramente pagando uma taxa aos policiais tinham sido fechados, Irineu Marinho não esmorece. Com o espírito irreverente que sempre manteve na imprensa carioca, um grupo de jornalistas de *A Noite*, dos quais ficaram os nomes de Eustáquio Alves Castelar de Carvalho e do escritor e letrista Orestes Barbosa, instalam no dia 3 de maio daquele ano uma roleta de papelão em pleno dia no largo da Carioca, fazendo-se passar por banqueiro e jogadores, afixando o cartaz com os seguintes dizeres: "Jogo franco — Roleta com 32 números — Só ganha freguês". Conta Jota Efegê:

> Como seria de esperar, antes mesmo que o senhor Belisário Távora tomasse as providências cabíveis, o guarda civil nº 579 brandindo o cassetete desmantelou a roleta. Ação repressiva imediatamente completada com o aparecimento do comissário Ribeiro Sá, do 3º distrito policial, que, seguido de alguns cavalarianos, pôs o povo em fuga.[7]

A matéria sairia no dia seguinte com uma foto de populares em torno da roleta com o título e subtítulo na primeira página: "O jogo é franco — uma roleta em pleno largo da Carioca".

Assim é que, de mais uma dessas comédias cariocas envolvendo populares, jornalistas, contraventores e policiais, sairia o tema do que é considerado o primeiro samba moderno, revelador dos novos caminhos por que passaria a música trazida pelos baianos, até então desapercebida. Donga, seu "autor", pivô de uma interminável polêmica, se referia ao fato numa entrevista ao Museu da Imagem e do Som: "O episódio foi muito comentado.

Isso dá samba, pensei eu. Escolhido um motivo melódico folclórico dos muitos existentes, dei-lhe um desenvolvimento adequado e pedi ao repórter Mauro da Almeida que fizesse a letra".[8] De acordo, entretanto, com grande parte dos cronistas musicais e pesquisadores, entre os quais o considerado Almirante, o tema em voga teria sido desenvolvido, como tantos outros, na casa de Tia Ciata, numa das frequentes rodas de samba que do nada começavam depois do culto ou mesmo do trabalho cotidiano. Presentes, além da dona da casa, seu genro Germano, o xará Hilário Jovino, e muitos outros.

Em sua versão inicial como samba de partido, e portanto aberto às improvisações — o tema vinha de uma música sertaneja então em voga na cidade, exemplo da disponibilidade dos baianos para as novidades —, foi cantado por muito tempo "solto como um pássaro" nos pagodes, e mantida sua atualidade pela crônica questão do jogo na cidade, já com o novo chefe de polícia Aurelino Leal. Donga lhe teria dado um desenvolvimento definitivo com uma letra que seria provavelmente apenas ajustada pelo jornalista carnavalesco Mauro de Almeida. Ainda de acordo com Almirante, o samba já em sua versão celebrizada, intitulada "Pelo telefone", foi tocado pela primeira vez em público no Cinema Teatro Velo, à rua Haddock Lobo, na Tijuca.

Em novembro, Donga registra a partitura do samba "de sua autoria" na Biblioteca Nacional sob o número 3295, não menciona parceiros, e, em dezembro, ela é impressa pelo Instituto de Artes Gráficas. Sua primeira gravação sairia pela Casa Edison na chapa 121 312, Odeon, com a Banda Odeon, e logo depois com Baiano e coro, chapa 121 322, visando o Carnaval que se aproxima. A modernidade de Donga, demiurgo que torna a improvisação sobre um partido na roda de samba na casa de Ciata numa "música", que seria transcrita numa partitura musical e com sua letra impressa registrada na Biblioteca Nacional, música que então seria ensaiada por um conjunto musical e logo gravada num disco. O que era fruído — criado, cantado e dançado — por uma pequena comunidade, torna-se uma canção popular no sentido moderno, com autor, gravadora e intérprete, imediatamente tornada disponível para a diversão de um amplo público de consumidores. De supetão os baianos chegavam à modernidade carioca.

Fica patente o faro de Donga, que, vivendo em dois mundos, revela como percebia, junto com alguns íntimos, as possibilidades em jogo, como fizera o genial Hilário Jovino em seu tempo:

> Eu e o Germano..., e bem assim o não menos saudoso Didi da Gracinha, sempre procurávamos o falecido Hilário Jovino e nos aconselhávamos entre nós dentro do nosso repertório folclórico escolher aí qual o melhor para ser introduzido na sociedade, logo que se oferecesse a oportunidade, o que se deu em 1916, quando começamos a apertar o cerco... porque a hora era aquela.[9]

Em 8 de janeiro 1917, numa nota no *Jornal do Brasil*, Vagalume narra os acontecimentos nessa vanguarda cultural carioca:

> Descíamos a rua do Ouvidor, em demanda da avenida Rio Branco, quando nos encontramos com o companheiro Mauro de Almeida, o conhecido carnavalesco Peru dos Pés Frios, companheiro inseparável de Morcego. O compadre Mauro é como os bondes da Light, anda sempre apressado, a distribuir pilhérias, a contar casos espirituosos dos nossos carnavalescos. Entende bem do riscado porque é um excelente e competente cronista carnavalesco e escritor teatral. O compadre Mauro vinha de braço com o sr. Ernesto dos Santos, Donga, e, nos apresentando, disse:
> — Aqui tem o Donga, é nosso irmão, é do cordão, é igual, tem direito a continência com marcha batida.

— Que deseja o sr. Donga?
— Apenas uma notícia de que acabo de compor um tango-samba carnavalesco "Pelo telefone", com letra de Mauro.

"Pelo telefone" não seria o primeiro samba a ser gravado, afirmam alguns conhecedores, antecedido por outros, como o partido-alto de Alfredo Carlos Brício "Em casa de baiana", gravado em 1913, ou por "A viola está magoada", cantado por Baiano em disco de 1914, e provavelmente por outros. Que disputem os especialistas. Seria, isso sim, o primeiro a fazer grande sucesso. A música lançada por Donga é divulgada inicialmente pelas bandas militares, como era costume na fase que antecedia o Carnaval, que passariam a incluí-la nas suas retretas de domingo a partir do sucesso que faz na Quinta da Boa Vista, apresentada pela fanfarra do Regimento de Cavalaria da Brigada Policial, regida por José Nunes da Silva Sobrinho. Dos coretos da Quinta, da praça Saenz Peña, do jardim da Glória, do Pavilhão Mourisco, o samba se popularizaria por toda a cidade, distribuída sua letra criticando a polícia, tomando as bandas de confete e os bailes para se tornar o grande sucesso do Carnaval. Nos papéis passados de mão em mão por meninos, lia-se a letra:

*O chefe da polícia*
*Pelo telefone*
*Mandou avisar*
*Que na Carioca*
*Tem uma roleta*
*Para se jogar...*

*Ai, ai, ai,*
*O chefe gosta da roleta*
*Ó maninha,*
*Ai, ai, ai,*

Se a toada gravada por Baiano era uma novidade na época — suas versões modernas, tanto a de Martinho da Vila que faz o samba dos baianos passar pela rítmica do Estácio, quanto a pop music em que o samba é citado por Gilberto Gil, são espetaculares —, a letra era muito ousada ao expor a cumplicidade da polícia carioca com os cassinos proibidos nos clubes chiques, ridicularizando o chefe de polícia, que só aparentemente é protegido pela sua transformação na letra em "chefe da folia" — provavelmente uma das intervenções do jornalista Mauro de Almeida —, uma vez que todos os fatos eram de conhecimento público e a substituição de "polícia" por "folia" torna-se o próprio coração da piada.

O samba "Pelo telefone" teria o carisma de coisa nova, criado numa roda de partideiros baianos sem preocupações autorais, recriado por um compositor e um letrista a partir de elementos de diversas origens presentes na cena musical carioca mais ampla, e por fim inserido como produto no mercado aberto pela indústria de diversões. Vinculado a mundos diversos, à casa de Tia Ciata e à Casa Edison, às rodas de partideiros e ao departamento de registro de partituras da Biblioteca Nacional. Mundos contíguos na mesma cidade, quase que totalmente separados, só transpassados em seus limites naqueles tempos por santos e heróis.

Além de elementos de partido-alto, "Pelo telefone" incorporava o refrão de uma canção folclórica nordestina, gênero que entrara em grande moda a partir do grupo Caxangá, recriando no Rio de Janeiro canções interioranas que passaram a ser valorizadas na grande discussão nacionalista que invade a cena carioca. A canção "Rolinha" fazia parte da burleta — comédia musical — teatral de ambientação sertaneja intitulada *O marroeiro*, escrita por dois líderes desse movimento, Catulo da Paixão Cearense e Inácio Raposo, e musicada pelo maestro negro Paulino do Sacramento. Burleta que fora apresentada com sucesso em março daquele mesmo ano de 1916 talento, e para uma multiplicidade de oportunistas e escroques vindos de todas as partes explicariam essas atitudes e procedimentos no vale-tudo pela vida. Como já anteriormente teria acontecido com João Pernambuco, omitido por Catulo na autoria de várias músicas que haviam se popularizado, e como voltaria a acontecer tantas vezes na história do samba carioca.

No início de fevereiro de 1917, Paschoal Segreto, o homem que virtualmente inventa a indústria cultural no Rio, lança no teatro São José da praça Tiradentes a "revista de uso e costumes" intitulada *Três pancadas*, outra parceria da dupla de sucesso do momento, Carlos Bittencourt e Luís Peixoto. Dentro do gênero, a revista inspirava-se nos acontecimentos do momento para elaborar maliciosos e críticos comentários dramático-musicais. Suas músicas eram escritas pelo regente da orquestra ou apareciam sob a rubrica de "música de diversos autores", recurso também corrente no meio, que permitia que se aproveitassem os sucessos do momento ou incluíssem lançamentos para o Carnaval.

O espertíssimo Paschoal não deixaria de fora o samba "Pelo telefone", escolhendo a dedo uma de suas vedetes, Júlia Martins, a deliciosa Julinha, para interpretá-lo. Claro que ela, maxixeira de sucesso, canta a letra com "chefe de polícia" no dia de lançamento da revista, incorrendo na ira do censor designado, um suplente de delegado que sai do seu camarote aos gritos, dirigindo-se aos bastidores, exigindo o corte dos versos. O literato Bastos Tigre, presente, que na época assinava como Cyrano & C. uma coluna no *Correio da Manhã*, registra o caso.

O sucesso do "Pelo telefone" provocaria várias paródias do samba, algumas mantendo o sentido crítico original da composição, como a que também é endereçada à polícia em sua campanha contra o meretrício, também tradicional fonte de lucros extras, publicada no *Jornal do Brasil* no dia 17 daquele mesmo fevereiro:

*O chefe da polícia
Com toda carícia
Mandou-me avisar
Que de rendez-vuzes
Todos façam cruzes
Pelo Carnaval.*

*A Noite*, não querendo ficar atrás, também publica uma paródia relativa à polícia:

*O chefe dos sherloques
Por meio do cabo
Manda avisá
Que vai de reboque
Já, senão acabo
De o desencaminhá.*

*Pode vir menino
Que uns véio amigo
Cá tu acharás
Temos Airelino
O bicho pelo antigo
E "Muchas cosas más".*

O fim da Primeira Guerra Mundial no mesmo ano provocaria outra:

*O general Foch
Pelo telefone
Mandou avisar
Que os chefes dos boches
Foram capitular*

> *Ai, ai, ai,*
> *Ladrão Kaiser*
> *Para onde é que vais?*
> *Ai, ai, ai,*
> *Que assim foges*
> *Dos teus generais...*

A nascente publicidade também se vale do sucesso:

> *O chefe da folia*
> *Pelo telefone*
> *Manda dizer,*
> *Que há em toda a parte*
> *Cerveja Fidalga*
> *Pra gente beber*
>
> *Quem beber Fidalga*
> *Tem alma sadia*
> *Coração jovial,*
> *Fidalga é a cerveja,*
> *Que a gente deseja,*
> *Pelo Carnaval*

A polêmica revela as regras que a cidade passa a impor, à medida que progressivamente se interessa e passa a consumir a produção cultural de suas camadas populares cada vez mais integradas ao complexo universo musical da capital. Divertimento e expressão desses grupos desprivilegiados que se juntam, nas mesmas rodas ou separados por palco e plateia, com indivíduos de outras origens culturais, e sobretudo com músicos profissionais atualizados com o que se produzia na Europa e nos Estados Unidos.

No negro é reconhecida sua musicalidade, seu corpo visto como propício não só para o trabalho mas para os prazeres sensuais ocultos e para o entretenimento ostensivo das novas classes urbanas, na cama, nas casas noturnas, e depois nos campos de futebol — abrindo-se para ele possibilidades irrecusáveis de sucesso e dinheiro. Se essa cultura popular é então redefinida pela nova situação, até se constituir no que é aceito orgulhosamente por todos como uma cultura nacional, a presença do negro na capital da República, a partir daí, sairia do âmbito dos seus iguais para marcar, de forma ampla e complexa, toda a vida nacional.

Um samba, associado às religiões negras e dividido por diversas métricas rítmicas rivais, perseguido pela polícia como diversão de vagabundo, é legitimado inicialmente pela afirmação carnavalesca do polêmico "Pelo telefone". Nunca retido por só uma acepção, ganharia suas formas clássicas através de compositores e intérpretes que seriam considerados consensualmente como gênios da raça, a brasileira, sendo paradoxalmente consagrado, a partir do seu sucesso expandido pelo rádio nos anos 1930, como expressão máxima de uma música popular nacional. Tudo isso ocorre através de uma ambígua tradição de contatos e acertos, nem sempre amenos, mantidos entre os diversos grupos sociais em seu convívio no país, quando, mais uma vez, um objetivo comum alcançado encerra uma multiplicidade de interesses, por vezes contraditórios, dos seus diversos parceiros.

O samba é parte crucial no processo de formação de uma identidade carioca forjada entre o fim do século XIX e as primeiras décadas do seguinte, tornada modelar nacionalmente através do processo escorregadio de construção de uma identidade nacional na República Velha. Um processo de nacionalização que, de certa forma, começa com o sucesso do "Pelo telefone", em 1917.

# 8.
# As baianas na festa da Penha

> *Saía eu, onte, de tardinha, do chatô para ir no choro do Madruga, no Agrião, quando risca na minha um cujo, meio sarará e que eu me recordei de haver estragado num dia de festa no arraial da Penha por motivo da Ermelinda que então vivia comigo.*
>
> Transcrito por Luiz Edmundo em seu livro *O Rio de Janeiro do meu tempo*

Já no primeiro outubro de sua estada no Rio de Janeiro, Hilária Batista iria à festa da Penha enfrentando as ruas tortuosas do Pedregulho, os olhos da recém-chegada fascinados pelo movimento dos romeiros portugueses. Carroças enfeitadas por flores de papel, algumas velhas caleças que só saíam em dias de festa, famílias de comerciantes abastados em andorinhas alugadas, jovens corados em cavalos de sela. Entretanto, já na época, os negros começavam a misturar-se na festa da colônia portuguesa aproveitando-se da franquia propiciada pelo feriado religioso, tornando a Penha, pouco a pouco, um dos seus pontos de encontro regulares e mesmo de extroversão na cidade, principalmente depois da Abolição, com a inauguração de uma linha de trem com uma estação nas vizinhanças do arraial.

A presença dos negros transformaria a festa, que começara a ser celebrada no dia da Natividade de Nossa Senhora, 8 de setembro, ainda no final do século XVIII, para depois ser transferida para o primeiro domingo de outubro, em virtude das chuvas que invariavelmente caíam na antiga data. Já depois, para o final do século XIX quando a festa passa a estender-se por todos os domingos de outubro, ao lado dos portugueses que comiam e cantavam seus fados na grama estimulados pelo vinho generoso nos tradicionais chifres de boi ou pela cerveja preta "barbante", começavam a ouvir-se os sambas de roda dos negros animados pela "branquinha" nacional, e, quando a noite caía e subia a temperatura etílica da festa, nas rodas musicais começavam as batucadas, os contendores desafiando-se na agilidade e na força das pernas.

A festa portuguesa era organizada pela comissão de festejos da Irmandade da Penha: a missa solene, as cerimônias de bênção, as barraquinhas de prendas, jogos e comidas, a que se juntaria o espetáculo do cumprimento ritual de promessas que faziam os infatigáveis penitentes subir os 365 degraus que levam ao santuário. Venda de quadros e medalhas alusivas, de comidas típicas portuguesas no arraial embandeirado, jogos e apresentações de músicos e dançarinos, caracterizariam desde cedo a festa que se constituía numa das alternativas de divertimento popular na cidade, festejos a que a chegada dos negros dá nova vitalidade.

Num artigo publicado num jornal em Juiz de Fora, Raul Pompeia, quando descreve a festa do ano da Abolição a relata, na verdade, como duas festas separadas e que se enfrentam:

> Depois da refeição, vêm as danças e os cantos. Um delírio de sambas e fados, modinhas portuguesas, tiranas do Norte. Uma viola chocalha o compasso, um pandeiro acompanha, geme a sanfona, um negro esfrega uma faca no fundo do prato, e sorri negríssimo, um sorriso rasgado de dentes brancos e de ventura bestial. A roda fecha. No centro requebra-se a mulata e canta, afogada pela curiosidade sensual da roda. Depois da mulata dançam outros foliões dos dois sexos. Os circunstantes batem palmas, marcando a cadência e esquecem-se, quase a dançar também, olhando

o saracoteio lento, ou as umbigadas desenfreadas, dos fadinhos de uns ou da caninha-verde de dois pares [...]. Entretanto, transitam de permeio grupos carnavalescos mais valentes, romeiros, enroupados a fantasia, zabumbando o zé-pereira, bimbalhando ferrinhos, arranhando guitarras, guinchando sons impossíveis de requinta e gaita.

Já celebrizada no grupo baiano, Ciata com sua gente, como outros negros vindos de diversas partes, começa a montar regularmente barracas nos fins de semana festivos de outubro. As mulheres, acompanhadas pelas crianças só despertas pela excitação da festa, saíam ainda de madrugada da praça Onze para pegar na Central o primeiro trem com seus embrulhos de comidas e utensílios. Arriadas as coisas, era assistida no arraial a primeira missa do dia junto com muitas portuguesas penitentes, formando os baianos um grupo diverso não só pela cor e pelas roupas como pela interpretação íntima que davam à cerimônia cristã, subordinando-a à mística do candomblé, reduzindo-a a um rito propiciatório.

Terminados os preceitos, discretamente reverenciados os orixás num assentamento no fundo de onde os moleques montavam suas barracas e as mesas de tábua corrida, Ciata e as mais velhas lideravam o preparo dos quitutes quase sempre cantando, enquanto as mais moças ralavam o coco e catavam o arroz, aprendendo as receitas elaboradas que se materializavam nos generosos panelões. Mais uma vez são essas mulheres o esteio do grupo, criando as condições para a festa, garantindo o divertimento como a receita, os homens chegando à tarde com seus instrumentos de percussão, pandeiros e tamborins a que se juntavam os pratos e colheres na roda do samba.

Depois de servida à família e aos próximos, a moqueca de peixe que fazia todos os anos na festa passava a ser vendida com grande sucesso aos visitantes. Ciata dividia-se entre os assuntos da gerência do negócio e as rodas de samba que se armavam em torno das barracas, dando a cada ambiente seu tempero e decisão.

Juntamente com operários e trabalhadores, a festa reúne a fina flor da malandragem. Eram presença certa Bulldog, um dos maiorais do Rancho dos Amores, Galeguinho, Zé Moleque, Sapateirinho, Gabiroba, Cometa Gira, Zé do Senado e Brancura, com seus paletós de um botão rigorosamente fechados, calças largas e duras de goma, botinas "reúna de sarto arto" e chapéu "três pancadas" sobre a linha dos olhos.[1] "Malandro não estrila" era a palavra de ordem, a roda dos batuqueiros aberta depois da reza para quem tivesse coragem e velocidade nas pernas.

O baiano Muniz Sodré fala da pernada, banda ou batuque no Rio e em Salvador "que alguns veem como matriz da capoeira". A batucada é jogada "em liso", como numa transição quase hipnótica do samba dançado que a antecedera na roda, ou "pra valer", agora jogada com mais agressividade e mesmo com violência pelos que depois seriam considerados capoeiras.

Bimba sustentava que a capoeira era uma criação brasileira, e referindo-se à capoeira baiana como uma síntese operada no Recôncavo a partir da múltipla origem africana dos participantes, revela o processo que é comum entre as diversas capoeiras que surgiriam, resultado, por um lado, do inusitado encontro de africanos de diversas procedências e culturas, e, por outro, das condições a que esses negros foram expostos como escravizados nas cidades brasileiras. Uma forma de resposta, um resultado inusitado que só africanos poderiam ter concebido.[2]

Ficam famosas algumas brigas sérias, geralmente atribuídas aos negros pela polícia que intervinha com sua costumeira violência, fruto não só da rivalidade entre os capoeiristas, mas também do contato difícil entre negros e portugueses, rivais no mercado de trabalho braçal ou como empregado e patrão no comércio carioca. Seja pela força dos orixás, seja pelo repique do samba que vai, pouco a pouco, calando os tambores brutos do zé-pereira, os portugueses perderiam presença na Penha, que por umas décadas lembraria um arraial africano.

Donga, que frequentou a festa desde criança com sua mãe, a baiana Amélia, fala da polícia na Penha e na cidade:

> Na capital da República, desde os tempos dos coronéis da Guarda Nacional, existentes na época, dos quais conheci alguns como delegados de polícia do Distrito Federal, dos suplentes e inspetores de quarteirão, que são os atuais comissários, até a época dos bacharéis em Direito que substituíram estes no exercício de delegado policial, como marcou a época do dr. Virgulino de Alencar, dr. Motelo Júnior e dr. Flores da Cunha e outros, foi modificada a situação vexatória dos que vinham sofrendo a pressão bárbara e irregular, na sua própria residência em festas íntimas, quando eram cercados pela polícia de então e intimados a ir ao distrito dar explicações por estar dançando o samba, este que toda gente admira e dança. Em certos casos permaneciam no distrito. Na festa da Penha, os pandeiros eram arrebatados pela polícia, por medida de precaução, quando por falta de sorte dos sambistas não estava de serviço na Penha o piquete da cavalaria do 1º ou 9º regimentos da referida arma do nosso Exército brasileiro, que sempre nos protegeu.[3]

O domínio dos festeiros negros faz com a festa viva dias de apogeu e popularize-se, passando a ser frequentada por pobres, ricos e remediados, tornando-se a principal festividade popular carioca, só superada pelo Carnaval, quando progressivamente acontece a fusão dos festejos populares com os da elite, já pelos anos 1930. Por volta da primeira década do século XX, calculava-se que quase 100 mil pessoas visitavam a Penha durante os quatro ou cinco fins de semana de outubro, atraídas sobretudo pelos eventos musicais. Pelas fotos percebe-se que a festa era composta por indivíduos de todas as classes e procedências, não se restringindo aos negros e aos portugueses, e atraía até a moderna burguesia urbana, já em busca de algo forte, exótico, para quem o festeiro popular, mesmo por alguns estigmatizado, já desperta um interesse, desequilibrando agradavelmente a vida civilizada das elites.

Enquanto o Carnaval popular era comemorado na praça Onze, longe dos bailes e do desfile das Grandes, a Penha vai constituir-se num primeiro local de encontro da massa negra com as demais classes urbanas. A africanização da festa, fosse ela criticada por religiosos e por alguns intelectuais, e, como conta Donga, visada pela polícia, indiscutivelmente atraía a muitos — ela fascinava.

A imprensa carioca, a partir do início do século passado, começa a registrar a repercussão da Penha na vida da cidade, principalmente quando se percebe o choque que a festa provocava, virtualmente fora do controle da Igreja e sem ter passado pelo crivo da nova burguesia. Numa crônica de 1906 publicada na revista *Kosmos*, Olavo Bilac se refere à "ignóbil festa da Penha que todos os anos, neste mês de outubro, reproduz no Rio de Janeiro as cenas tristes das velhas saturnais romanas, transbordamentos tumultuosos e alucinados dos instintos da gentalha". Adiante no texto, Bilac dá suas impressões de uma visita ao sítio das celebrações:

> Ainda este ano, a festa foi tão brutal, desordenada e assinalada por tantas vergonhas e por tantos crimes, que não parecia um folguedo da Idade Moderna no seio de uma cidade civilizada, mas uma daquelas orgias da Idade Média, em que triunfavam as mais belas paixões da plebe e dos escravos.

No entanto, um grupo de jornalistas cariocas, conhecidos exatamente como "carnavalescos", daria outra abordagem à festa da Penha, expressando uma crescente sensibilidade popular na imprensa da cidade, na época dominada por um espírito europeizado, culturalmente despreparado e intolerante na abordagem das manifestações populares. Nesse grupo estão Mauro de Almeida, o Peru dos Pés Frios, e Francisco Guimarães, o Vagalume, que no *Jornal do Brasil* de 23 de outubro de 1911 publica uma matéria com fotos da festa, uma das quais de Sinhô, na época ainda não conhecido como compositor.

Fala Heitor dos Prazeres: "Naquele tempo não tinha rádio, a gente ia lançar música na festa da Penha, a gente ficava tranquilo quando a música era divulgada lá, que aí estava bem, que era o grande centro. Eu fiquei conhecido a partir da festa da Penha".[4] As músicas eram compostas previamente e cantadas ou improvisadas nas rodas de samba pelos partideiros, de início com o objetivo único de divertir-se e divertir os seus. A atenção de um nascente universo em que formas de entretenimento passam a ser comercializadas faz com que muitas das músicas ali cantadas, adaptadas aos moldes modernos da canção, sambas e marchas, fossem popularizadas no Carnaval e depois retomadas com sucesso nos palcos populares.

A festa passa a atrair músicos e grupos profissionais ou em vias de profissionalização, para quem seriam organizados concursos com o patrocínio do comércio e a cobertura da imprensa. O grupo Caxangá, que toma o nome em homenagem à música de João Pernambuco celebrizada com a letra de Catulo da Paixão Cearense, é um desses primeiros conjuntos organizados com a participação de músicos que se profissionalizavam no ambiente noturno da cidade e que dariam nova feição à festa, tornada definitivamente a lançadora dos sucessos do Carnaval carioca.

Por trás de apelidos nordestinos, formam o grupo alguns dos principais músicos e compositores negros do momento, como Donga, Caninha e Pixinguinha, entre outros, que passam a apresentar-se todos os anos, consolidando um verdadeiro movimento musical que tomava a Penha em outubro. Esses e outros músicos formam novos conjuntos, como o Grupo da Cidade Nova, liderado por Pixinguinha, e o Sou Brasileiro, conjunto liderado pelo fabuloso Sinhô. Uma formação característica daquele momento de alquimias, já incluindo um piano, trombone, e cordas, juntando aos violões e ao cavaquinho o contrabaixo, completados pela percussão.

Famosos ficam os duelos musicais de Sinhô com Caninha, outro que tinha relações desde menino com os baianos, frequentador dos antigos sambas de Tia Dadá na Pedra do Sal, rancheiro de tradição, frequentador do Dois de Ouro e do Reis de Ouro na Saúde, e depois do Rosa Branca, União dos Amores, Balão de Rosa, Reinado das Fadas e Recreio das Flores, onde termina como diretor de canto. "Dois cabras perigosos/ Dois diabos infernais/ José Barbosa da Silva/ José Luís de Morais", como são definidos na quadrinha de Assombro, outro cronista carnavalesco da época.

Aproveitando-se comercialmente, de forma pioneira, da Penha, o industrial Eduardo França, fabricante do "fabuloso" tira-sardas Lugolina e do "inspirado" xarope Vermutim, instituiu em 1921 um torneio musical oferecendo uma "preciosa" taça ao vencedor. Sinhô, já conhecido nos meios musicais, sestroso com seu violão de madrepérola e cercado por suas pastoras e pelos músicos, com trombone, clarinete, violões e pandeiro, lança sua composição "Não é assim", repetindo o refrão que entra fácil no ouvido do povo:

*Não é assim*
*Assim não é*
*Não é assim*
*Que se maltrata uma mulher*

Caninha, anos depois numa entrevista, gaba-se de ter sido convidado a participar do concurso quando estava displicentemente encostado numa barraca ouvindo a composição de Sinhô. E, assim, de ter improvisado uma música na hora, chamando dois companheiros empunhando cavaquinho e violão, para quem fez chapéus de jornal, para acompanhá-lo no palco quando cantou a marcha ragtime "Me sinto mal", comentando as contradições do Carnaval com a vida cotidiana do povão, como tantos fariam mais tarde:

*Ai, ai,*
*Me sinto mal*
*Depois do Carnaval*

*Quando chega o Carnaval*
*Ninguém lembra da carestia*
*Vamos todos para a avenida*
*Caímos na folia.*

*Tem gente que cai na farra*
*Na véspera do Carnaval*
*Na Quarta-Feira de Cinzas*
*Sempre diz: — Me sinto mal.*

Naquele dia, Caninha derrota Sinhô, que sai da Penha enfurecido, abraçado a uma cesta de flores que ganhara de consolação, depois atirada para longe, aos pontapés, na estação de trem. A comissão julgadora é aconselhada prudentemente a se dispersar pelo cronista Vagalume, antes que os partidários de Sinhô agravassem seus reclamos e fechasse o tempo.

Assim, o samba que era cantado nas festas dos baianos entre os seus passava a ser cantado num ambiente público frequentado pelos diversos, junto com outros sambas — uma denominação que englobava diversos estilos de um gênero musical que era cantado numa pluralidade de ambientes populares da cidade. Ali os sambas iam medir-se, influenciar-se reciprocamente, na direção da consolidação de um gênero que seria sucesso nas casas do universo de entretenimento noturno que se montava na cidade, e veiculados pela nascente indústria cultural, gravados nos discos, transmitidos pelo rádio.

Esses anos de grande evidência da festa tornam-na um dos primeiros canais de comunicação entre as classes fora da órbita do trabalho. A situação de informalidade já indicia pontos de contato e interesse, ressaltando a veia artística do negro que seria logo percebida, o que — mesmo em parte deformadas suas formas originais de expressão — cria concretamente possibilidades para que uma palavra negra estenda-se à sociedade global. Na verdade, a manutenção das formas originais é uma falsa questão, o que devemos questionar são os condicionantes no momento das mudanças, a margem de manobra do artista e a repercussão nele ao perceber que suas músicas passavam a ser consumidas pelas amplas plateias e pelos numerosos ouvintes de todo Rio de Janeiro.

Tia Ciata, que não deixa de botar a barraca com sua cozinha musical até sua morte, em 11 de abril de 1924, era conhecidíssima na Penha, símbolo do apogeu negro da festa, quando "as tias baianas mandavam no arraial". Das tias o mando da festa iria para os compositores e, já no final dos anos 1920, a festa, vítima das perseguições da polícia e da própria Igreja aos negros, bem como do confronto com as alternativas que aparecem para os músicos a partir da popularização do rádio, teria reduzida sua importância central para a cidade, embora mantenha-se viva até hoje.

Em 1920, atendendo às pressões vindas de cima contra o festejo popular, o chefe de polícia, Germiniano de França, proíbe a presença dos blocos, cordões e rodas de batucadas na

Penha. Se a proibição não se mantém, a repressão policial é renitente, incidindo principalmente sobre os sambistas. Assim, muitos se afastam em busca de outras plateias, onde um negro pudesse tocar em paz, respeitado e também remunerado.

O desabusado Vagalume, no seu livro *Na roda do samba*, em que homenageia postumamente alguns negros ilustres como Eduardo das Neves, Sinhô, Hilário Jovino e Assumano Mina do Brasil, revela pressões econômicas feitas pelos capelães, que terminariam por dar outra feição à festa popular:

> Hoje já não é tão grande a animação, porque, com a perseguição dos talassas (monarquistas portugueses), veio de Portugal um padre português que, uma vez investido da função de capelão, instituiu a taxa "mínima obrigatória" de 10$000 por cabeça nos "batizados de cambulhada". Não satisfeito com o comércio de fazer cristãos, transferiu a beleza da festa campestre que se realizava no arraial, para a "Chácara do Capitão", o que resulta "uma renda fabulosa". É tão grande o "negócio de batizados por atacado", que foi preciso "mandar buscar em Portugal" um outro capelão, também "talassa", para ajudante do que substituíra o padre Ricardo Silva. Hoje, os dois capelães portugueses ostentam luxuosas batinas de alpaca seda e sapatos de fivelas de platina![5]

Para Tia Ciata e sua geração de baianas festeiras tradicionais, que, por sua posição defensiva na sociedade da época, eram circunscritas nessa vocação ao âmbito de suas casas e do Carnaval popular, a festa da Penha era o momento de encontro de sua comunidade de origem com a cidade, desvendando para os outros uma parte dessa cultura, que subalternamente se preservava e que era a cada momento reinventada pelo negro no Rio de Janeiro. Sua morte, em 1924, encerra uma época.

## 9.
## Geografia musical da cidade

*ela:*
*O maxixe aristocrático*
*Ei-lo que desbancará*
*Valsas, polcas e quadrilhas*
*Quantas outras danças há.*

*ele:*
*Nas salas de um polo ao outro*
*Quem dançar bem capricho,*
*Dentro de pouco dengoso,*
*Só dançará o maxixe.*

*os dois:*
*Mexe, mexe, mexe e remexe*
*De prazer vamos dançar!*
*E requebrar*
*Vamos de gosto quebrar*
*Vamos de gosto quebrar*

*ela:*
*Nobres, plebeus e burgueses,*
*Caso é verem-no dançar!*
*Tudo acabará em breve*
*Por, com fúria, maxixar!*

*Mexe, mexe, mexe*
*E remexe*
*De prazer vamos dançar!*
*Aí, sim, dançar!*

"Maxixe aristocrático", do maestro José Nunes, cantado e dançado pela dupla Pepa Delgado e Marzulo na revista *Cá e Lá*, estreada na praça Tiradentes em 1904, gravada na Odeon pela própria Pepa e Alfredo Silva

A complexidade crescente da cidade do Rio de Janeiro e a diversificação social de sua população gerariam na virada para o século XX um público novo, a quem não mais satisfaria, em sua ânsia de divertimentos, os dias do entrudo e as festas religiosas ao longo do ano cristão oferecidas pelas paróquias. Esses anos assistiriam à abertura de teatros e vaudevilles, de cafés-concerto, cafés-dançantes, chopes-berrantes e cantantes e salas de cinema voltados para o entretenimento das novas classes médias urbanas e das elites, em suas noites e fins de semana afastadas da rotina das repartições e do comércio, às vezes aproximadas pelo ingresso barato ao povão carioca que ainda se reestruturava naquele pós-Abolição.

A vida musical da cidade, que, durante a Colônia, se limitara ao hinário religioso católico, aos toques e marchas militares e, em separado, às músicas africanas nacionalizadas pelo negro escravizado, transforma-se a partir desse momento. Essa transformação devia-se ao contato direto com a música europeia moderna, já estruturada em forma de canção, tocada por músicos profissionais em teatros, bares, palcos populares, nesse universo de entretenimento que se monta na capital, tanto comercializando produtos estrangeiros como progressivamente absorvendo artistas e gêneros musicais do povo, antes circunscritos a grupos particulares. Sidney Chalhoub descreve:

> Diferente de Paris ou Nova York, onde a cultura de massa apagou formas tradicionais de cultura popular e substituiu estruturas pré-industriais por modismos passageiros, o Rio de Janeiro é uma cidade onde o velho e o novo, o rural e o urbano, o sagrado e o profano desenvolveram maneiras únicas e peculiares de coexistir.[1]

As companhias portuguesas, francesas e espanholas que nos visitaram em seu roteiro sul-americano de capitais, traziam polcas, xotes, (do alemão *schottisch*), mazurcas, valsas e cançonetas que se tornavam modismos populares. Muitas músicas impunham-se pela dança, prenunciando a vocação mimética das elites e dessas novas camadas médias urbanas dos países dependentes, só atenuadas pelo crescente contato que se estabelece com o povo fora das triviais relações hierárquicas no trabalho.

Pode-se mesmo estabelecer uma correspondência de fato entre a belle époque europeia, em suas características de produção e consumo cultural, marcas estéticas e temáticas, hábitos de convívio e entretenimento, com o ambiente das elites, entre a guerra do Paraguai e o fim da Primeira Guerra Mundial, no Rio de Janeiro. Teatros sérios ou quase sempre burlescos, casas de espetáculo com ingressos caros ou com preços francamente populares, casas de jogo com pequenas orquestras, o mesmo ocorrendo nos cinemas. Os ambientes tornam-se progressivamente frequentados por um público mais heterogêneo, onde o mestiço, trajado com malícia e com dinheiro no bolso, começava a se igualar com o branco nas atenções dos donos e funcionários, sendo considerada sua sensibilidade cultural e suas preferências.

E nos circos, em palcos levantados improvisadamente dentro de galpões, nos chopes e nos cinemas, ao acesso dos negros misturados à gente vinda de todas as partes atraídos pelo espetáculo barato, nos quais no meio da banalidade e das imitações reverentes aos divertimentos das elites, surgiam novidades surpreendentes, além da aparição extraordinária dos primeiros grandes talentos. Assim, percebe-se que

> cada forma popular é provavelmente uma forma erudita anterior, que sobreviveu no seio do povo, mas reconhece que depois os eruditos foram buscá-la de novo no seio do povo: por que não continuar a cadeia das hipóteses, e não perguntar se aquela forma erudita popularizada não teria inicialmente uma outra forma popular que subira de nível?...[2]

A modinha, um dos primeiros gêneros de canção brasileira, a propósito da qual Mário de Andrade discute as concepções do esteta francês Charles Lalo, remonta aos fins do século XVII, e seria tocada por muito tempo nos salões, mas retorna às ruas no final do século XIX com os tocadores de violão, que substitui a viola e que, por seu baixo custo e leveza, torna-se no instrumento harmônico básico para o acompanhamento dos cantores, como um maravilhoso instrumento para solistas na música brasileira moderna. Com o espírito romântico que toma seus versos, característicos da época, muitos afamados literatos a cultivam, oscilando a modinha entre um pernosticismo ingênuo e uma abordagem mais trivial, às vezes extremamente saborosa, celebrando os pequenos casos da cidade.

Tocada por músicos amadores de rua, torna-se também um sucesso nos circos na voz dos palhaços, que tinham no canto, em geral acompanhando-se violão, um segundo aspecto de suas apresentações, e por isso eram considerados "ladrões de mulheres". Eduardo das Neves, um palhaço negro, coisa nada comum, torna-se um dos primeiros hits dos espetáculos-negócio no Rio. As modinhas, difundidas num consumo ainda mais generalizado, logo depois são recriadas por Catulo da Paixão Cearense, antigo estivador da Gamboa que aparece na onda nacionalista que toma o país já nas primeiras décadas do novo século.

O choro, outro gênero musical, apenas instrumental com flauta, cavaquinho e violão, conservando da percussão apenas o pandeiro, teria crucial importância na formação da música carioca moderna. Surge nas últimas décadas do século XIX, quando já é grande o trânsito das novidades musicais europeias na cidade, inicialmente apenas como uma forma particular dos músicos locais de interpretar as composições em voga. Esse jeito de tocar, inicialmente do músico de fundo de quintal e progressivamente dos que vão se profissionalizando, vai apoiar-se num naipe de instrumentos que, além das cordas, violão e cavaquinho, incorpora também o sopro, sendo comum a flauta, o oficleide — instrumento de sopro que caiu em desuso — e a clarineta. Instrumentos que estavam ao alcance daqueles primeiros chorões, membros da baixa classe média do Segundo Império e da Primeira República formada por funcionários públicos de baixo escalão, modestos servidores municipais, pequenos comerciantes de quem se aproximariam musicalmente os negros e os migrantes nordestinos com quem conviviam nos bairros populares do Rio antigo.

A intensidade propiciada pela informalidade das situações — já que mesmo os profissionais nunca deixam de encontrar-se para improvisar ou medir-se com os companheiros, como nas jam sessions — daria ao choro características próprias, a partir das modulações graves do violão, a "baixaria", e do espírito virtuosístico dos músicos. Como a modinha, o choro não era música de dança, como seriam o maxixe e o samba carioca, condição que muito favoreceu a popularização desses novos gêneros. Logo surgiriam os primeiros grandes intérpretes do choro, como Patápio Silva, que não chega aos trinta anos, e o genial Pixinguinha, negro nascido no Rio, filho de baianos cuja família era muito ligada a seu meio.

O choro, essa forma carioca de se tocar música instrumental, só vai ser considerado um gênero à parte com as composições de Pixinguinha, que aglutina ideias e dá ao choro uma forma definitiva a partir da década de 1910, como uma música contrapontística em que os bombardinos e trombones faziam o baixo, que depois ficaria a cargo do violão de sete cordas.[3] Além disso, Pixinguinha e seus companheiros passam a desenvolver o hábito de improvisar, o que os aproximariam dos músicos de jazz que encontrariam mais tarde em Paris, em 1922.

Como Pixinguinha, muitos músicos vindos do choro tocado entre familiares e amigos se tornariam profissionais, valendo-se da mestria aprendida nos quintais para suas apresentações nos palcos populares da cidade. Além de seus pendores para a música instrumental, esses músicos passam a acompanhar os cantores sentimentais nos espetáculos ou nas serenatas, e a fornecer a música "para se dançar" dos bailes no Centro e nos subúrbios.

Mais do que em qualquer outra cidade brasileira, a diversificação da vida e o ritmo cosmopolita do Rio de Janeiro permitiriam que certos hábitos musicais dos negros, e de outros setores populares, como os chorões da pequena classe média em formação, se encontrassem com a música ocidental de feição popular veiculada nas democráticas casas de espetáculo, e logo depois pelos discos.

Na Cidade Nova, que se torna uma virtual fronteira entre o Rio de Janeiro "civilizado" e o subalterno, viviam muitos desses músicos. Seus bares e gafieiras[4] tornam-se locais privilegiados de encontros musicais, onde os novos gêneros — inicialmente ignorados e alguns estigmatizados pelo moralismo das elites por causa de sua sensualidade traduzida pelos dançarinos — iriam contagiar toda a cidade a partir das liberdades propiciadas por sua vida noturna. Eram do bairro: Pixinguinha, Quincas Laranjeira, Carlos Espínola, pai de Aracy Cortes, Catulo da Paixão Cearense, que por lá morou, e Anacleto de Medeiros, líder da banda do Corpo de Bombeiros na praça da República, frequentador contumaz das rodas de choro. São inúmeros os personagens de sua vida musical: Leopoldo "Pé de Mesa", Geraldo Santos, flautista conhecido como "Bico de Ferro", "Cupido", o violonista Manuel Teixeira, Soares "Caixa de Fósforos", Manquinha "Duas Covas", todos mencionados por Alexandre Gonçalves Pinto, o "Animal", no seu precioso livro sobre o choro primitivo.

A polca, fazendo os casais dançarem enlaçados, sua permissividade de alguma forma avalizada pela origem europeia da dança, é lançada pelas companhias teatrais da praça Tiradentes, suas partituras oferecidas nas lojas de música do Centro. A semelhança na divisão rítmica com o lundu permitiria uma fusão nacional e sugeriria uma forma moderna de dançar que teria seu desdobramento no maxixe, numa experiência popular com a dança que ganharia tradição nos salões da Cidade Nova. A polca-lundu "Quem não tem ciúmes não ama" foi anunciada pelo *Jornal do Commercio* em 1873 como "a ciumenta polca dos ciúmes, interessante, chistosa e de muita influência para dançar", assim como a "Mexidinha", "reimpressa a pedido geral". A nova dança aparecia com agrado nos vários âmbitos da cidade, sugerindo as décadas em torno da virada de século como marco do surgimento de uma democrática e híbrida, negra mas multicultural, música popular brasileira moderna.

Mas é o maxixe que se celebrizará, de fato, nesse Rio de Janeiro em transformação, como uma música associada a um modo de dançar. Vinda de setores populares, é veiculada como um modismo já explicitamente por um setor do entretenimento-negócio, atingindo toda a cidade. Originada nos bailes negros e nas gafieiras da Cidade Nova, essa nova dança, marcada pelas tradições corporais do negro e por uma sensualidade que nem o Estado republicano nem a Igreja conseguem controlar, passa a ocupar as fantasias de muitos como um tipo de divertimento urbano moderno que transcorre fora do âmbito da família.

Algumas formas musicais originadas entre os negros norte-americanos, na sua transição do mundo rural para as cidades, são apropriadas e estandardizadas pela indústria cultural e exportadas para a Europa e América do Sul. Como muito mais tarde aconteceria com o rhythm & blues e o rock 'n' roll, naquele início de século o cake-walk e o charleston chegam ao Rio de Janeiro como mais um modismo para os jovens — já naquele momento visados como alvo preferencial.

O maxixe, que começa a ser dançado com a música dos tangos brasileiros, outro importado parcialmente nacionalizado, como a polca, é de início também mais um jeito de dançar do que um gênero coreográfico específico. Entretanto, apesar dos estigmas e das proibições que eventualmente sofre em nome da moral pública, ou talvez por isso mesmo, iria aos poucos conquistar a cidade, sempre através de seu front, as revistas da praça Tiradentes. Com a notícia do sucesso do dançarino Duque em Paris, sofisticando seus passos elaborados e sensuais, o maxixe conquistaria de vez a capital, chegando até a ser compreendido como "manifestação da cultura nacional". Seu ápice se dá na década de 1920, continuando depois como coisa menor, até ser definitivamente destronado pelo foxtrote e em seguida pelo samba, com o qual chega a se confundir em composições híbridas, como no caso do próprio "Pelo telefone".

O jornalista Francisco Duarte fala do maxixe e de seu sucessor, o samba, que encontrariam terreno ideal na Cidade Nova, onde festeiros baianos, músicos e compositores, um bom número de jovens pobres ou remediados ávidos por diversão, e os primeiros empresários da caótica vida noturna da cidade, criam as formas primitivas da canção popular carioca moderna, antecedendo uma nova geração de compositores que, junto com a atrevida juventude de Vila Isabel liderada por Noel Rosa, depois de 1930 fariam sucesso na radiofônica "época de ouro da música popular brasileira". Ele continua:

> E o maxixe? E o samba amaxixado? Produtos do meio da Cidade Nova que Jota Efegê estudou profundamente em um livro inteiro, que Duque tornou internacional, nasceu das misturas sucessivas de gosto, ritmo, coreografia e sensualidade da baixa classe média que ocupava a Cidade Nova e a praça Onze. Nasceu nos muitos clubes dançantes musicais de lá, e lá foi consagrado por Sinhô, por João da Baiana, por Aurélio Cavalcanti, por Manuel Luiz de Santa Cecília, que era de Paquetá mas assimilou o ritmo. Duque, Gaby,

Mário Fontes, Asdrubal Burlamaqui, Pedro Dias, Bugrinha, Jaime Ferreira, são os resultados consagradores daquela mesclagem de sons negros e mulatos que se tocavam nos clubes de "mil e cem" da Cidade Nova. Sinhô, filho do meio, foi o elemento de transição. Pioneiro, nasceu, cresceu e viveu lá, até seu velório ocorreu na Cidade Nova. Mesclou o samba que nascia com o maxixe, criando um samba amaxixado do qual "Jura", "Gosto que me enrosco" e outras composições suas são exemplos. Donga seguiu seus passos e depois evoluiu musicalmente. Caninha sedimentou-se no tempo e ficou amaxixado. Heitor dos Prazeres, apesar dos esforços, sempre foi amaxixado em todas suas composições de vulto. Pixinguinha cresceu e se fez universal. A consagração do ritmo e do meio, dos costumes e dos tipos clássicos da área magnificamente captadas, está numa revista musical digna de ser remontada, *Forrobodó da Cidade Nova*, criada em 1912 por Carlos Bitencourt e Chiquinha Gonzaga.[5]

Assim, na República Velha ocorre um aumento expressivo da oferta de entretenimento na cidade com o surgimento de um novo setor comercial, o dos espetáculos-negócio, que antecede e acompanha a progressiva oferta de produtos de uma indústria cultural que tanto os traz de fora como os produz aqui, gravando e filmando artistas e manifestações culturais locais. Enquanto grande parte dos cafés finos, livrarias e redações estavam nos arredores do encontro da rua do Ouvidor com a avenida Central, depois Rio Branco, quase todos os teatros e restaurantes da cidade se concentravam em torno da futura praça Tiradentes.

A capital nacional crescia e se sofisticava, sua noite abria-se em alternativas: das zonas "liberadas" da praça Tiradentes e da Lapa até aos teatros "sérios" vizinhos, e mais tarde finalmente a materialização da Cinelândia, exigida como um centro de lazer e divertimento pela nova burguesia. Um mundo de serviços e diversões oferece trabalho para a gente da Cidade Nova, dos subúrbios e das favelas, nas cozinhas, ou abrindo portas e servindo mesas em impecáveis paletós brancos. Entretanto, os mais talentosos iam para os palcos como músicos, cantores, palhaços ou dançarinos: o mundo dos espetáculos abria um canal de sobrevivência para muitos e de ascensão social para alguns, e permitia a emergência da tal cultura popular que pouco a pouco ia-se chamando de "brasileira".

Pixinguinha participa dos tortuosos primórdios da indústria cultural carioca, entre a informalidade estruturada dos baianos e as vertigens de notoriedade e ascensão que se abriam para alguns, depondo especificamente sobre o processo de profissionalização e sobre as relações com as elites que pioneiramente os músicos negros experimentavam, numa extensão de suas possibilidades e experiências, o que repercutiria adiante em todo o meio popular da cidade.

> Uma época em que não havia clubes dançantes. Os bailes eram feitos em casa de família. Em casa de preto, a festa era na base do choro e do samba. Numa festa de preto havia o baile mais civilizado na sala de visitas, o samba nas salas do fundo e a batucada no terreiro. Era lá que se formavam e se ensaiavam os ranchos. A maioria dos sambistas e dos chorões era de cor. Branco, quase não havia. Comecei a minha carreira de músico aos quinze anos, ganhado 8 mil réis por mês. Tocava em casas de chope, que eram as *boîtes* de antigamente. As casas de chope funcionavam das 20 às 24 horas. Vez ou outra tocava, como profissional, em festas dançantes. Depois de 1920, formamos um conjunto — Os Oito Batutas — com companheiros de festas e de serenatas. Com esse conjunto começamos a ser aceitos em festas familiares de gente elegante, porque o Arnaldo Guinle,

o Lineu de Paula Machado e o Floresta de Miranda abriam com seu prestígio o caminho para nós. Depois o Guinle arrumou uma viagem do conjunto para a França. Após o sucesso na Europa a nossa música começou a ser aceita e começamos a receber convites para trabalhar. No Rio, logo que chegamos, o dr. Roquete Pinto nos convidou para audições no Rádio. Isso foi em 1924, mais ou menos. A que seria a Rádio Sociedade estava funcionando provisoriamente num pavilhão. Acho que nós fomos os primeiros pretos a entrar para o rádio tocando música popular. Havia lá uma cantora mulata mas ela cantava música fina. Depois fomos para São Paulo. Fizemos uma temporada lá em um café elegante, que chegou a parar o trânsito. Depois vieram os Cinemas mudos. Cinema de luxo mantinha duas orquestras: uma ao pé da tela, para acompanhar o roteiro do filme, outra na sala de visitas para entreter os frequentadores. Negro não era aceito na segunda orquestra. Lembro-me que os únicos pretos que tocavam no Cinema Palais era um tal de Mesquita (violinista) e um tio dele (violoncelista). Ambos haviam estudado na Europa, tinham chegado de lá com fama e só tocavam música erudita. Nós começamos a tocar nesse cinema porque começamos a ser exigidos pelo público frequentador. Depois surgiu a propaganda, o rádio se firmou, a nossa música ganhava cada vez mais prestígio e eu fui subindo com ele. No rádio desempenhei várias funções, sempre ligadas à música. A partir de 1925, também minhas composições começavam a ser gravadas. As gravadoras foram ficando mais comerciais e estavam preocupadas em explorar o gosto do público. Mas o negro não era aceito com facilidade. Havia muita resistência. Eu nunca fui barrado por causa da cor, porque eu nunca abusei. Sabia onde recebiam e onde não recebiam pretos. Onde recebiam eu ia, onde não recebiam, não ia. Nós sabíamos desses locais proibidos porque um contava para o outro. O Guinle, muitas vezes, me convidava para ir a um ou outro lugar. Eu sabia que o convite era por delicadeza e sabia que ele esperava que eu não aceitasse. E assim, por delicadeza também não aceitava. Quando era convidado para tocar em tais lugares, eu tocava e saía. Não abusava do convite.[6]

Os Oito Batutas foram um marco, tanto quanto "Pelo telefone", para os negros na capital, quando surge como um grupo que toca sua própria música e faz peculiares versões musicais do que era corrente nos palcos da cidade. Inicialmente era apenas mais um grupo de músicos boêmios e beberrões, apesar da presença de virtuosos como Pixinguinha e Donga, que tocava despretensiosamente em reuniões nos quintais de suas casas ou nas rodas musicais da Lapa, à parte dos eventuais compromissos profissionais de cada um. Em um belo dia do ano de 1919, o gerente do cinema Palais, que os havia visto tocar no Carnaval no bloco do Caxangá, quando haviam se apresentado num coreto no largo da Carioca, propõe aos dois formar um conjunto, para quem ele próprio propõe um nome, para tocar na sala de espera. O resto é história...

Os Oito Batutas seria uma entre as diversas orquestras típicas, em grande moda na época, já exploradas por uma indústria cultural montada nos países centrais, que tocavam com grande êxito comercial as músicas de seu país para plateias internacionais, como as orquestras de música francesa, as jazz-bands e as bandas típicas caribenhas formadas na Martinica e em Cuba. Era a vez de uma música brasileira, vinda do convívio irrefletido dos diversos, afirmar-se nacionalmente, e mesmo participar desse circuito internacional de atrações.

Assim, o primeiro Os Oito Batutas seria formado por Pixinguinha, flauta; Donga, violão, baixo, pai do violão de sete cordas do choro moderno — o músico manteria uma longa e densa convivência musical com Pixinguinha —; Otávio Viana, o China, irmão de Pixinguinha, violão e voz; Nelson dos Santos Alves, o Nelson Boina, cavaquinho; José Alves, bandolim e ganzá; Luís de Oliveira, bandola e reco-reco; e os irmãos Raul Palmieri, violão, e Jacó Palmieri, introduzindo o pandeiro no choro.

A percussão era uma novidade em conjuntos que antes, desde por volta de 1870, quando começa a ser tocada essa música instrumental na cidade, até aquele ano de 1919, tinham apenas cordas e sopros. Quatro negros — Pixinguinha, Donga, China e Nelson Alves — e quatro brancos. Eram seis instrumentos de corda, e alguns dos músicos, versáteis, tocavam também instrumentos de percussão, Jacó exclusivamente o pandeiro, e a voz era do China. Assim, além dos choros compostos por Pixinguinha, os Batutas tocavam de tudo, dentro da linguagem do choro, um choro negro sublinhado pela percussão, polcas, tangos, valsas, mazurcas, músicas internacionais em voga, lundus, cocos, cateretês, emboladas, xotes, gêneros nordestinos ou sertanejos, como eram chamados no Rio quando eram moda. Podiam relembrar modinhas, lundus, ou em casos especiais tocar sambas, marchas, maxixes e até jazz. Os músicos do conjunto eram autores de praticamente a metade das músicas que tocavam.

Na mítica estadia bancada pelo milionário Arnaldo Guinle e agenciada pelo dançarino Duque, diretor artístico do cabaré Sheherazade, Les Batutas[7] ficariam na capital francesa de janeiro de 1922 até julho, chegando ao Rio, depois de duas semanas de navio, em 14 de agosto — momentos mágicos. Apesar de toda bibliografia nacional sobre o grupo seminal da música popular brasileira moderna afirmar o extraordinário sucesso que teriam feito no Sheherazade e em outros dancings em Paris, como nada significativo foi publicado na época sobre o conjunto brasileiro na imprensa francesa além de anúncios de publicidade, pode--se suspeitar que tenham sido apenas mais uma atração exótica na noite parisiense. Sucesso mesmo eles fariam na volta, avalizados pelo "sucesso parisiense", e talvez, pela mesma razão, em Buenos Aires, onde logo depois vão se apresentar.[8]

Paris abriria horizontes para os Batutas. O interesse de artistas europeus reunidos na cidade pela escultura e pelos objetos vindos das culturas africanas, logo partilhado pelo público francês, reforçaria o acolhimento cordial que receberiam os Batutas dos parisienses — o que, na volta, os fortaleceria, acostumados às ambiguidades de seu contato com a burguesia branca. Além disso, o convívio dos brasileiros com músicos negros norte-americanos, que, junto com lutadores de boxe seus conterrâneos, haviam constituído em Paris uma verdadeira diáspora negra, exilados do racismo ostensivo vigente nos Estados Unidos, resulta numa extraordinária troca de experiências, no caso deles, sobretudo musical, mas também existencial e evidentemente política. Naquele momento, o jazz, assim como o samba e o próprio choro, ainda estavam desenvolvendo suas linguagens próprias, apesar de já mostrarem seu poder musical, assim como suas ainda inimagináveis possibilidades de troca — o que eles pioneiramente percebem.

Em Paris, eles se dariam conta de que havia uma identidade negra transnacional, que eles próprios faziam parte de uma diáspora negra planetária disseminada pela escravatura, que se comunicava de imediato pela música, a qual futuramente dominaria o cenário da música popular internacional. Entrevistado na volta de Paris em *A Notícia*, Nelson Alves conta com entusiasmo a relação de camaradagem e troca que os Batutas desenvolveram com os músicos de jazz, com quem por diversas vezes fizeram jam sessions, quando os jazzistas "acompanhavam com sua bateria extravagante e endemoninhada os números dos instrumentistas brasileiros". Eles apresentam aos brasileiros novos instrumentos, como a própria bateria, e a

Pixinguinha, o saxofone, instrumento que ele começaria a tocar na volta ao Brasil. Depois do convívio musical com os jazzistas, os Batutas passariam por enormes mudanças no que se refere à instrumentação.[9]

Quatro anos depois da volta de Paris, Pixinguinha participaria como diretor musical da Companhia Negra de Revista, organizada pelo *entertainer* De Chocolat, outro negro brasileiro que havia se apresentado na capital francesa. Nesse grupo teatral surgiria, ainda uma criança, mas parando o Rio de Janeiro com seu carisma, nosso Grande Otelo, o maior ator cinematográfico brasileiro do século, que, anos depois, participaria no Rio de outra aventura artística multinacional ao lado do também genial Orson Welles.

Depois dos Batutas, Pixinguinha enfrentaria inconformado um desinteresse pelo choro — o gênero só voltaria à voga nas últimas décadas do milênio. Reinventando-se, ele se tornaria arranjador de orquestras e jazz-bands, quando, utilizando pioneiramente a percussão, criaria uma música de consumo para dançar a partir das matrizes afro-brasileiras, tendo já no seu centro o samba. Pixinguinha torna-se mesmo o grande maestro arranjador do samba nos anos 1930, dando substância e qualidade às suas primeiras gravações — mesmo sem nunca ter se declarado um dos seus devotos.

Mais tarde, Pixinguinha, já não mais visto como um músico de vanguarda como antes, mas como o mítico representante de uma "velha guarda", veria sua geração de chorões derrotada pelo samba que eles próprios haviam ajudado a se impor.[10] O choro cai no esquecimento, apesar dos seus reclamos, e só seria retomado muito mais tarde por músicos cariocas que o devolvem à cidade como uma das suas incontornáveis referências musicais na modernidade.

Alejandro Ulloa observa pioneiramente que a grande contribuição da América Latina à cultura da modernidade é a música popular que emerge simultaneamente em várias cidades latino-americanas como resultado de um processo de produção coletiva cujos protagonistas eram as maiorias pobres das novas metrópoles, na mesma época em que, na Europa, se desenvolvia o movimento modernista nas artes.

> A milonga e o tango em Buenos Aires e Montevidéu, o choro, o maxixe e o samba no Rio de Janeiro e em Salvador; o danzón em Matanzas, o son em Santiago de Cuba, o guaguancó e a rumba em Havana e em Matanzas, o merengue em São Domingos, a bomba e a plena em Ponce e em San Juan de Puerto Rico... Estes e outros gêneros (sem falar do jazz em Nova Orleans, que também é música popular urbana) são produtos de nossa modernidade mestiça, emergentes na virada do século e no contexto urbano de nossas principais cidade, particularmente em seus bairros e subúrbios, como demonstra a história individual de cada um dos gêneros.[11]

Alejo fala do encontro sincrético de três mundos, Europa, África e América, e de uma música popular urbana na América Latina, que chama de *afrolatinoamericaribebrasileira*, ressaltando, além da sincronicidade, para outros pontos em comum entre esses diversos fenômenos de cultura urbana de forte presença negra: da origem no universo religioso, da passagem através da indústria cultural de signos de uma cultura estigmatizada para seu reconhecimento como cultura nacional, e do papel do lumpesinato:

> Foram esses lumpemproletários, e nunca as classes médias ou a burguesia, os que criaram uma cultura musical que, embora hoje usufruída pela cultura hegemônica transnacional, em suas origens surgiu dos conflitos e da luta por sobreviver em um meio decididamente hostil.[12]

Como ocorre também em outros lugares da América Latina, mesmo sob os interesses comerciais da indústria cultural sediada nos países centrais, no Brasil a música local conviveria com vantagem com a música importada, quando emerge efetivamente uma cultura de massa impulsionada pelos discos, pelo rádio e pelo cinema. E quem imaginaria que a tradição festeira da cultura afro-baiana no Rio iria, no futuro, resultar na promoção de um Carnaval oficial pela secretaria de turismo da prefeitura carioca? Um processo civilizatório que iria de Tia Ciata à Carmen Miranda, quando Carmen, levada do rádio e dos cassinos cariocas para a Broadway e para Hollywood, seria uma mediadora transcultural dessa cultura musical afro-baiana-carioca. Grande performer, faria um extraordinário sucesso nos Estados Unidos nos anos 1940, como uma baiana híbrida, mestiça, impura, *fake*.

## 10.
## Álbum de família

*Minha carta de alforria*
*Não me deu fazendas*
*Nem dinheiro no banco*
*Nem bigodes retorcidos*

"Negro forro", poema de Adão Ventura

Moradora da Penha, Lili, Licínia da Costa Jumbeba, neta mais velha de Tia Ciata, relembrava, no início dos anos 1980, com clareza, a sua juventude. Nem tudo foi confete na vida da antiga porta-estandarte do Recreio das Flores. Admirada pelo samba no pé e pela voz afinada, sofria de reumatismo, cansada de uma vida dura mas que também foi de Carnaval. Nascida em 19 de agosto de 1885, quando a conhecemos aproximava-se do seu centenário com enorme vivacidade, só um pouco limitada nos movimentos. Devia seu reumatismo às enchentes da Gamboa, como conta sua prima e vizinha Cincinha: "Ela tinha que ir trabalhar no meio da chuva". Filha de Isabel, filha mais velha de Hilária, do amor interrompido com Norberto, casa-se com Leopoldino, o Abul. Lili teve muitos meios-irmãos, Claudionor, o mais velho, que morreu muito moço, Santa, Dino, o Dinamogenol Jumbeba, Miguel, Marinho da Costa Jumbeba, o Zinho, que era da estiva e festeiro de grande prestígio, mestre-sala do rancho Recreio das Flores e ogã do terreiro de João Alabá, e Santana, um dos mais moços, ainda jovem, muito agradável e articulado, que vivia, quando o conhecemos, junto com a irmã.

Em entrevista a Jota Efegê para *O Jornal* de 3 de março de 1967 — quase vinte anos antes —, Lili lembrava com saudade "dos sambas que minha avó dava, duravam dois, três dias com toda a turma firme". Lili sabia "sambar direitinho, [...] arrastar graciosamente as chinelinhas na ponta do pé no meio de uma roda". Quando saía em visita aos blocos do Catete, ao Ameno Resedá, Flor de Abacate, Mimosas Cravinas ou Corbeille das Flores, era recebida com o beijo da estandarte, e Lili "orgulhosa no capricho dos arabescos coreográficos incentivada pelo mestre-sala Germano, desacatava", e a bandeira de cada bloco visitado "descia do mastro e caía levemente sobre o seu estandarte entre palhas, chuvas de flores e confetes".

Lili foi criada dentro da casa de sua avó, desde cedo participando das festas e das rodas de trabalho, onde aprende o ofício tornando-se exímia doceira. Filha de Iansã, feita ainda moça no terreiro de Alabá onde Ciata era grande, é criada no próprio centro da Pequena África. Mocinha, vivera o apogeu do meio baiano no Rio de Janeiro com suas festas e tradições:

> Depois daquele carrancismo saía todo mundo junto, se ia uma festa. Deixavam ir com os primos e diziam "vou buscar". Tinha mais respeito porque antigamente as festas eram só nas casas de família, não sabe? De Cosme e Damião, Nossa Senhora da Conceição, elas eram muito devotas, cada uma quando fazia festa ia com a família da outra. Na casa das amigas delas a gente ia à missa. Da missa a gente ficava em casa, assistia à festa com choro, cavaquinho, violão e flauta. Como a gente dançava![1]

Logo percebe sua importância só por ser a neta mais velha de Ciata, enquanto vai ganhando presença no trabalho, na festa e no santo. Do alto dos quase cem anos que tinha, Lili foi uma das últimas cariocas que podiam dizer que saíram no Rosa Branca e no seu sujo O Macaco é Outro, além do Recreio das

Flores, o famoso rancho da gente da Resistência, onde a família desfilava desde o início até o tricampeonato de 1933/34/35.

Com a morte de Ciata em 1924, viriam dias difíceis. No entanto, a família se mantém bastante unida até o final dos anos 1930, quando é pressionada pelas dificuldades. O trabalho coletivo das mulheres vai tornando-se insustentável, e elas são obrigadas a procurar alternativas, sempre reunidas em quartetos, trincas e mesmo duplas, fazendo doces, oferecendo serviços de lavanderia, algumas arranjando emprego no serviço doméstico, outras na indústria.

Para Lili a família era tudo, a união com os irmãos de santo, as tarefas de casa e das vendas, as reuniões dos ranchos, as festas e o Carnaval. Só quando se esgotam as possibilidades, é que Lili entra para o trabalho assalariado no Moinho Inglês em 1944, já com 49 anos, onde fica por dezoito anos, até a aposentadoria: "O médico deu um atestado que eu não podia trabalhar mais, que o coração não dava, foi um custo mas consegui. Ele era do sindicato e me disse: 'toda vez que eles suspenderem sua pensão, a senhora vem aqui'. Foi um tal de junta médica mas consegui".[2]

Lili lembrava bem dos tempos quando, mesmo perdida a centralidade que o trabalho comum dava à família, todos ainda se encontravam na casa de irmãos e primos e os costumes eram mantidos — como ela ainda os mantinha.

Na República Velha, o operariado seria apenas uma figura da retórica republicana liberal, já que os projetos de proteção ao trabalho, mesmo os aprovados ainda por influência dos positivistas, simplesmente não foram postos em prática, nem quando tornados lei. Assim, a vida era rude nos bairros populares, até para os respeitados baianos.

Outro neto de Ciata, Dinamogenol Jumbeba, o Dino, irmão-tesoureiro da Irmandade da Igreja de São Jorge no antigo Campo de Santana, a praça da República, também lembrava da figura impressionante de sua avó e dos carurus e vatapás que ela fazia. Ainda moço, aposentado pela Central do Brasil, tinha mais vagar na sua vida entre o subúrbio e as obrigações regulares com a irmandade, onde conquistara o posto que exercia com orgulho e responsabilidade.

Quando se refere a seus tempos de moço afirma de antemão: "Não tinha essa coisa de racismo não, qualquer um arrumava emprego". Muito cedo, como era de praxe entre os seus, com catorze anos, ele começa a trabalhar:

> Era comum pro home, compreendeu? Quer dizer que já procurava seguir o caminho da vida. Eu trabalhava na fábrica de calçado, compreendeu? Escuta essa! Quer dizer que então era um lugar que não tinha carteira assinada, não tinha nada, tanto é que eu trabalhei sem tirar uma féria. Eu me lembro como se fosse hoje, trabalhei aqui na rua do Lavradio, com o falecido seu Armando. Ele me explorou, quer dizer, meu irmão vendo isso, meu irmão já trabalhava na Central, vendo isso disse: "Olha aí, eu vou arrumar pra você trabalhar na Central, você vai ser maquinista". Eu ainda trabalhava na fábrica de calçados quando fui servir o Exército, meu irmão disse assim, "Olha aí, quando você der baixa você não vai voltar mais pra fábrica de calçado não, tu vai se apresentar na Central". Seu Armando pensou que eu ia acabar de servir o Exército e voltava de novo, que é pra apanhar moleza, que não tinha carteira assinada, não tinha nada. Quando eu voltei por lá eu disse: "Ó seu Armando, eu não venho mais pra aqui não". "Ué, por quê? Eu te dou mais coisa e tal." "Eu vou trabalhar na Central do Brasil." "Vai trabalhar na Central é? Ó, vê lá hein..." "Vou sim." Ó, me mandei. Escuta essa! Daí fui, entrei no graxeiro, depois fui foguista, depois de foguista fiz concurso pra maquinista, passei no exame e fui trabalhar de maquinista.

Nesse meio-tempo já não tem mais vapor, agora é tudo elétrico. Uma vez, eu estava fazendo um trem quando vinha de Bangu pra cá, quando estou com o trem parado em Bangu coisa e tal, o que eu vejo, quem entra assim? O meu ex-patrão, esse que eu trabalhei na fábrica de calçados pra ele. Eu tô lá, eu vi quando ele embarcou, eu digo: "Aquele é seu Armando, ele pensa que eu estou na pior, mas não tô não!". Sabe que calhou dele sentar mesmo assim do lado da cabine? Foi sete horas da noite, sentou ali coisa e tal, eu só querendo que ele me olhasse. Dali a pouco, quando ele me olhou, "Ué, aquele é o Dino...". Sabe que ele veio, "Ué, você por aqui?". Eu disse assim: "Sou eu mesmo, seu Armando, eu mesmo que estou aqui, eu não estou na pior não, viste, o senhor querendo que eu estivesse na fábrica de calçado, eu tô aí, tu num gosta...". Quando chegou na Central ele disse: "Dino, muito bem, seja feliz". Eu disse: "Eu sou feliz sim, graças a Deus!". Tá vendo o que é a vida? O que é a coisa? Que ele pensou que eu ia...[3]

Santana, filho de Isabel e de Abul, nascido a 26 de julho de 1915, ainda foi de um tempo quando as crianças pequenas participavam das frentes de trabalho, na produção e nas vendas, integrando-se à família de forma completa, desde cedo reconhecida sua participação. Pequeno, já ajudava na venda de doces, inicialmente nas festas, como na Penha e nos arredores das batalhas de confete na época do Carnaval. Rancheiro, relembra com clareza as músicas dos ranchos por que passou com sua gente:

*Bela tarde*
*Tarde ideal empreendente*
*Sempre luzia reluzente*
*Ao eremita visão astral* >

*Sonho ideal*
*Decantando a natura*
*Da inspiração do poema*
*Do céu os seus versos*

Com pouco mais de vinte anos, entra como litógrafo para a firma Pimenta de Melo, e lá trabalha até o início dos anos 1950, quando foi para a General Electric, onde fica por dezenove anos até se aposentar. Santana foi atraído para a multinacional pelo pagamento de uma taxa suplementar de insalubridade que aumentava seus vencimentos, numa época em que eram desvalorizados no meio negro empregos muito pesados ou perigosos, considerados humilhantes por lembrarem o trabalho forçado do escravizado. Só eventualmente esses eram aceitos pela falta de alternativas, tendo como compensação o conceito de que, como aguentavam condições extremas, os negros afirmavam sua superioridade física frente aos brancos. "Eles botavam os pretos lá na GE. Não deu mesmo pra ter aquela coisa só de brancos, não. Éramos nós os esteios. De vez em quando a gente via passar um na padiola, ia pra enfermaria."[4]

Nascido em 1909, filho de outra filha de Ciata, Glicéria, apelidada de Tiliba, e de Guilherme Domingos Pires de Carvalho e Albuquerque, um misterioso gentleman negro que já chega da Bahia com dinheiro e ligações com gente graúda, Bucy Moreira transita toda sua vida pelo mundo do samba e dos espetáculos, tornando-se uma espécie de elo entre os baianos da Pedra do Sal e da Cidade Nova e os redutos dos bambas, do Estácio até Santa Cruz. Sua prima Lili o definia:

> Ele só vivia envolvido lá embaixo na praça Tiradentes fazendo aqueles sambas. Ele nunca saía fantasiado, era roendo unha, ficava fazendo samba, ficava até maluco, não dormia, que pra fazer uma composição de samba não é

fácil. Era trapalhão, vendia um samba a um, depois aquele mesmo vendia a outro. Bucy desde garoto foi assim.[5]

Bucy relembrava com admiração:

> Meu pai era bacana, ele não precisava trabalhar não, porque ele tinha muito dinheiro, gastava... como gastava. Ele era prosa, tinha 35 ternos, naquelas malas assim meio oval, 35 ternos de J. Seabra. [...] Era da Guarda Nacional, era a segunda linha do Exército, só tinha para aqueles que tinham estudo, compreende? Meu pai era um filósofo extraordinário, muito inteligente. O senhor quer saber de uma verdade que eu vou dizer? Não é convencimento não, de um ano a quinze eu convivi com meu pai, nasci sempre vivendo com ele, com minha família, nunca vi meu pai andar a pé. E não tinha automóvel, mas tinha contrato com as garagens. Meio-dia ele saía de casa, duas horas da madrugada ele estava em casa, era assim. Mas só vivia em palácio, tanto que quando fui lá pra Paquetá, fui por intermédio de quem? Do diabo do Epitácio Pessoa...[6]

Sua infância, Bucy passa em várias casas, tendo como centro afetivo o casarão da avó na Visconde de Itaúna, onde mais encontrava os irmãos, Cesário, Nair e Albertina. Mora com uma tia e, tempos depois, com um amigo importante do pai: o irmão de Epitácio Pessoa. "Na casa de dr. Vilanovas Pessoa, eu ia fazer companhia ao filho dele, o Cláudio. Era um palácio na antiga rua de Caixa d'Água. Eu me lembro até que eles fizeram um negócio imitando o jardim suspenso da Babilônia do Nabucodonosor, era uma coisa riquíssima tudo suntuoso."[7] Vai morar com a avó Ciata no início dos anos 1920, até sua morte, em 1924. Por outro lado, o menino cedo se aproximou do Estácio, uma das partes mais pobres da cidade, com suas ruas miúdas ao pé do cada vez mais populoso morro de São Carlos.

> Eu morava na rua Minervina, perto da praça Onze. Mas subia pro morro de São Carlos e ficava naquela orgia com os amigos, com o Zé "Bacurau", o Manuel "Mulatinho", aquela turma do Estácio. O Bide, o Rubens, o Edgar, todos eles. Nós fomos criados juntos. Aliás, o criador do tamborim foi o Bide e o Bernardo, desde garotinhos andavam com tamborim, inventaram isso. E quem introduziu o surdo no samba foi o Bide. E o pandeiro a gente chamava de adufo. Era sem bambinela. O Bide foi o primeiro sambista a gravar com o Francisco Alves. Foi através dele que o Francisco Alves começou a gravar os sambas do pessoal do Estácio.[8]

Bucy é um dos primeiros da família a frequentar outros redutos do samba, a conhecer em São Carlos gente que tinha se juntado no morro havia pouco tempo, vinda de todo lado, muito diferente da baianada tradicional, as crianças se criando juntas, aproximando a vizinhança. Eram operários, biscateiros, empregados, mas muita gente sem trabalho que sobrevivia de teimosia, alguns entrando rasgado na malandragem e mesmo no banditismo, iniciando uma tradição do favelado, que, brutalizado, reage como um guerrilheiro sem projeto, autorizado por sua revolta, pela legitimidade de retrucar olho por olho, dente por dente, mito sangrento que ameaça a cidade que os exclui.

Mas Bucy chegava lá vindo da casa de sua avó, a Tia Ciata, uma negra poderosa e bem situada no mundo, forte no santo, herdeira de uma gente mágica e antiga que lembrava reunida a palavra dos africanos. Vinha do mundo de Germano, de Martinho, de Hilário Jovino, seu padrinho. Dele, Bucy conta:

> Trabalhava no santo e lá todos morrem sabendo "eu vou morrer tal dia". Ele disse: "Já tava tudo armado". A minha família sempre soube o dia da morte. Quando eles começavam a agradar muito a um é porque aquele tá pedido.

> Quando eles começam com muito carinho com a pessoa, é que aquele tá pedido. Uma vez eu era garotinho, me acarinham muito, eu digo "Hum..., eu não vou morrer não hein?". Eles disseram assim: "Quem foi que disse isso, menino?". Eu disse: "Eu não vou morrer não...". Todo mundo ficou me agradando...[9]

A figura paradigmática de seu pai, com sua presença especial garantida por inimagináveis recursos, e o jeito particular do menino com os instrumentos, parece que o afastaram da vida regular para que a família o preparara. O samba chamava.

> Eu me lembro que ganhei uma surra. "Vai comprar manteiga." E eu fiquei entretido ali. "Que que é isso!?" "É o samba!" Eu disse: "Opa!". Eu, também, garoto assanhado, passei da hora. "Ah meu Deus, minha mãe vai me matar." Mas quando eu vim triste, disse que um automóvel tinha me pegado. Não adiantou nada, uma moça veio e disse: "Nada, ele tava ali vendo o samba". Menino, como apanhei, me deu até febre.[10]

O pai tinha seus planos para ele, mas era sensível à sua queda para a música, colocando então o menino para aprender piano, mas também para aprender a bater a máquina. Completando seu convívio com as elites uma temporada em Paquetá, num seminário.

> O objetivo do pai era que eu me formasse, eu e meu irmão. Eu comecei a estudar piano aqui no largo de São Francisco com o maior pianista da época que era o José Bulhões, pai desse Max Bulhões sambista, que era ali em cima da Confeitaria Pascoal, quase em cima, numa lateral assim... Ele tinha uma academia ali. Estudei máquina de escrever, aqui

no largo de São Francisco mesmo e do outro lado, porque facilitava tudo. É, datilografia, então na época de meu pai. "Meu filho, estuda, você é preto, você precisa ser alguma coisa na vida que não sei o quê, compreende? Então vamos estudar..." Eu iniciei, mas meu pai pensou tarde. Mas isso, eu estou no meu curso muito bem, ele aí não teve mais nada, disse: "Houve um buraco lá no seminário". Eu fui pro seminário, pra Paquetá. Ele teve saudades, mudou-se para Paquetá. Eu era um pequeno muito alegrinho, ele gostava de mim, então foi atrás de mim na ilha de Paquetá.[11]

Criado no convívio dos rancheiros e partideiros, e muito cedo em contato com os novos pontos quentes de samba e viração nos bairros populares — no Estácio, nos morros de São Carlos e da Mangueira e com o pessoal de Osvaldo Cruz, que liderados pelo Paulo fariam a Portela —, Bucy é um personagem que sai da Pequena África para a cidade, para um Rio popular e marginal, para um Rio musical, e depois para seu próprio ponto de convergência no Centro, no caso a praça Tiradentes, ponto de encontro de sambistas com músicos profissionais e pequenos empresários da noite.

Depois da morte do pai e da avó, começa a se virar tocando aqui e ali, compondo e vendendo sambas, muito cedo gravando com Francisco "Chico" Alves, grande *hitmaker* com quem mantém uma relação intensa e irregular. Chega a ser cabo eleitoral por uma boa grana, depois consegue um emprego mais estável como ritmista da Columbia, junto com uma dupla de primeira, Baiaco, sambista e malandro, e o divino Cartola.

Convive com a grande malandragem da Lapa e do Estácio, com "Brancura", "Chico Criolo", "Madame Satã", Alberto "Português", "Leãozinho", Reis — irmão caçula querido de Dona Carmem do Xibuca, envenenado pela namorada ciumenta —, Adamastor, "China", "Manduca", "Americano" e tantos outros, que aparecem como estrelas transitórias naquele mundo escorregadio, quando o samba passa a ser cultivado, não mais só entre os baianos, mas nas rodas de biscateiros, malandros e prostitutas.

Em 1929, Chico Alves gravou na Odeon "Palhaço", de sua autoria. Era assim:

*Tudo acabado*
*Eu desprezado*
*Vivo tristonho e abandonado*
*Por que choras palhaço*
*Eis a razão que eu não me caso*

Depois, Bucy põe seu nome entre os sambistas clássicos com:

*Não ponha a mão*
*No meu violão*
*Você pode sambar se quiser com a minha mulher*
*Mas por favor*
*Não ponha a mão*
*No meu violão*

Bucy foi um dos participantes do primeiro e único desfile da pioneira Deixa Falar. Frequenta várias escolas de samba, principalmente no morro de São Carlos, como a saudosa Vê se Pode, trabalha para o cinema com o grande Moacir Fenelon da Atlântida fazendo ritmo para gravações. Não consegui confirmar nem a ele perguntei, mas afirmam que Bucy esteve envolvido com Orson Welles em sua estadia no Rio no início dos anos 1940. Com o tempo Bucy se vê em meio a alguns casos intrincados de direitos autorais, que até seus últimos dias — morre em 1982, pouco antes da finalização deste trabalho — o manteriam ocupado na Ordem dos Músicos.

Um negro baixo e volumoso com a idade, de impecável terno escuro, atencioso mas escorregadio — só com muita persistência conseguimos um dia gravar com ele uma boa conversa —, viveu os últimos vinte anos junto com Dona Nanci, com quem teve duas filhas: Grace Mary e Maria Olivia. Como diz o samba moderno:

*Eu fui a Lapa*
*E perdi a viagem*
*Aquela tal malandragem*
*Não existe mais*[12]

Da última vez que o vimos, ficaram suas palavras pausadas:

O negro tinha o espírito artístico isso sim, assim pra festas, eles são festeiros, que o negro é um elemento triste, ele sente uma necessidade, compreende, é tristeza sim, porque o negro no fundo é muito triste todo ele. Tá brincando mas é pra despistar a tristeza do cara. Eu tiro por mim, eu às vezes cismo de ficar aqui no apartamento, em todo lugar, sumir. Se ninguém me visse... "Será que está morto? Ele bebeu muito, ô Bucy." Aí batiam, "Ô rapaz você não aparece, ninguém te vê, nem o porteiro nem nada". Essa tristeza já é do preto mesmo.[13]

Na rua Leopoldina Rego, em plena Penha, morava outra das figuras importantes do antigo grupo baiano no Rio, Cincinha, filha de Abaluaê, neta de Tia Ciata e criada por ela nos últimos anos de sua vida. Em 13 de janeiro de 1979, ela encabeçou juntamente com Amauri Monteiro, José Ramos Tinhorão, Juvenal Portela e Sérgio Cabral "uma missa de saudade" pela passagem do aniversário natalício de sua finada avó, na igreja de Nossa Senhora do Rosário e São Benedito dos Homens Pretos. Lá esteve presente toda a velha guarda do samba homenageando a velha baiana, entre eles Nelson Cavaquinho, Cartola e sua mulher Zica, Mano Décio, Neuma, Carlos Cachaça, Valdir Azevedo e muitos outros, e, representando o samba paulista, Adoniran Barbosa.

Cincinha é carioca nascida em território baiano, como Lili e Bucy. "Baianos eram os velhos avós." Ela não fala muito, diz que

> Não tem nada pra contar não. Se vocês perguntarem como se faz uma cocada eu explico, doce que hoje dizem que é baiano mas não fazem, era muita coisa: cocada, bolo de aipim, bolo de arroz, bolo de mandioca puba, bolo de milho, cuscuz, mãe-benta, um tabuleiro de baiana parecia um balcão de confeitaria, é mais caprichado, né, nossa massa é com leite de coco. [...] Sempre morei na cidade, todas nós, eu, Lili, agora é que nós viemos pro subúrbio, a cidade virou uma imundície. Morava na rua da Alfândega, naquela época era muito bonita, mas agora... Morei na rua São Pedro, Alfândega, Buenos Aires, naquela época era rua do Hospício depois é que mudaram de nome.

Cincinha teve sete filhos, e morava então com uma delas, Nadir. Seu marido, trabalhador da estiva, já havia falecido há muitos anos. "Eu sei é que eles trabalhavam e recebiam, quando tinha navio eles iam trabalhar, acabava de descarregar o navio, apanhava o dinheiro e iam embora." Nadir intervém: "Os homens eram mais malandros mesmo, eram malandros mesmo". Cincinha, um pouco incomodada, retruca: "Mas seu pai não". Então Nadir conserta, mesmo que no fim cometa uma gafe:

> Não, papai não, mamãe. Papai era de outra época, papai enfrentou o cais e pronto. Antes de enfrentar o cais ele era

funcionário, mas ele achou que no cais estava todo dia com dinheiro na mão e abandonou a prefeitura. Porque meu avô por parte de pai era guarda municipal naquela época, então colocou ele. Meu pai, muito vaidoso, não podia ver uma cabrocha, queria estar sempre com dinheiro na mão, aí foi pra estiva.[14]

Talvez a única comemoração em que a baianada da velha guarda ainda se reunia regularmente fosse no dia de Cosme e Damião, na Ibejada de Dona Carmem Teixeira da Conceição, conhecida como Dona Carmem do Xibuca, que, do alto dos seus 106 anos, mantinha a tradição da festa, antes comemorada na casa de Tia Ciata. Muitos ainda iam, no início da década de 1980, à missa com a velha senhora na Igreja de São Jorge, na praça da República, onde ela, com roupa e torso de baiana, recebia os cumprimentos de todos na saída. Depois, já na vila Clementino Fraga, perto de onde era a praça Onze, o caruru era oferecido no altar dos Ibejes, antes de a festa se profanizar, quando não faltava nem comida nem samba, e tradicionalmente seguia até o dia seguinte.
Nadir, filha de Cincinha, comentava as questões com a Igreja:

Está dando um problema lá com a Irmandade que eles não querem que vá de lenço na cabeça na missa, não quer que vá de baiana. Não sei por quê, na época da minha avó os africanos iam pra lá com aquelas gamelas pra assistir à alvorada do dia de São Jorge, faziam obrigações dentro do Campo de Santana. O dia que estiver meio fula vou me vestir de baiana e entro lá. "Não pode entrar." Eu digo: "Eu vou". Todo ano a Carmem ia vestida de baiana, sabe o que é isso? Na hora a irmã não deixou ela entrar e o vigário pediu pra ela ir em casa trocar de roupa, encostava até radiopatrulha. Por isso não vou, pode ter missa, pode ter..., eu não vou lá, porque sou brigona mesmo.[15]

Mesmo reprimida pela Igreja — a Cúria sempre muito sensível com a Igreja de São Jorge, sede de uma das principais festas religiosas da cidade no dia de Ogum —, empobrecida sua festa pelas novas disposições, a ponto de ela chegar a dizer que tinha virado "festa de branco", onde só comparecia pra reunir a família, Dona Carmem fazia parte da história viva do Rio. Sua longevidade e tradição lhe deram o carisma de um altar vivo, sendo a baiana objeto de respeito e mesmo devoção dos que se reuniam à sua volta, situação vivida por ela com a naturalidade de quem sempre esteve imersa num mundo simbólico, com uma ponta de humana impaciência.

Filha de Mônica Maria da Conceição, e, como sua mãe, irmã de santo de Ciata no terreiro de João Alabá, Dona Carmem conta sua infância na Bahia, de onde veio mocinha, sua vida na capital com baianos e africanos, e o casamento com o Xibuca, na Igreja de Santana repleta, com quem teve 21 filhos, sendo duas barrigas de gêmeos, e criou mais "oito ou dez" adotados. A parte central de sua vida termina, segundo ela, com a morte do marido, em 1917.

> Paixão não, sempre gostei, sempre respeitei até a morte. Mas paixão não, nem ciúme. Meu marido cantava, tocava violão muito bem, ele ia pras suas farras, os colegas vinham pegar ele. Tinha uma cervejaria ali na praça Onze, que ele sentava ali bebia duas cervejas e daqui a pouco a mesa estava cheia de mulheres e homens e tudo. Às vezes eu passava assim por fora, olhava, pensa que eu ia brigar? Não, olhava, ia embora para casa.[16]

Sua memória era prodigiosa, apesar de já ter, há anos, ultrapassado o centenário:

> Eu ia muito na casa de Tia Ciata, eu não perdia uma festa. Ih, Cosme e Damião, Nossa Senhora da Conceição. Dia dos anos dela então tinha aquela... O pessoal já sabia aquele dia. Ela às vezes mandava dizer missa em ação de graça, às vezes não mandava, mas o pessoal já sabia que tinha festa lá. Baile na frente, samba nos fundos. Eu ia lá de baiana mas não trabalhava no santo, ia de baiana nos dias de festa, era só samba, baile e mocidade, tinha outro dia que era de candomblé. Os homens trabalhavam, se eram ogãs iam à festa pra tocar tambor, se era dia de samba ia sambar pra divertir.[17]

Ela tinha vivido toda aquela época, e estava ainda ali junto a nós, que, encantados por sua presença, filmávamos sua festa.

> Ah, isso eu peguei. Era tudo casas baixas [...]. Quem trabalhava mais mesmo era português, essa gente, espanhóis, era mais essa gente mesmo. Não era fácil não, eles não gostavam de dar emprego pro pessoal assim que era preto, da África, que pertencia à Bahia, eles tinham aquele preconceito. Mas mulher baiana arranjava trabalho. Porque sabe, a mulher baiana elas têm assim aquelas quedas, chegavam assim "iaiá, que há?" e sempre se empregavam nas casas de família pra fazer um banquete, uma coisa. Tinha fábrica, já tinha aí pra Bangu, já tinha, mas eram os brancos que trabalhavam. Muitas mulheres trabalhavam em casa lavando pra fora, criando as crianças delas e dos outros, mais dos outros do que delas...[18]

## II.
## Lembranças, impressões e fantasias

"A casa da Tia Assiata era um laboratório de ritmos manipulados por macumbeiros, pais de santo, boêmios e gente curiosa que ali corria para assistir às cerimônias religiosas e às festas de sons que representavam..."
Almirante

"Eu e a minha irmã Ciata sempre tivemos as maiores família do Rio de Janeiro. [...] Ela era uma baiana das primeiras, das mais procuradas e ajudou a fazer a fama da praça Onze. No Carnaval todos os clubes paravam na porta dela, cumprimentavam, pediam a bênção. Ela abria as portas, o que tinha mandava oferecer, o pessoal entrava, brincava na sala, depois ia embora. Uma mágoa que tenho é ter perdido a única foto dela. Emprestei pra um jornalista e ele não devolveu mais. Eu queria receber de volta."
Dona Carmem do Xibuca

"Esta é de força. Não tem navalha, finge de mãe de santo e trabalha com três eguns falsos — João Ratão, um moleque chamado Macário e certo cabra pernóstico, o Germano. Assiata mora na rua da Alfândega, 304. Ainda outro dia houve lá um escândalo dos diabos, porque a Assiata meteu na festa de Iemanjá algumas iaôs feitas por ela. Os pais de santo protestaram, a negra danou, teve que pagar multa marcada pelo santo. Essa é uma das feiticeiras da embromação."
João do Rio

"Às vezes a fama de certos pais de santo se espalha. Uma das mais recentes mães de santo (pois que podem ser também mulheres) famosas foi a Tia Ciatha, mulher também turuna na música dizem. Passava os dias de violão no colo inventando melodias maxixadas e falam mesmo as más línguas que muito maxixe que correu Brasil com nome de outros compositores negros eram dela e apropriações mais ou menos descaradas."
Mário de Andrade

"Era junho e o tempo estava inteiramente frio. A macumba se rezava lá no Mangue no zungu da Tia Ciata, feiticeira como não havia outra, mãe de santo famanada e cantadeira ao violão. Às vinte horas Macunaíma chegou na biboca levando debaixo do braço o garrafão de pinga obrigatório. Já tinha gente lá, gente direita, gente pobre, advogados garçons pedreiros meias-colheres deputados gatunos, todas essas gentes e a função ia principiando. Macunaíma tirou os sapatos e as meias como os outros e enfiou no pescoço a milonga feita de cera da vespa tatucaba e raiz seca de açacu. Entrou na sala cheia e afastando a mosquitada foi de quatro saudar a candomblezeira imóvel sentada na tripeça, não falando um isto. Tia Ciata era uma negra velha com um século no sofrimento, javevó e galguincha com a cabeleira branca esparramada feito luz em torno da cabeça pequetita. Ninguém mais não enxergava olhos nela, era só ossos duma compridez já sonolenta pendependendo pro chão da terra."
Mário de Andrade

"Gostava tanto de folguedos que inventava até aniversário."
Ary Vasconcelos

"Era muito falada mas não sabia nada."
Donga

"A mulata Hilária Batista de Oliveira — Tia Ciata, babalaô-mirim respeitada, simboliza toda a estratégia de resistência musical à cortina da marginalização erguida contra o negro em seguida à Abolição."
Muniz Sodré

"Eu era muito pequena, na minha época onde uma criança chegava tinha que respeitar os mais velhos, a gente ficava no nosso montinho lá, esperando a festa começar. Quando começava a gente entrava, eu nem sambava nem batia palmas, porque eu não entendia nada, mas apreciava porque ela era uma senhora muito antiga..."
Sinhá d'Ogum — morro de São Carlos

"Olha aqui, rapaz, você sabe que o nosso nome tem... essa família Jumbeba, vou te contar, tem no mundo inteiro..."
Dino (Dinamogenol Jumbeba)

"Quando ela ia nessas festas usava saia de baiana, batas, xales, só pra sair naqueles negócios de festas. Na cabeça, quando ela ia nessa festa, minha mãe é quem penteava ela, fazia aqueles penteados assim. Ela não botava torso não. Só botava aquelas saias e aqueles xales 'de tuquim' que se chamava. Tinha muita baiana mesmo que tinha casa e tudo que tinha inveja dela, mas ela acabava na beira do fogão fazendo doces."
Dona Lili (Licínia da Costa Jumbeba)

"Minha vó era a voz suprema, quando ela dizia qualquer coisa ninguém respondia nada, porque todo mundo gostava dela, ela tinha qualquer coisa que a palavra dela era uma ordem e todo mundo respeitava."
Bucy Moreira

# Conclusão

> *Peço mais aos negros do que aos outros. É de uma ascensão nunca vista de que falo, meus senhores. E desgraçado daqueles que o pé falseia.*
>
> Aimé Césaire, *A tragédia do rei Christophe*

A Pequena África na zona portuária do Rio, compreendendo os bairros da Saúde, Santo Cristo e Gamboa, assim ficaria conhecida pela presença dominante do povo negro na área desde a Colônia. Essa presença foi o resultado do funcionamento do mercado de escravos do Valongo, entre 1774 e 1831, dos braços negros ocupados pelo trabalho no porto, e do estabelecimento, desde pouco antes da metade do século XIX, de uma vizinhança de negros africanos e baianos alforriados na região. Hoje, intimamente assim nomeada por seus próprios ocupantes e por muitos dos cariocas, a Pequena África tornou-se no local central do circuito histórico e arqueológico da ancestralidade africana no Rio de Janeiro.

Sua "capital" fica no largo de São Francisco da Prainha e no adjacente largo João da Baiana, onde está a emblemática Pedra do Sal — cantada no novo samba do Chico Buarque.[1] De lá, antes dos aterros, vislumbrava-se a baía e o sinal que vinha dos navios: a bandeira branca de Oxalá, avisando que vinha chegando gente. Lá foi criada uma rede de convívio e solidariedade com suas expressões culturais próprias, a partir da fundação dos primeiros candomblés na antiga capital. Em suas ruas, saíram os ranchos e cordões que engendrariam o samba carioca, e foi ao lado da praça da Harmonia que seus moradores, em 1904, ergueram as barricadas da Revolta da Vacina.

Entretanto, para os órgãos públicos, a região foi associada apenas a um passado português, católico e militar, e quando o projeto do Instituto do Patrimônio Histórico e Artístico Nacional (Iphan) chega à região nos anos 1960, sua política de preservação do "patrimônio de pedra e cal" resulta apenas no tombamento de igrejas, edificações militares e prédios de órgãos públicos. Mas ainda que expulsos pelo "bota-abaixo" do prefeito Passos e pelas sucessivas reformas do porto, inibidos pela Igreja e pelos planos urbanísticos ao longo do século, muitos afrodescendentes mantiveram-se como moradores da região.

Se instituições religiosas são "proprietárias" de extensas áreas e de inúmeras edificações, a principal delas a Venerável Ordem Terceira de São Francisco da Penitência, a ela se somando, como "donos" desses bairros, a União e a Marinha, em mais de mil domicílios mantém-se uma população de baixa renda com elevado nível de desemprego. Boa parte dela é pobre, 20% extremamente pobre, metade dos adultos não tem o ensino fundamental completo, as famílias vivendo do trabalho no porto e do comércio pequeno e informal.

Embora, desde os anos 1930, a importância matricial do candomblé tenha sido reconhecida por uma geração de cientistas sociais e artistas, e o samba tenha se consagrado pelo rádio, contribuindo para a própria identidade cultural moderna da cidade, fatos culturais que tiveram muitos dos seus momentos cruciais transcorridos na zona do porto, o povo negro continuava não sendo conhecido como uma presença relevante na área. A noção da Pequena África surgiria, então, no final dos anos 1980, como uma reação a esse esquecimento e a essa desvalorização, nas discussões trazidas pelo centenário da Abolição da escravatura, quando são veementemente problematizadas pelas lideranças entre a população negra e por estudiosos e artistas, muitos deles negros, a manutenção dos preconceitos racistas e as péssimas condições em que vivem os descendentes dos africanos no país.

Mas as coisas estavam começando a mudar, pelo menos no nível do simbólico. Em 1984 já ocorrera o tombamento, pelo Iphan, da Casa Branca do Engenho Velho em Salvador, casa matricial do candomblé baiano, e, em 1985, do Conjunto Histórico e Paisagístico da Serra da Barriga, onde havia se situado o Quilombo de Palmares. E também, já na região portuária do Rio, fora tombada em 1987 a Pedra do Sal, considerada como patrimônio religioso, representando a tradição dos Orixás e o catolicismo popular, e como patrimônio histórico, memória da migração dos baianos e da criação dos ranchos carnavalescos — um símbolo de resistência frente às ameaças de apagamento dos testemunhos da cidade negra.

O tombamento da Pedra do Sal faz com que a Venerável Ordem Terceira de São Francisco da Penitência, conhecida como Vot, proprietária de cerca de oitocentos imóveis na cidade — 120 deles no morro da Conceição na Saúde e em seu entorno —, procure no mesmo ano retomar a posse de diversas das suas propriedades situadas na base do morro, próxima à Pedra do Sal, alegando precisar delas para expandir seus projetos assistenciais e educacionais, e assim implanta uma nova política imobiliária, reajustando os aluguéis e expulsando as famílias que, há cinquenta anos no local, não conseguem arcar com os novos valores.

No Programa de Recuperação Orientada no Morro da Conceição, realizado pela prefeitura, seria alegado que o local teria albergado "equipamentos indesejados", o que incluía o mercado do Valongo e as pedreiras que haviam fornecido material para a construção de estaleiros, fundições e ferrarias. Essas instalações teriam atraído uma população com formas de moradia "inadequadas", situação que deveria ser modificada ou disciplinada para que o morro pudesse receber famílias de classe média e servisse à visitação turística.

Embora os anos 1990 tenham assistido à conscientização e ao fortalecimento da comunidade de afrodescendentes na região, ela é ainda desconsiderada quando a prefeitura lança, no primeiro ano do novo milênio, o projeto "Porto do Rio: Plano de recuperação e revitalização da região portuária do Rio de Janeiro", tendo como objetivo o desenvolvimento habitacional, econômico e turístico dos bairros portuários para iniciar um processo de ressignificação da região. Apesar da qualidade dos seus proponentes, o encontro de ilustres planejadores urbanos municipais com a memória afro-brasileira ainda dessa vez não ocorreria, e novamente uma leitura seletiva da história omitiria o que lá resultara do passado escravista, priorizando as instituições católicas, militares e estatais.

A situação envolveria diversos personagens numa intricada rede de relações locais, em que grupos diversos conflitam enquanto alguns se associam. Grupos de moradores: descendentes de portugueses e espanhóis, migrantes nordestinos, um segmento de artistas e intelectuais, e os tradicionais ocupantes afro-brasileiros. Grandes proprietários: o governo federal — quando fica patente sua responsabilidade como detentor de grandes terrenos desativados e de prédios desocupados após a transferência da capital —, além da Igreja e da Marinha. Também atuantes: secretarias municipais, estaduais e federais, trazendo os profissionais de planejamento urbano. E, finalmente, grandes interesses empresariais e financeiros.

Os projetos de revalorização da região portuária sempre tiveram em comum uma avaliação do casario ocupado pelos afrodescendentes de baixa renda adjetivado como "arruinado", "precário", "invadido" ou "insalubre", embora seus moradores considerassem suas experiências habitacionais, se não positivas, ao menos realistas para indivíduos em sua situação — imóveis que, exatamente por sua condição, haviam se tornado acessíveis para eles ao longo do século. Considerações que deveriam ser levadas em conta nos projetos, que poderiam investir na melhoria de suas moradias, bem como nas condições de vida de seus ocupantes, oferecendo escolas e cursos de capacitação, hospitais, e, sobretudo, oportunidades de trabalho.

Na Constituição de 1988, promulgada depois de décadas de ditadura militar, são criadas normas que visavam valorizar os povos indígenas e a população negra, com o que chama de "sujeitos políticos diferenciados", que teriam direito à propriedade definitiva das terras que estivessem ocupando através de títulos de "reconhecimento étnico". Assim, surge o conceito de "remanescentes" para as comunidades negras, com seu "direito de memória" para a manutenção de territórios onde houvesse se desenvolvido um "processo histórico de espoliação". O conceito de "comunidade quilombola" refere-se, então, a áreas urbanas ou rurais ocupadas por grupos com vivências e valores, dotados de uma trajetória histórica própria, relações territoriais específicas e uma ancestralidade negra. Parecia bem se ajustar à situação de diversas comunidades na zona portuária — mas não completamente.

Entre as famílias que mantinham longos vínculos com a vizinhança da Pedra do Sal e que estavam sendo expulsas, acusadas de invasão e inadimplência, cinco delas resistem ao despejo, utilizando como base de seus argumentos tanto a primeira edição deste livro como o texto de tombamento da Pedra do Sal, proposto pelo historiador Joel Rufino e pela museóloga Mercedes Viegas. Assim, em 2001— mesmo ano em que a prefeitura havia lançado o plano Porto do Rio —, começa a luta para a demarcação de um território da Comunidade de Remanescentes do Quilombo da Pedra do Sal. Ainda em 2001, a Vot, em parceria com o Rotary Clube e com recursos obtidos na Comunidade Europeia, também inaugura um projeto visando converter os moradores aos valores católicos, expulsando as "religiões do santo", ajustado a um programa de saúde e profissionalização para as mulheres e à criação de uma escola de ensino fundamental e médio.

Como um grupo com ancestralidade negra, partilhando vivências e valores, dono de uma trajetória histórica própria ocorrida num território comum, relatada por seus próprios integrantes e em livros que se voltam para uma história popular da cidade a partir da década de 1980, os moradores, sem acesso a advogados, acionam a Defensoria Pública e obtêm uma primeira certidão de reconhecimento.

Na verdade, a legislação era nova e teria necessariamente que encontrar formas próprias para cumprir suas finalidades. Seria necessário um ajuste ao proposto pela legislação, uma vez que muitos dos afro-brasileiros moradores da região portuária não eram descendentes familiares daqueles baianos e africanos que ali haviam se estabelecido no século XIX, seus ascendentes sendo procedentes de outras partes do continente africano e de outras regiões do país, embora muitos deles já estivessem na área havia várias gerações. As circunstâncias do processo urbano desde a reforma Pereira Passos, claramente dirigida aos setores superiores da sociedade, fizeram com que as classes populares, sem dúvida não detentoras da propriedade de suas moradias, fossem jogadas para os subúrbios, favelas e outras partes desvalorizadas da cidade, como se tornariam certos locais da zona portuária, onde de modo aleatório esses indivíduos improvisariam formas de asilo e existência.

Assim, um ajuste impõe-se no conceito de Pequena África, considerando que a diáspora baiana no Rio, já a partir da mudança de muitos de seus membros para a Cidade Nova no início do século XX, progressivamente perderia seu exclusivismo "de origem", permanecendo como uma referência e uma liderança no meio popular. E considerando também que as tradições do povo negro na zona portuária, que tinham como sua referência central o candomblé e suas instituições festivas, haviam sido mantidas e renovadas, e que seus atuais membros eram legítimos herdeiros daquele local de memória a quem se devia uma reparação, lhes garantindo finalmente o direito de moradia no local e de instalação de suas organizações coletivas.

Com isso, inicia-se um longo processo de regularização fundiária, tendo como novidade ser uma reparação histórica em um território urbano fragmentado identificando e demarcando os imóveis na base do morro como pertencentes a essa comunidade, tendo o Instituto de Colonização Agrária (Incra) produzido um relatório histórico e antropológico da área. A Pedra do Sal, reconhecida como monumento da cidade negra, tornada em principal símbolo daquele pleito.

Contrários às pretensões dos militantes negros, alguns qualificariam a Pequena África como um mito, que seria manipulado por aqueles que reivindicam reparações: ela não seria, na verdade, um capítulo da história do Rio de Janeiro, mas apenas uma narrativa mítica. Sim, a Pequena África é um mito, mas como o Santos de Pelé, um mito calcado em embates e lances históricos reais e memoráveis, ocorridos a partir de uma excepcionalidade criada por uma conjunção única de fatores, assim como foram os campos de concentração nazistas, eles também acontecimentos históricos.

O afoxé Filhos de Gandhi, um desdobramento do afoxé com o mesmo nome criado na década de 1940 por estivadores em Salvador, que fora fundado na zona portuária do Rio em 1951, ligado ao povo do santo, também buscaria seus direitos. O Filhos de Gandhi teria a importantíssima função de manter as tradições do candomblé na região, reunindo na Saúde os sacerdotes e frequentadores das casas originárias, que, perseguidas sistematicamente pelas autoridades, haviam progressivamente se transferido para a Baixada Fluminense, assim como os das novas casas, que surgem nos subúrbios mantendo as tradições. Liderado de início pelo baiano Le Paz, estivador e capoeirista, feito no santo no Axé Opô Afonjá de Salvador, e na década de 1970 pelo também baiano Encarnação, feito no Bate Folha em Salvador, o afoxé já reunia na época 4 mil filhos de santo na cidade.

Os afoxés como desdobramento profano do culto, candomblé de rua, no Rio ganhando um novo sentido, como ponto de convergência e de culto das casas de candomblé da cidade. Presente na zona portuária há sete décadas, sempre nos desfiles carnavalescos respeitando seus fundamentos religiosos, o Filhos de Gandhi é uma referência do movimento de permanência e inovação por que passam as instituições negras como patrimônios imateriais da cidade. As letras das suas músicas, inicialmente apenas em iorubá, passam a ser cantadas também em português, seguindo o modelo de popularização por que passava o afoxé baiano. Também, a partir dos anos 1990, o Filhos de Gandhi não mais reúne apenas os iniciados no candomblé, passando a acolher os diversos cariocas, abrindo-se para a cidade.

Outras instituições ligadas às tradições do povo negro vão progressivamente ocupando a região. O Instituto de Pesquisa e Memória Pretos Novos, a escola de música Batucadas Brasileiras, a Casa do Artista Plástico Afrodescendente, a Casa da Tia Ciata, o Museu do Negro, o Instituto Sociocultural Favelarte, os blocos de Carnaval Escravos da Mauá e o Prata Preta, entre outras, ocupando suas ruas e seus largos e dando-lhes uma peculiar tonalidade. Uma cidade negra que não se fecha, sectária e ressentida, mas revê sua história para propor o futuro de seus herdeiros, reafirmando de forma eloquente e generosa sua presença na identidade profunda do Rio de Janeiro.

Mas, alheia a tudo isso, a prefeitura proporia, já na segunda década do novo século, dando continuidade ao plano Porto do Rio e o ampliando, o projeto "Porto Maravilha: Operação urbana consorciada da área de especial interesse urbanístico da região portuária do Rio de Janeiro". Um viaduto que antes passava pela região, gerando um ambiente sombrio, é desmontado revelando de forma surpreendente os contornos dos bairros portuários frente à belíssima baía de Guanabara. Com as perspectivas da Copa do Mundo (2014) e das Olimpíadas (2016), a cidade atrai investidores, e o então prefeito Eduardo Paes tenta seguir os passos de Barcelona, Nova York e Buenos Aires, que haviam transformado seus portos em locais de convívio e atração turística.

Inicialmente visou-se erguer grandes prédios empresariais e edificações residenciais de alto nível, o que exigiria montar um modelo de planejamento urbano para atender de modo adequado aos novos moradores — um desafio para a prefeitura. São criados projetos visando à construção de um complexo empresarial e hoteleiro e de um complexo gastronômico, batizado de Mercado do Porto, que seria inaugurado num palacete da praça Mauá. Mas surgem conflitos entre os interesses do projeto e os pedidos de tombamento de galpões portuários para uso por instituições culturais de locais, o que gera insegurança nos investidores imobiliários.

Nos jornais, lemos que a crise econômica que se seguiu interromperia o processo de "requalificação urbana", mantendo a zona "numa situação decadente, desocupada e sem vitalidade econômica" — mais uma vez sendo ignorada a enorme força cultural da área. Em 2018, o projeto volta a ser discutido com o aquecimento do mercado, novas iniciativas propõem agora edifícios de apartamentos e escritórios mais baratos do que os na Barra da Tijuca — mas tudo é paralisado pela pandemia. A nova sede do Banco Central, assim como dos sete prédios erguidos nas imediações da rodoviária Novo Rio com seus 1333 apartamentos, são paralisados, como ficam no papel os empreendimentos residenciais populares previstos pela prefeitura e as moradias de alto padrão: os vinte andares com 190 estúdios de luxo da STX Desenvolvimento Imobiliário, o residencial Lumina Rio da Tishman Speyer do Brasil. Etc., etc.

O que de mais dinâmico ocorreu na região, entretanto, foi, já na virada para esse novo milênio, a consagração de um extraordinário ponto de diversão e cultura que se cria nos entornos do largo da Prainha — a partir da força das tradições negras na área —, com seus bares e restaurantes, e com sua peculiaríssima vida musical, em que músicos e dançarinos se confundem com frequentadores nas rodas que se formam em torno da Pedra do Sal. Ali criou-se de forma insuspeitada e surpreendente um fluxo de interesses e atividades de grande expressão, barato e muito frequentado por um público de diferentes gerações e classes sociais, unindo toda a área entre o largo da Prainha e a praça Mauá, onde se instalaram duas instituições particularmente atraentes e instigantes para a juventude: o Museu de Arte do Rio de Janeiro na praça, e o Museu do Amanhã no píer.

A gestão do prefeito Marcelo Crivella pouco fez para a região. Mais uma vez na prefeitura, Eduardo Paes tenta retomar o projeto com o programa "Reviver Centro" dando sequência ao que começou, oferecendo incentivos fiscais para que o mercado construa e transforme prédios comerciais ociosos no Centro e no porto em edifícios residenciais ou mistos. Paes promete que, uma vez terminada a pandemia, investirá em eventos na região, terminará as obras de reurbanização das ruas, estenderá a linha do VLT (veículo leve sobre trilhos), interligando a área do porto com o Centro, e até recolocará em funcionamento o teleférico do morro da Providência — afirmando existir condições financeiras para tal.

Mas parecem persistir os descompassos entre a Pequena África hoje — onde a população negra reivindica a melhoria da qualidade de vida e dos serviços públicos; local de pertencimento e expressão de uma multiplicidade de instituições e monumentos de memória do povo negro em ativo funcionamento; local superlativo de vida musical e diversão da cidade negra firmemente instalado entre a Prainha e a Mauá — e os sucessivos projetos da prefeitura. Será que apenas os insucessos iniciais do Porto Maravilha têm impedido o apagamento da Pequena África, ao que parece invisível para os donos da cidade, da mesma forma como só o descaso pelos bairros portuários tem garantido a existência do velho casario?

A partir da descoberta arqueológica feita durante obras na zona portuária em 2011 pela arqueóloga Tânia Andrade, revelou-se que numa profundidade entre um metro e vinte e um metro e oitenta o cais do Valongo permanecia inteiro e bem preservado com sua calçada "pé de moleque", e mais de 500 mil artefatos foram encontrados pela equipe liderada por Tânia — cachimbos, anéis de piaçaba, amuletos e adornos religiosos. Único vestígio material de um porto de desembarque de africanos nas Américas, o Valongo foi inicialmente apontado como patrimônio carioca e nacional, e, em 2017, reconhecido pela Unesco como um dos doze "sítios históricos de dor", junto com Auschwitz e Hiroshima, locais emblemáticos onde grandes violências contra a humanidade foram cometidas.

Entretanto, também o Valongo parece não interessar o poder público nacional, pois os compromissos assumidos com a Unesco, pela prefeitura e pelo Iphan, de instalação de um Memorial da Celebração da Herança Africana, não vêm sendo cumpridos. O cais foi abandonado na gestão do prefeito Crivella, e o Comitê Gestor do Sítio Arqueológico do Cais do Valongo, estabelecido pelo Iphan em 2018, foi extinto pelo governo Bolsonaro em abril de 2019, correndo-se hoje o risco de o Valongo perder seu título de Patrimônio Mundial.

Procuro estruturar uma cena. A oportunidade desta terceira edição praticamente me impôs esse salto no presente. Revejo as anotações, feitas em anos de interesse pela zona portuária, e os recortes de jornal que escrupulosamente guardei sobre a questão. Converso com as diversas pessoas que me atenderam entre os muitos que busquei, anoto opiniões e recomendações, pego chuva no largo João da Baiana. Consulto os amigos, começando por Rodrigo Moraes, que esteve muito na região filmando — uso velhas palavras — seu belo *Okutá Ió*,[2] e pela professora e poeta Jurema Araújo, a quem passei já uma primeira versão do texto, como também o mostrei à minha mulher e aos editores — e de todos recebo preciosas observações.

São inúmeros os projetos na zona portuária anunciados nos jornais e depois descontinuados ou nem mesmo iniciados. Mas para uma nova iniciativa, ou qualquer coisa, ser abençoada pelos orixás e efetivada pelos homens, considerando o que se avançou através da iniciativa de muitos na região, me parece que deve ser necessariamente antecedida por dois aspectos fundamentais.

O primeiro seria desenvolver uma efetiva política habitacional popular, que resultasse numa melhoria das moradias e da qualidade de vida dos tradicionais ocupantes da área, e também na criação de alternativas nesses bairros para outros cariocas de baixa renda, através do aproveitamento e da reciclagem dos inúmeros imóveis desocupados ou subutilizados como depósitos, além da construção de centros de habitação coletivas, associados — repito — a escolas primárias, secundárias e de capacitação profissional, a facilidades hospitalares e de transporte, e, fundamentalmente, a oportunidades de trabalho.

Iniciativas nesse sentido precisam ganhar prioridade na prefeitura como uma significativa resposta aos enormes déficits habitacionais para as classes populares do Rio de Janeiro, atendendo a suas necessidades e anseios de efetiva integração à vida da cidade. Grandes áreas disponíveis, construídas ou não, existem na região. Moradores sem-teto referiram-se à escravidão quando fizeram três ocupações na região. Iniciativas reunindo o poder público à iniciativa privada foram anunciadas, como o "Projeto de reabilitação de cortiços", o "Programa de reabilitação de sítios históricos para uso habitacional de famílias de baixa renda", e, principalmente o "Projeto Enseada da Gamboa", que seria desenvolvido pela prefeitura e pela Caixa Econômica com empresários da construção civil, visando à construção, num enorme terreno, de edificações de uso misto para 2500 unidades habitacionais, mas que acabou por abrigar a Vila Olímpica da Gamboa e a Cidade do Samba.

Em segundo lugar, percebendo o movimento e as peculiaridades da região do porto do Rio de Janeiro, vejo que é natural associar-nos às experiências bem-sucedidas de revitalização de áreas portuárias pelo mundo. Bairros em grandes cidades considerados "locais de memória" por terem abrigado acontecimentos históricos, em geral culturais, relevantes, muitos deles em algum momento parcialmente desvalorizados, que se reinventaram, onde hoje funcionam instituições identitárias e casas de espetáculos de palco, tela e mesa: cultura, música, teatro, cinema, galerias, livrarias, restaurantes e bares — compondo pequenos universos urbanos de cultura e trabalho. Bairros que servem às suas próprias cidades — pois são principalmente seus moradores que vão lá se divertir imergindo em sua própria cultura —, como ao turismo, dando a possibilidade aos estrangeiros de melhor nos conhecerem. Isso já acontece na Pequena África — uma New Orleans do samba? Mas com a parceria de toda a sociedade e da prefeitura do Rio de Janeiro, o que já ocorre, fruto apenas de iniciativas de grupos e de indivíduos mobilizados pelo carisma da região poderia ganhar outra dimensão.

Dessa forma, respeitando moradores e suas tradições — essas as bases reais de sua ressignificação —, dando oportunidade para seus pares, e formando uma força de trabalho local, é que a região portuária do Rio de Janeiro vai poder acolher outros projetos, sejam eles de instalação de prédios comerciais ou de moradia, de atividades ligadas a serviços ou às novidades tecnológicas que caracterizam o novo milênio, ou a qualquer outra coisa, que o bairro e a cidade venham a considerar como boas ideias.

É significativo, mas não basta, que Tia Ciata e Milton Santos, o geógrafo baiano, e outras personalidades afrodescendentes, tenham se tornado nomes de ruas abertas na região. Absolutamente não interessam bairros que se revitalizam, tornando-se objeto do mercado turístico e imobiliário expulsando seus moradores, desqualificados frente a absurdos e obsoletos, embora vigentes, atestados coloniais de propriedade, ou por não sustentarem a subida de aluguéis provocada pela gentrificação da vizinhança. E tampouco interessa que locais de entretenimento caiam nas mãos de oportunistas e predadores empresariais ou de pequenas ou grandes máfias — lucros imediatos —, atropelando os que construíram laboriosamente um caminho.

"A Pequena África recebe o Porto Maravilha" poderia ser a síntese já de um novo momento urbanístico, poderia ser mesmo o marco de um impulso de revalidação da velha capital frente a sua gente, como fruto do encontro (im)provável entre um setor da sociedade, ativo e organizado, o poder público e o empresariado, que se ofereceria em seus resultados aos antigos e novos ocupantes da Saúde, Gamboa e Santo Cristo, a todos os cariocas e aos visitantes da cidade, para quem a zona portuária se renovaria para albergá-los e recebê-los como um universo único de expansão social, cultura e entretenimento.

# Notas

### Introdução [pp. 15-20]

1. Rafael Cardoso, *Modernidade em preto e branco: Arte e imagem, raça e identidade no Brasil, 1890-1945*. São Paulo: Companhia das Letras, 2022.

### 1. De Salvador para o Rio de Janeiro [pp. 21-64]

1. Júlio J. Chiavenato, *O negro no Brasil*. São Paulo: Brasiliense, 1986.
2. João José Reis, "A revolta haussá de 1809 na Bahia". In: João José Reis e Flávio Gomes (Orgs.), *Revoltas escravas no Brasil*. São Paulo: Companhia das Letras, 2021.
3. Nina Rodrigues, *Os africanos no Brasil*. São Paulo: Brasiliana, 1977.
4. João José Reis, *Rebelião escrava no Brasil: A história do levante dos malês (1835)*. São Paulo: Brasiliense, 1986.
5. Ibid.
6. Arthur Ramos, *O negro brasileiro*. São Paulo: Nacional, 1951.
7. João José Reis, *Rebelião escrava no Brasil*, op. cit.
8. Sidney Chalhoub, *Visões da liberdade: Uma história das últimas décadas da escravidão na corte*. São Paulo: Companhia das Letras, 1990.
9. Robert Avé-Lallemant, *Reise durch Nord-Brasilien im jahre 1859*. Leipzig: F. A. Brockhaus, 1860.
10. João José Reis, *Rebelião escrava no Brasil*, op. cit.
11. Idem, "A revolta haussá de 1809 na Bahia", op. cit.
12. Idem, *Rebelião escrava no Brasil*, op. cit.
13. Ibid.
14. Muniz Sodré, "Prefácio". In: Agenor Miranda Rocha, *Os candomblés antigos do Rio de Janeiro: A nação ketu: Origens, ritos e crenças*. Rio de Janeiro: Topbooks, 1994.
15. Vivaldo da Costa Lima, "O candomblé da Bahia na década de trinta". In: *Cartas de Edison Carneiro a Arthur Ramos*. São Paulo: Corrupio, 1987.
16. Agenor Miranda Rocha, *Os candomblés antigos do Rio de Janeiro: A nação ketu: Origens, ritos e crenças*. Rio de Janeiro: Topbooks, 1994.

17. Vivaldo da Costa Lima, op. cit.
18. Ibid.
19. Agenor Miranda Rocha, op. cit.
20. Pierre Verger, *Notícias da Bahia de 1850*. Salvador: Corrupio, 1981.
21. João José Reis, "Revisitando 'magia jeje na Bahia'". In: Valéria Costa e Flávio Gomes (Orgs.), *Religiões Negras no Brasil: Da escravidão à pós--emancipação*. São Paulo: Selo Negro, 2016.
22. Kátia de Queirós Mattoso, *Ser escravo no Brasil*. São Paulo: Brasiliense, 1982.
23. Maximiliano de Habsburgo, *Bahia 1860: Esboços de viagem*. Rio de Janeiro: Tempo Brasileiro, 1982.
24. Manuel Querino, *Costumes africanos no Brasil*. Rio de Janeiro: [s.n.], 1938.
25. Nina Rodrigues, *Os africanos no Brasil*. São Paulo: Brasiliana, 1977.
26. Manuel Querino, op. cit.
27. Ibid.

## 2. Os nagôs-minas no Rio de Janeiro [pp. 65-110]

1. Depoimento de Carmem Teixeira da Conceição, arquivo Corisco Filmes.
2. Eugênio Líbano Soares, *A capoeira escrava: e outras tradições rebeldes no Rio de Janeiro (1808-1850)*. Campinas: Editora da Unicamp, 2001.
3. Gilberto Freyre, *Sobrados e mucambos: decadência do patriarcado rural e desenvolvimento do urbano*. Rio de Janeiro: José Olympio, 1975.
4. Eugênio Líbano Soares, *A capoeira escrava*, op. cit.
5. Gilberto Freyre, *Ordem e progresso*, Rio de Janeiro: José Olympio, 1975.
6. Eugênio Líbano Soares, *A negregada instituição: Os capoeiras no Rio de Janeiro*. Rio de Janeiro: Secretaria Municipal de Cultura, 1994.
7. Ibid.
8. Flávio dos Santos Gomes, *Histórias de quilombolas: Mocambos e comunidades de senzalas no Rio de Janeiro, século XIX*. São Paulo: Companhia das Letras, 2006.
9. Juliana Barreto Farias, *Mercados minas: Africanos ocidentais na praça do Mercado no Rio de Janeiro (1830-1890)*. Rio de Janeiro: Arquivo Geral da Cidade do Rio, 2014.
10. "Coroados" era como os colonizadores designavam várias tribos brasileiras, de diferentes famílias, por rasparem a cabeça à maneira de coroa.
11. Eugênio Líbano Soares, *Zungu: Rumor de muitas vozes*. Rio de Janeiro: Arquivo Público do Estado do Rio de Janeiro, 1998.
12. Eugênio Líbano Soares, *A capoeira escrava*, op. cit.
13. Luís Agassiz e Elizabeth Cary Agassiz, *Viagem ao Brasil 1865-1866*. Trad. e notas de Edgar Süssekind de Mendonça. Brasília: Senado Federal; Conselho Editorial, 2000.

14. Juliana Barreto Farias, op. cit.
15. Ibid.
16. Ibid.
17. Eugênio Líbano Soares, *A negregada instituição*, op. cit.
18. Ibid.
19. Carlos Guilherme Mota, "História de um silêncio: A guerra contra o Paraguai (1864-1870) 130 anos depois". *Estudos Avançados*, São Paulo: IEA/USP, n.9, 1995.
20. Eric Hobsbawm, *A era do capital, 1848-1875*. Rio de Janeiro: Paz e Terra, 1979.
21. Carlos Guilherme Mota, op. cit.
22. Nelson Werneck Sodré, *História militar do Brasil*. Rio de Janeiro: Civilização Brasileira, 1965.
23. Marcelo Santos Rodrigues, *Guerra do Paraguai: os caminhos da memória entre a comemoração e o esquecimento*. São Paulo: USP, 2009. Tese (Doutorado em História Social).
24. Júlio José Chiavenato, *O negro no Brasil*. São Paulo: Brasiliense, 1986.
25. Idem, *Genocídio americano: a guerra do Paraguai*. São Paulo: Brasiliense, 1986.
26. Dionísio Cerqueira, *Reminiscência da campanha do Paraguai: 1865-1870*. Biblioteca do Exército, 1980. Apud: Marcelo Santos Rodrigues. *Guerra do Paraguai: os caminhos da memória entre a comemoração e o esquecimento*. São Paulo: USP, 2009. Tese (Doutorado em História Social).
27. Ibid.
28. Júlio José Chiavenato. *O negro no Brasil*. São Paulo: Brasiliense, 1986.
29. Nelson Werneck Sodré, op. cit.
30. Sidney Chalhoub, *Visões da liberdade*, op. cit.
31. Eugênio Líbano Soares, *A negregada instituição*, op. cit.
32. Ibid.
33. Gilberto Freyre, *Ordem e progresso*, op. cit.
34. Eugênio Líbano Soares, *A negregada instituição*, op. cit.
35. Idem, *A capoeira escrava*, op. cit.
36. Muniz Sodré, *Mestre Bimba: Corpo de mandinga*. Rio de Janeiro: Manati, 2002.
37. Ibid.

### 3. O Rio de Janeiro dos bairros populares [pp. 111-30]

1. Luiz Rafael Vieira Souto, *Memorial*. Rio de Janeiro: Arquivo Geral da Cidade do Rio de Janeiro.

2. Lia de Aquino Carvalho, *Contribuição ao estudo das habitações populares: Rio de Janeiro 1886-1906*. Rio de Janeiro: Secretaria Municipal de Cultura, 1995.
3. Paulo Bastos Cesar e Ana Rosa Viveiros de Castro, *A Praça Mauá na memória do Rio de Janeiro*. São Paulo: Ex Libris, 1989.
4. Lima Barreto, *Feiras e mafuás*. Rio de Janeiro: Mérito, [s.d.].
5. Brasil Gerson, *A história das ruas do Rio de Janeiro*. Rio de Janeiro: Lacerda, 2000.
6. Lima Barreto, op. cit.
7. Muniz Sodré e Luís Felipe Lima. *Um vento sagrado: História de vida de um adivinho da tradição nagô-kêtu brasileira*. Rio de Janeiro: Mauad, 1996.
8. Museu da Imagem e do Som, *As vozes desassombradas do museu*. Rio de Janeiro: Museu da Imagem e do Som, 1970.
9. Lima Barreto, op. cit.

## 4. Vida de trabalhador [pp. 131-44]

1. Júlio J. Chiavenato, *O negro no Brasil*, op. cit.
2. Luiz Edmundo, *O Rio de Janeiro do meu tempo*. Rio de Janeiro: Conquista, 1957.
3. Depoimento de Carmem Teixeira da Conceição, Tia Carmem. Arquivo Corisco Filmes.
4. Luiz Edmundo, op. cit.
5. Depoimento de Carmem Teixeira da Conceição, Tia Carmem. Arquivo Corisco Filmes.
6. Museu da Imagem e do Som, op. cit.
7. Depoimento de Tia Cincinha, arquivo Corisco Filmes.
8. Depoimento de Bucy Moreira. Arquivo Corisco Filmes.
9. Sheldon Leslie Maran. *Anarquistas, imigrantes e o movimento operário, 1890-1920*. Rio de Janeiro: Paz e Terra, 1979.
10. Depoimento de Santana da Costa Jumbeba. Arquivo Corisco Filmes.
11. Depoimento de Licínia da Costa Jumbeba. Arquivo Corisco Filmes.
12. Luiz Edmundo, op. cit.
13. Gilberto Freyre, *Ordem e progresso*, op. cit.

## 5. A Pequena África e o reduto de Tia Ciata [pp. 175-212]

1. João do Rio, *A alma encantadora das ruas*. São Paulo: Martin Claret, 2013.
2. Nei Lopes, *Enciclopédia brasileira da diáspora africana*. São Paulo: Selo Negro, 2004.
3. Entrevista de Hilário Jovino Ferreira.

4. Jota Efegê, *Figuras e coisas do carnaval carioca*. Rio de Janeiro: Funarte, 1982.
5. Depoimento de Bucy Moreira. Arquivo Corisco Filmes.
6. Agenor Miranda Rocha, op. cit.
7. As informações dessa parte foram retiradas do livro de Agenor Miranda da Rocha e dos dois livros sobre ele, o primeiro escrito por Diógenes Rebouças Filho, o segundo por Muniz Sodré e Luís Felipe de Lima.
8. Depoimento de Carmem Teixeira da Conceição. Arquivo Corisco Filmes.
9. Museu da Imagem e do Som, op. cit.
10. Ibid.
11. Ibid.
12. Ibid.
13. Depoimento de Bucy Moreira. In: Museu da Imagem e do Som, op. cit.
14. Depoimento de Lili Jumbeba. In: Museu da Imagem e do Som, op. cit.
15. Hoje, Dona Carmem já se foi, resta a saudade dela, a lembrança de seu carisma e de sua generosidade, os registros que fizemos com ela e uma linda documentação de uma das suas Ibejadas, em cinema, fotografia e gravação, nunca editada mas guardada carinhosamente hoje no Arquivo da Cidade.
16. João Batista Borges Pereira, *Cor, profissões em mobilidade: O negro e o rádio de São Paulo*. São Paulo: Edusp, 2001.
17. Muniz Sodré, *O terreiro e a cidade*. Petrópolis: Vozes, 1988.
18. Museu da Imagem e do Som, op. cit.
19. Nesse trecho do livro *Le Comte de Gobineau au Brésil*, de G. Readers, citado em *As religiões africanas no Brasil*, de Roger Bastide, comete-se um engano, já que no Império, época em que Gobineau aqui esteve, a moeda corrente era o mil-réis.
20. João José Reis. *Rebelião escrava no Brasil*, op. cit.

## 6. As transformações [pp. 213-35]

1. Roger Bastide, "Estudos do sincretismo católico fetichista". In: *Estudos afro-brasileiros*. São Paulo: Perspectiva, 1973.
2. Texto africano traduzido por Pierre Verger. In: Marco Aurélio Luz e Georges Lapassade, *O segredo da macumba*. Rio de Janeiro: Paz e Terra, 1972.
3. Ângela Nensy era uma das pesquisadoras de nossa equipe.
4. Depoimento de Aniceto do Império. Arquivo Corisco Filmes.
5. Oswald de Andrade, *Um homem sem profissão*. Rio de Janeiro: Civilização Brasileira, 1974.
6. Edmar Morel, *A Revolta da Chibata*. Rio de Janeiro: Graal, 1979.
7. Ibid.

### 7. O samba e a polêmica do "Pelo telefone" [pp. 237-56]

1. Muniz Sodré, *Samba: O dono do corpo*. Rio de Janeiro: Codecri, 1979.
2. Mário de Andrade, "Cândido Inácio da Silva e o lundu". *Revista brasileira de música*, Rio de Janeiro, v. 10, Escola Nacional de Música, 1944.
3. Nei Lopes, *Partido-alto: Samba de bamba*. Rio de Janeiro: Pallas, 2005.
4. Ibid.
5. Museu da Imagem e do Som, op. cit.
6. Muniz Sodré, *Samba*, op. cit.
7. "Uma reportagem satírica que acabou sucesso de Carnaval". *O Globo*, Rio de Janeiro, 5 fev. 1972.
8. Museu da Imagem e do Som, op. cit.
9. Flávio Silva, "1917: Questão social e Carnaval", *Informativo Funarte*, Rio de Janeiro, mar. 1983.
10. Sérgio Cabral, *As escolas de samba*. Rio de Janeiro: Fontana, 1974.

### 8. As baianas na festa da Penha [pp. 257-67]

1. Luiz Edmundo, op. cit.
2. Muniz Sodré. *Mestre Bimba*, op. cit.
3. Sérgio Cabral, "Música naquela base". *O Globo*, Rio de Janeiro, 27 abr. 1963.
4. Museu da Imagem e do Som, op. cit.
5. Francisco Guimarães, *Na roda do samba*. Rio de Janeiro: Funarte, 1978.

### 9. Geografia musical da cidade [pp. 269-85]

1. Sidney Chalhoub, op. cit.
2. Mário de Andrade, *Música, doce música*. São Paulo: Livraria Martins Pena, 1976.
3. Henrique Cazes, *Choro: Do quintal ao Municipal*. São Paulo: Ed. 34, 1998.
4. "Gafieira" foi um nome dado de cima para baixo, pejorativamente, aos salões populares de dança, onde se cometeriam "gafes". Na fundação de uma das mais tradicionais gafieiras do Rio, até pouco tempo ainda funcionando num dos cantos do antigo Campo de Santana, na praça da República, Júlio Simões, seu mitológico dono, cariocamente devolveria a piada a denominando "Gafieira Elite Club".
5. Francisco Duarte, *Musicalidade*. (inédito)
6. Ibid.
7. Ler como oxítona.
8. Luiza Mara Braga Martins, *Os Oito Batutas: História e música brasileira nos anos 1920*. Rio de Janeiro: UFRJ, 2014.
9. Ibid.

10. Henrique Cazes, op. cit.
11. Alejandro Ulloa, *Pagode: A festa do samba no Rio de Janeiro e nas Américas*. Rio de Janeiro: MultiMais,1998.
12. Ibid.

## 10. Álbum de família [pp. 287-302]

1. Depoimento de Dona Lili, Licínia da Costa Jumbeba. Arquivo Corisco Filmes.
2. Ibid.
3. Depoimento de Dino, Dinamogenol Jumbeba. Arquivo Corisco Filmes.
4. Depoimento de Santana. Arquivo Corisco Filmes.
5. Depoimento de Dona Lili. Arquivo Corisco Filmes.
6. Depoimento de Bucy Moreira. Arquivo Corisco Filmes.
7. Depoimento de Bucy Moreira a Sérgio Cabral em *As escolas de samba*, op. cit.
8. Ibid.
9. Ibid.
10. Ibid.
11. Ibid.
12. Música de Chico Buarque.
13. Depoimento de Bucy Moreira a Sérgio Cabral.
14. Depoimento de Cincinha e Nadir. Arquivo Corisco Filmes.
15. Ibid.
16. Depoimento de Carmem do Ximbuca, Carmem Teixeira da Conceição.
17. Ibid.
18. Ibid.

## Conclusão [pp. 307-20]

1. "Que tal um samba" é o "Apesar de você" dos novos tempos.
2. Longa-metragem do cineasta Rodrigo Moraes sobre a região registra as atividades ligadas à ancestralidade que lá ocorrem, integrando o passado aos registros contemporâneos com sacerdotes do candomblé e moradores locais. Além do longa-metragem, o projeto gerou um evento, um site e uma exposição de fotografias.

# Referências bibliográficas

AGASSIZ, Luís; AGASSIZ, Elizabeth Cary. *Viagem ao Brasil 1865-1866*. Trad. e notas de Edgar Süssekind de Mendonça. Brasília: Senado Federal; Conselho Editorial, 2000.

ALMIRANTE (Henrique Foréis Domingues). *No tempo de Noel Rosa*. Rio de Janeiro: Francisco Alves, 1963.

ANDRADE, Mário de. "Cândido Inácio da Silva e o lundu". *Revista brasileira de música*, v. 10. Rio de Janeiro: Escola Nacional de Música, 1944.

_____. *Música, doce música*. São Paulo: Livraria Martins, 1976.

ANDRADE, Oswald de. *Um homem sem profissão*. Rio de Janeiro: Civilização Brasileira, 1974.

AVÉ-LALLEMANT, Robert. *Reise durch Nord-Brasilien im jahre 1859*. Leipzig: F. A. Brockhaus, 1860.

BARBOSA, Orestes. *Samba*. Rio de Janeiro: Funarte, 1978.

BARRETO, Lima. *Clara dos Anjos*. Rio de Janeiro: Edições de Ouro, s.d.

_____. *Feiras e mafuás*. Rio de Janeiro: Mérito, s.d.

_____. *Numa e a Ninfa*. São Paulo: Companhia das Letras, 2017.

BASTIDE, Roger. *O candomblé da Bahia*. São Paulo: Pioneiros & USP, 1978.

_____. *Estudos afro-brasileiros*. São Paulo: Perspectiva, 1973.

_____. *As religiões africanas no Brasil*. São Paulo: Livraria Pioneira & USP, 1971.

BOURDIEU, Pierre. *A economia das trocas simbólicas*. São Paulo: Perspectiva, 1974.

CABRAL, Sérgio. *As escolas de samba*. Rio de Janeiro: Fontana, 1974.

CARDOSO, Rafael. *Modernidade em preto e branco: Arte e imagem, raça e identidade no Brasil, 1890-1945*. São Paulo: Companhia das Letras, 2022.

CARNEIRO, Edison. *Candomblés da Bahia*. Rio de Janeiro: Civilização Brasileira, 1977.

CARVALHO, Lia de Aquino. *Contribuição ao estudo das habitações populares: Rio de Janeiro 1886-1906*. Rio de Janeiro: Secretaria Municipal de Cultura, 1995.

CAZES, Henrique. *Choro: Do quintal ao Municipal*. São Paulo: Ed. 34, 1998.

CESAR, Paulo Bastos; CASTRO, Ana Rosa Viveiros de. *A praça Mauá na memória do Rio de Janeiro*. São Paulo: Ex Libris, 1989.

CERQUEIRA, Dionísio. *Reminiscência da campanha do Paraguai: 1865-1870*. Biblioteca do Exército, 1980.
CHALHOUB, Sidney. *Visões da liberdade: Uma história das últimas décadas da escravidão na corte*. São Paulo: Companhia das Letras, 1990.
CHIAVENATO, Júlio J. *Genocídio americano: A guerra do Paraguai*. São Paulo: Brasiliense, 1986.
_____. *O negro no Brasil*. São Paulo: Brasiliense, 1986.
CUNHA, Manuela Carneiro da. *Negros, estrangeiros: Os escravos libertos e sua volta à África*. São Paulo: Brasiliense, 1985.
EDMUNDO, Luiz. *O Rio de Janeiro do meu tempo*. Rio de Janeiro: Conquista, 1957.
EFEGÊ, Jota. *Figuras e coisas da música popular*. Rio de Janeiro: Funarte, 1980. v. 1 e 2.
_____. *Figuras e coisas do Carnaval carioca*. Rio de Janeiro: Funarte, 1982.
DUARTE, Francisco. *Musicalidade*. (inédito)
FARIAS, Juliana Barreto. *Mercados minas: Africanos ocidentais na praça do Mercado no Rio de Janeiro (1830-1890)*. Rio de Janeiro: Arquivo Geral da Cidade do Rio, 2014.
FREYRE, Gilberto. *Casa-grande & senzala*. Rio de Janeiro: José Olympio, 1975.
_____. *Ordem e progresso*. Rio de Janeiro: José Olympio, 1975.
_____. *Sobrados e mucambos: Decadência do patriarcado rural*. Rio de Janeiro: José Olympio, 1975.
GERSON, Brasil. *A história das ruas do Rio de Janeiro*. Rio de Janeiro: Lacerda, 2000.
GOMES, Flávio dos Santos. *Histórias de quilombolas: Mocambos e comunidades de senzalas no Rio de Janeiro, século XIX*. São Paulo: Companhia das Letras, 2006.
GUIMARÃES, Francisco. *Na roda do samba*. Rio de Janeiro: Funarte, 1978.
HABSBURGO, Maximiliano de. *Bahia 1860: Esboços de viagem*. Rio de Janeiro: Tempo Brasileiro, 1982.
HOBSBAWM, Eric. *A era do capital, 1848-1875*. Rio de Janeiro: Paz e Terra, 1979.
LIMA, Vivaldo da Costa. "O candomblé da Bahia na década de trinta". In: *Cartas de Edison Carneiro a Athur Ramos*. São Paulo: Corrupio, 1987.
LOPES, Nei. *Enciclopédia brasileira da diáspora africana*. São Paulo: Selo Negro, 2004.
_____. *Partido-alto: Samba de bamba*. Rio de Janeiro: Ed. Pallas, 2005.
LUZ, Marco Aurélio; LAPASSADE, Georges. *O segredo da macumba*. Rio de Janeiro: Paz e Terra, 1972.
MARAN, Leslie Sheldon. *Anarquistas, imigrantes e o movimento operário brasileiro, 1890-1920*. Rio de Janeiro: Paz e Terra, 1979.

MARTINS, Luiza Mara Braga. *Os Oito Batutas: História e música brasileira nos anos 1920*. Rio de Janeiro: UFRJ, 2014.
MATTOSO, Kátia de Queirós. *Ser escravo no Brasil*. São Paulo: Brasiliense, 1982.
_____. *Bahia: A cidade de Salvador e seu mercado no século XIX*. São Paulo: Hucitec, 1978.
MOREL, Edmar. *A Revolta da Chibata*. Rio de Janeiro: Graal, 1979.
MOTA, Carlos Guilherme. "História de um silêncio: a guerra contra o Paraguai (1864-1870) 130 anos depois". *Estudos Avançados*, São Paulo: IEA/USP, n. 9, 1995.
MUSEU DA IMAGEM E DO SOM. *As vozes desassombradas do museu*. Rio de Janeiro: Museu da Imagem e do Som, 1970.
OLIVEIRA, Maria Inês Côrtes de. *O liberto: O seu mundo e os outros*. Salvador: Corrupio, 1988.
QUERINO, Manuel. *Costumes africanos no Brasil*. Rio de Janeiro: [s.n.], 1938.
RAMOS, Artur. *O negro brasileiro*. São Paulo: Nacional, 1951.
REBOUÇAS FILHO, Diógenes. *Pai Agenor*. Salvador: Corrupio, 1998.
REIS, João José. "A revolta haussá de 1809 na Bahia". In: *Revoltas escravas no Brasil*. REIS, João José; GOMES, Flávio (Orgs.). São Paulo: Companhia das Letras, 2021.
_____. *Rebelião escrava no Brasil: A história do levante dos malês (1835)*. São Paulo: Brasiliense, 1986.
_____. "Revisitando 'magia jeje na Bahia'". In: COSTA, Valéria & GOMES, Flávio. (Orgs.) *Religiões Negras no Brasil: Da escravidão à pós-emancipação*. São Paulo: Selo Negro, 2016.
RIO, João do. *As religiões no Rio*. Rio de Janeiro: Nova Aguillar, 1976.
_____. *A alma encantadora das ruas*. São Paulo: Martin Claret, 2013.
RODRIGUES, Marcelo Santos. *Guerra do Paraguai: Os caminhos da memória entre a comemoração e o esquecimento*. São Paulo: USP, 2009. Tese (Doutorado em História Social).
RODRIGUES, Nina. *Os africanos no Brasil*. São Paulo: Brasiliana, 1977.
ROCHA, Agenor Miranda. *Os candomblés antigos do Rio de Janeiro: A nação ketu: Origens, ritos e crenças*. Rio de Janeiro: Topbooks, 1994.
SANT'ANNA, Afonso Romano de. *Música popular e moderna poesia brasileira*. Petrópolis: Vozes, 1978.
SANTOS, Juana Elbein dos Santos. *Os nagôs e a morte*. Petrópolis: Vozes, 1976.
SILVA, Flávio. "1917: Questão social e Carnaval", *Informativo Funarte*, Rio de Janeiro, mar. 1983.
SOARES, Eugênio Líbano. *A negregada instituição: Os capoeiras no Rio de Janeiro*. Rio de Janeiro: Secretaria Municipal de Cultura, 1994.

_____. *Zungu: Rumor de muitas vozes*. Rio de Janeiro: Arquivo Público do Estado do Rio de Janeiro, 1998.

_____. *A capoeira escrava: E outras tradições rebeldes no Rio de Janeiro (1808-1850)*. Campinas: Unicamp, 2001.

SODRÉ, Muniz. *Samba, o dono do corpo*. Rio de Janeiro: Codecri, 1979.

_____. *O terreiro e a cidade*. Petrópolis: Vozes, 1988.

_____. *Mestre Bimba: Corpo de mandinga*. Rio de Janeiro: Manati, 2002.

SODRÉ, Muniz; LIMA, Luís Felipe. *Um vento sagrado: História de vida de um adivinho da tradição nagô-kêtu brasileira*. Rio de Janeiro: Mauad, 1996.

SODRÉ, Nelson Werneck. *História Militar do Brasil*. Rio de Janeiro: Civilização Brasileira, 1965.

SOUTO, Luiz Rafael Vieira. *Memorial*. Rio de Janeiro: Arquivo Geral da Cidade do Rio de Janeiro.

TINHORÃO, José Ramos. *Os sons que vêm da rua*. Rio de Janeiro: Tinhorão, 1976.

_____. *Música popular de índios, negros e mestiços*. Petrópolis: Vozes, 1975.

_____. *Música popular: Teatro & cinema*. Petrópolis: Vozes, 1972.

ULLOA, Alejandro. *Pagode: A festa do samba no Rio de Janeiro e nas Américas*. Rio de Janeiro: MultiMais, 1998.

VASCONCELOS, Ary. *Panorama da música popular brasileira na belle époque*. Rio de Janeiro: Livraria Sant'Anna, 1977.

VERGER, Pierre. *Notícias da Bahia de 1850*. Salvador: Corrupio, 1981.

VIANA FILHO, Luís. *O negro na Bahia*. Rio de Janeiro: José Olympio, 1946.

# Índice remissivo

Números de páginas em *itálico* referem-se a imagens

## A

Abedé, Cipriano (babalorixá), 185
Abolição da escravidão (1888), 8-9, 15-6, 18, 32, 63-4, 87, 105-6, 109-10, 118, 132, 134, 141, 143, 185-6, 192, 214, 228, 257-8, 270, 305
abolicionismo, 16, 18, 32, 52, 101-3
Abul (Leopoldino, genro de Tia Ciata), 287, 291
açúcar/economia açucareira, 21, 23, 30-4, 37
adivinhação, 48
adjá (instrumento cerimonial), 193-4
afoxés, 181, 225, 313-4
África, 22, 28, 39, 42-3, 49, 52, 87, 181, 190, 193, 216, 302; Centro-Ocidental, 66; Ocidental, 24, 26, 66, 84; Oriental, 66; subequatorial, 23-4; *ver também* Pequena África (Rio de Janeiro)
africanos livres, 42, 82
Agassiz, Elizabeth, 84
Agenor, pai (babalaô), 43-4, 46, 185
agogôs, 60, 201
agricultura, 26, 32, 77, 94
Agripina, mãe (ialorixá), 187
Ajudá, porto de (Daomé), 23
Alabá, João (babalorixá), 184-5, 187, 190-3, 211, 287-8, 301

*Alabama, O* (jornal), 96
Alaketu (Ilê Mariolaje, terreiro de Salvador), 44
Alcorão, 208, 210; *ver também* Islã; muçulmanos
Alencar, Virgulino de, 261
alfabetização cultural, 175
alforrias, 30, 34, 49-50, 56-8, 63, 84, 86, 96-7, 100-1, 110, 287
Alice "Cavalo de Pau", 199
alimentação afro-brasileira, 41
Aljube (Rio de Janeiro), 72, 112
Almeida, Hilária Batista de *ver* Ciata, Tia
Almirante (músico), 243, 303
aluá (bebida africana), 204
Alves, Francisco, 294, 296-7
Alves, José, *170*, 281
Alves, Nelson dos Santos (Nelson Boina), *170*, 281-2
Alves, Rodrigues, 112-3, 229
Amaral Júnior, Norberto do, 247
Amélia do Kitundi, d., 192, 205
Amélia, Tia, 188, 250, 261
Ameno Resedá (rancho carnavalesco), 204, 288
América do Sul, 93-4, 275
América Latina, 30, 93, 283-5
analfabetismo, 219
ancestrais, culto dos, 28, 214; *ver também* religiões afro-brasileiras
Anchieta, José de, padre, 22
Andrade, Mário de, 238, 272, 304
Andrade, Oswald de, 228

Andrade, Rodolfo Martins de *ver* Bambochê (babalorixá)
Andrade, Tânia, 317
Angola, 27-8, 32, 45-6, 66, 69, 218
angolas, 38, 61
Aniceto da Serrinha, 131, 225
Aninha, mãe (ialorixá), 44, 49, 185-7, 192-3, 216, 224
Antoniquinho, 140
antropologia, 28
Araújo, Jurema, 318
Argentina, 93, 284
aristocracia, 21, 59, 100, 122, 229
Arsenal de Marinha (Rio de Janeiro), 70-4
artistas negros, 177, 283
Assumano Mina do Brasil, 191, 210-1, 267
atabaques, 48, 61, 186, 225, 238
Atlântida (companhia cinematográfica), 297
Axé Opô Afonjá (terreiro de Salvador), 44-5, 186-7, 192-3, 314
Axé Opô Afonjá (terreiro do Rio de Janeiro), 186, 216
Azevedo, Valdir, 299

# B

bacharéis, 59, 261
Bahia, 20, 22-3, 25-6, 28-9, 32-3, 35, 39, 41, 43, 46-7, 49, 60, 64-5, 78, 113, 135, 137, 142, 176-7, 179, 181, 185, 187, 190, 193-4, 196, 205, 214, 217, 224, 237, 240, 246, 292, 301-2
baianas quituteiras, 83, 196, 197
baianas, tias, 176, 187, 189, 191, 196, 240, 266
Baiano (cantor), 243, 245, 249
Bambochê (babalorixá), 44, 185, 192-3
Banco Central, 315
Banda Odeon, 243
bandas militares, 245-6
Bandeira, Manuel, 307

bantos, 21-2, 28-9, 38, 42, 49, 88, 181, 215, 218, 220, 222, 225
Bárbara, santa, 53
Barbosa, Adoniran, 299
Barbosa, Orestes, 242
Barbosa, Rui, 100, 103, 125, 228, 233
Barca, conde da, 129
Barcelona, 315
Barreto, Lima, 8, 111, 121, 123, 128-9
Barros, Caio Monteiro de, 234
Bastide, Roger, 216-7, 222
Batalha do Riachuelo (1865), 98, 129
Bate-Folha (terreiro de Salvador), 29, 45, 316
"batucada", usos do termo, 61
batuques, 44, 54, 60-2, 67, 81, 107, 109, 141, 201, 204, 238, 260
Batutas, Les *ver* Oito Batutas, Os
Bebiana, Tia, 138, 179, 190, 200, 204-5
bebidas tradicionais africanas, 204
*belle époque* europeia, 271
Bem de Conta (rancho carnavalesco), 206
benguelas, 38
Benim, 23, 25-6, 42, 46, 78-80
berimbau, 61-2, 89, 238
Bernardino, Manuel, 29
Bíblia, 219
Biblioteca Nacional (Rio de Janeiro), 243, 249
Bide (sambista), 294
Bilac, Olavo, 262
Bimba, mestre (capoeirista), 108-9, 260
Bispo (investigador e chofer do chefe de polícia), 195-6
Bittencourt, Carlos, 253, 277
Blanc, Aldir, 235
Bolsonaro, Jair, 317
bondes elétricos no Rio de Janeiro, 120
Bonfim, Martiniano Eliseu do (babalaô), 26
Bosco, João, 235
"bota-abaixo" (reforma urbana do Rio de Janeiro), 8, 119, 123, 129, 194, 308

Botão de Rosa (rancho carnavalesco), 182
Brancura (carnavalesco), 260, 296
Brás, Wenceslau, 195, 199
Brício, Alfredo Carlos, 245
Broadway (Nova York), 285
Buarque, Chico, 307
Buenos Aires, 127, 178, 282, 299, 315
Bugrinha, 277
Bulhões, José, 295
Bulhões, Leopoldo, 112
Bulhões, Max, 295
Bulldog (carnavalesco), 260
bumba meu boi, 54, 181
burguesia, 16-7, 177, 205, 229, 262, 278, 282, 284
Burlamaqui, Asdrubal, 277

## C

*Cá e Lá* (revista), 269
Cabinda, 66
cabindas, 38
Caboclo (João Paulo, filho de Tia Ciata), 192, 196
caboclo, candomblés de, 44-5, 49, 214-5, 223
Cabral, Sérgio, 250, 298
café/economia cafeeira, 17, 32-4, 66, 76, 79, 82, 89-90, 96, 102, 111, *152*, 279
cafetinagem, 141
cais da Imperatriz (Rio de Janeiro), 76
cakewalk, 275
Calafate, Manoel, 38
Caletu (filha de Tia Ciata), 196
Calu Boneca (ialorixá), 191
calundus, 44
Campo de Santana (Rio de Janeiro), 89, 122, 127, 289, 300
Câncio, João (líder de afoxé), 181
Cândido, João (Almirante Negro), *174*, 228, 230, 233-5
candomblé(s), 9, 29, 37, 42-9, 60, 87, 106, 127, 129, *165*, 181, 184-7, 189-93, 197, 199, 211, 212, 215-8, 220-2, 224-5, 240, 259, 302, 307-9, 312-4, 327*n*
Caninha, 252, 264-5, 277
cantos de nação, 30
Canudos, Guerra de (Bahia, 1896-7), 18, 125
capitalismo, 16, 19, 118, 135
capoeira(s), 9-10, 54, 61-4, 67-72, 74, 82, 88-91, 96, 100, 102-3, 105-9, 129, 141, *156*-7, 237, 238, 260
Caribe, 23, 69, 280
Carlos Cachaça, 299
Carmem do Xibuca, d., 65, 135-6, *173*, 185, 187, 190-1, 193, 197, 199, 210, 296, 300-1, 303
Carnaval, 53, 60, 129, *162*-3, 177-9, 181, 183, 198-200, 204, 213, 243, 245, 248, 251, 253, 261-3, 265, 287, 289, 291, 303, 314
Carneiro, Edison, 29, 61, 63
Cartola, 7, 296, 299
caruru, 203, 290, 300
Carvalho, Eustáquio Alves Castelar de, 242
Carvalho, Hermínio Belo de, 8
Carvalho, Jerônimo de, 234
Carvalho, José Carlos de, 231
Carvalho e Albuquerque, Guilherme Domingos Pires de, 292
Casa Branca (terreiro de Salvador), 43, 185, 309
Casa da Moeda (Rio de Janeiro), 115
Casa de Correção (Rio de Janeiro), 91-2
Casa de Detenção (Rio de Janeiro), 92, 97
Casa Edison (Rio de Janeiro), 243, 249
*Casa Grande & senzala* (Freyre), 41
cassinos, 241-2, 249, 285
Castelo de São Jorge da Mina (Elmina, fortaleza portuguesa na África), 78
Castelo, morro do (Rio de Janeiro), 72, 119, *153*, *160*-1
Castro, Fernandes de, 188

catolicismo popular, 218-9, 223, 309
Cavalcanti, Aurélio, 276
Caxangá (grupo musical), *170*, 249, 263, 280
Caxias, duque de, 98
Cearense, Catulo da Paixão, 249, 263, 272, 274
Central do Brasil, 118, 129, 290
Césaire, Aimé, 307
Chalhoub, Sidney, 33-4, 270
charleston, 275
Chiavenato, Julio, 99, 132
Chico Baiano, 191
China (irmão de Pixinguinha), *170*, 281, 296
choro, 240-1, 257, 272-4, 278, 280-4, 288
Ciata, Tia, *145*; aluguel de roupas de baiana, 138, 198-9, 202; atestado de óbito de, 192; autoria do samba "Pelo telefone" e, 251-2; brancos das elites na casa de, 200, 303; casa alugada na Cidade Nova (Rio de Janeiro), 194; casa alugada na Visconde de Itaúna (Rio de Janeiro), 200-1, 206, 293; chega ao Rio de Janeiro (1876), 192; como vendedora de doces, 138, 194, 196-8, 202-3, 289, 291, 305; cozinha nagô de, 203; dinheiro e, 202; feita no santo por Bambochê, 192; festas na casa de, 197, 199, 201-3, 239, 240, 300, 302-3, 305; filha de Oxum, 179, 197; filhos de, 196; João do Rio sobre, 303; mãe-pequena (iyá kekerê) no candomblé de João Alabá, 193; Mário de Andrade sobre, 304; "missa de saudade" em memória de (1979), 298; miudinho (passo de samba) de, 197, 240, 288; morte de (1924), 266-7, 289, 293; na festa da Penha (Rio de Janeiro), 257-9, 266, 291; nascimento (Salvador, 1854), 192; nome de (Hilária Batista de Almeida, Siata, Assiata), 191-2; quinze filhos de, 196; vestida de baiana, 194, 198, 204, 300, 305; viúva (1910), 198
Cidade Nova (Rio de Janeiro), 88, 106, 122, 127-30, 179, 181, 185, 188, 194, 199, 208, 237-9, 241, 274-8, 292, 312
Cidade Velha (Rio de Janeiro), 75, 82, 89-90
cidades-Estado africanas (séc. XVIII), 24
Cincinha (neta de Tia Ciata), 137, 287, 298-300
Cinelândia (Rio de Janeiro), 277
Cinema Palais (Rio de Janeiro), 279
Cinema Teatro Velo (Rio de Janeiro), 243
Circo Spinelli, 189
classe(s) média(s), 17, 35-6, 52, 100, 122, 198-9, 212, 223-4, 270, 273-4, 276, 284, 309
Clube dos Democratas (Carnavl carioca), 247
Clube Municipal (Rio de Janeiro), 192
Cobras, ilha das (Rio de Janeiro), 72-3, 233
Código Penal Brasileiro, 106-7, 186
cólera-morbo, 115
Colônia, Brasil, 16, 52, 96, 112, 120, 270, 307
Cometa Gira (carnavalesco), 260
Comitê Gestor do Sítio Arqueológico do Cais do Valongo, 317
Companhia de Pretos (Sociedade de Resistência dos Trabalhadores em Trapiches de Café), 139-41
Companhia de Saneamento do Rio de Janeiro, 125
Companhia dos Africanos Livres, 57
Companhia Evoneas Fluminense, 124
Companhia Jardim Botânico (bondes elétricos), 120

Companhia Negra de Revista, 283
Conceição, Morro da (Rio de Janeiro), *158*, 309
Confraria de Nossa Senhora dos Remédios, 86
Congo, 46, 66
congos, 38, 181
congregações marianas, 219
Conjunto Histórico e Paisagístico da Serra da Barriga (AL), 309
Conselho de Saúde do Distrito Federal, 115
Conspiração dos Alfaiates (Bahia, 1798), 36
Constituição brasileira (1824), 48
Constituição brasileira (1988), 311
Copa do Mundo (2014), 315
Copacabana (Rio de Janeiro), 121
Corbeille das Flores (rancho carnavalesco), 288
Cordier, Henri, 32
Corisco Filmes, 7, 11
Corpo de Bombeiros (Rio de Janeiro), 227, 274
Corpo Militar da Guarda Real, 67
*Correio da Manhã* (jornal), 253
corta-jaca (ritmo), 61-2
corte portuguesa, chegada da (1808), 66, 118, 128
Cortes, Aracy, 274
Cosme e Damião, festa de (Ibejada), *171*, 199, 203, 288, 300, 302
cosmogonias afro-brasileiras, 29, 45; *ver também* religiões afro-brasileiras
Costa da Mina (África), 23, 25, 28, 32, 66, 78, 187
Costa, coronel, 199-200
*Costumes africanos no Brasil* (Querino), 57
*criollos* (filhos de europeus nascidos na América), 30
crioulos, 23, 28, 30, 36, 38, 47, 60, 69-70, 80, 89, 107
cristianismo, 216, 219

Crivella, Marcelo, 316-7
Cruz, Bento Osvaldo (pai), 116-7
Cruz, Oswaldo, 116, 119, 226
Cuba, 23, 93, 280, 284
cucumbis, 54, 178, 181, 218
cuícas, 60, 204
culinária nagô, 203-4
culto dos ancestrais, 28, 214; *ver também* religiões afro-brasileiras
cultura popular, 8, 28, 175, 201, 256, 270, 278
Cunha, Flores da, 261
"Cupido" (músico), 274
curandeirismo, 48, 106, 186
Cyrano & C. (pseudônimo de Bastos Tigre), 253

# D

Dadá, Tia, 65, 211, 264
Daomé, 23-5, 46-7
daomeanos, 25
De Chocolat, 283
Debret, Debret, 71, 197
Delgado, Pepa, 269
democracia, 17, 59, 229
Deolinda (mãe-pequena de candomblé), 185, 193
desigualdades, 12, 35
Dessalines, Jean-Jacques, 75
Detá, Iyá, 42
*Diário Carioca* (jornal), 177
Dias, Manuel, 140
Dias, Marcílio, 98
Dias, Pedro, 277
Didi da Gracinda, 191, 244, 252
Dino (Dinamogenol Jumbeba, neto de Tia Ciata), 287, 289, 305
Dique Imperial (Rio de Janeiro), 72-3
dívida externa brasileira, 111
docas do Rio de Janeiro, 113
Dois de Ouro (rancho carnavalesco), 176, 205-6, 264

Donga, 8, 127, *169-70*, 188, 201, 205, 207, 237, 239-40, 242-6, 250-2, 261-2, 264, 277, 280-1, 304
Duarte, Francisco, 276
Duque (dançarino), *170*, 276, 281
Duque de Caxias (RJ), 122

# E

Edmundo, Luiz, 134, 136, 257
Egunguns, culto dos, 214
"Em casa de baiana" (canção), 245
Encarnação (babalorixá), 314
entrudo, 60, 178, 183, 270; *ver também* Carnaval
epidemias, 23, 115-6, 118-9
Escola de Medicina da Bahia, 194
Escola Militar (Rio de Janeiro), 100
escolas de samba, 182-4, 212, 241, 297; *ver também* ranchos carnavalescos
escravidão, 15, 22, 59, 80, 87, 101, 110, 132, 218, 230, 319
Espínola, Carlos, 274
Estado Novo, 107
Estados Unidos, 84, 104, 255, 282, 285
Estrada da Tijuca (Rio de Janeiro), 73
Estrada de Ferro Melhoramentos, 122
estradas de ferro, 33, 93, 112
Europa, 18, 26, 31, 119, 134, 255, 275, 279, 284
"Exemplo de patriotismo" (poesia de 1867), 96
Exército brasileiro, 18, 51, 63, 74, 77, 95, 97-8, 100-1, 104, 107, 133, 184, 227, 261, 290, 293
Exu (orixá), *164*, 220-3, 225

# F

Fábrica Aliança (Rio de Janeiro), 125
família negra, 40, 136
"familistérios" no Rio de Janeiro, 124-5
Fatumã (filha de Tia Ciata), 196

favelas, 18, 61, 120, 125-7, 129-30, 223, 237, 241, 278, 312
febre amarela, 90, 115-6
*Feiras e mafuás* (Lima Barreto), 121
feitiçaria, 106-7, 199, 208, 221
Fenelon, Moacir, 297
Fernando de Noronha, ilha de (PE), 92, 106-7
Ferraz, Sampaio, 103, 106, 108
Ferreira, Hilário Jovino (Lalau de Ouro), 127, *168*, 176-9, 182, 184, 189, 190-2, 205-6, 243-4, 251, 267, 294
Ferreira, Jaime, 277
fetichismo nagô, 29
Filhas de Maria (organização católica), 219
Filhos de Gandhi (afoxé), 313-4
Flor de Abacate (rancho carnavalesco), 288
fon (etnia africana), 24
Fonseca, Deodoro da, 106
Fonseca, Hermes da, 228
Fontes, Mário, 277
*Forrobodó da Cidade Nova* ( revista musical), 277
França, Eduardo, 264
França, Germiniano de, 266
Francia, doutor (José Gaspar Rodríguez Francia), 94
Freyre, Gilberto, 15, 28, 41, 69, 104, 143
futebol, 7, 70, 256

# G

Gabiroba (carnavalesco), 260
Gaby, 276
gafieiras, 274-5, 326*n*
Galeguinho (carnavalesco), 260
ganho, escravos de, 29-30, 34, 56, 67, 70, 77-8, 81, 84, 91, 135, 142, *147*
Gantois (Iyá Omi Axé Iyá Massê, terreiro de Salvador), 43-5, 49
General Electric, 292

Germano (genro de Tia Ciata), 196, 206-7, 243-4, 251, 288, 294, 303
Ghezo, rei do Daomé, 47
Gil, Gilberto, 249
Glicéria (filha de Tia Ciata), 196, 292
Gobineau, Arthur de, conde, 209
Gonzaga, Chiquinha, 277
"Gosto que me enrosco" (canção), 277
Grace Mary (filha de Bucy), 298
Gracinda (mulher de Assumano Mina do Brasil), 211
Gracinda, Tia, 191
Grande Othelo, 283
Grandes Sociedades (Carnaval carioca), 183
Grasso, Giovanni, 228
Grupo da Cidade Nova (conjunto musical), 264
Gruta Baiana (bar carioca), 191, 211
guaiamus (malta de capoeiras), 88-90, 106
Guanabara, baía de (Rio de Janeiro), 228, 230, 315
guarani, idioma, 94
Guarda Nacional, 51, 77, 94-5, 100-1, 184, 196, 261, 293
Guarda Negra, 103-4
Guarda Real, 92
Guedes, Félix José, 188
Guerra Civil dos Estados Unidos (1861-65), 104
Guerra do Paraguai (1864-70), 9, 63, 71, 89, 93-4, 98-100, 271
Guilherme (genro de Tia Ciata), 196
Guimarães, Francisco, 178, 200, 263
Guimarães, Norberto da Rocha, 192, 194, 287
Guinle, Arnaldo, 278, 280-1

# H

Haiti, 23, 67, 75
haussás, 26, 29, 36-7, 41, 208
Haussmann, Georges-Eugène, 118

Hilário (sambista) *ver* Ferreira, Hilário Jovino (Lalau de Ouro)
Hilário, Santo, 192
holandeses no Brasil, 92
Hollywood, 285

# I

Iansã (orixá), 47, 53, 190, 288
Ibejada (festa de Cosme e Damião), *171*, 199, 203, 288, 300, 302
Iemanjá (orixá), 47, 53, 221, 303
Ifá (orixá), 43, 210
Igreja Católica, 22, 28, 32, 35, 52-3, 86, 112, 122, 218-9, 222, 262, 266, 275, 300-1, 308, 310-1
Igreja e Estado, separação entre, 219
Ilê Mariolaje (Alaketu, terreiro de Salvador), 44
Ilê Ogunjá (terreiro de Salvador), 44
Illorin (África), 26
imigração de operários europeus, 19
imperialismo britânico, 93
Império do Brasil, 15-6, 42, 67, 73, 88, 95-6, 98-9, 101, 105, 122, 141, 219, 224, 229, 273
Incra (Instituto de Colonização Agrária), 313
Independência do Brasil (1822), 15, 31-2, 51
indígenas, 29, 35, 44, 73, 79, 93-4, 211, 214, 311, 322*n*
Inglaterra, 30, 76, 93, 98, 228, 230
Inspetoria Geral da Higiene Pública, 116
instituições negras no Brasil, 103, 314
iorubá, idioma, 48, 181, 314
iorubás, 21, 23-9, 38, 42, 43-5, 47, 53, 78, 80, *148*, 187, 208, 210, 214-5, 218, 220; *ver também* nagôs
Ipanema (Rio de Janeiro), 121
Iphan (Instituto do Patrimônio Histórico e Artístico Nacional), 308-9, 317

Irmandade da Igreja de São Jorge, 289
Irmandade da Igreja Nossa Senhora do Rosário, 233
Irmandade da Penha, 258
Irmandade de Nossa Senhora da Boa Morte, 43
Irmandade de Santo Elesbão e Santa Efigênia, 86
irmandades negras, 49, 52, 56, 75, 86, 103, 213, 218-9
Isabel (filha de Tia Ciata), 192, 194, 287, 291
Isabel, princesa, 21
Islã, 26, 210; *ver também* muçulmanos
Iyá Omi Axé Airá Ontile (Ilê Iyá Nassô, terreiro de Salvador), 42-3, 45, 216
Iyá Omi Axé Iyá Massê (Gantois, terreiro de Salvador), 43-5, 49

# J

*jam sessions*, 273, 282
Jamaica, 23
Jardim, Silva, 103
jazz, 241, 273, 280-4
jejes, 25, 38, 44, 49
jesuítas, 219
Jesus Cristo, 22, 33, 224
João Batista (marido de Tia Ciata) *ver* Silva, João Batista da
João da Baiana, 8, 137, *169*, *171*, 188-9, 201, 237, 239, 240, 276
João do Rio, 180, 208-9, 303
João Paulo (filho de Tia Ciata), 192, 196
João VI, d., 67-8, 81
jongo, 225
Jorge, São, 300
*Jornal do Brasil*, 176-7, 189-90, 244, 251, 253, 263
*Jornal do Commercio*, 194, 275
*Jornal, O*, 287
Josefa da Lapa (Josefa Rica), 191
Jota Efegê (cronista), 8, 242, 276, 287

judeus, 209
Júlia, tia (ialorixá), 185
Jumbeba, família, 305
"Jura" (canção), 277

# K

Kalá, Iyá, 42
kardecismo, 223
ketu, culto, 43-4, 49, 127, 185-6, 193, 214-5
Ketu, reino de (África), 24, 46-7, 49
Klu-Klux-Klan, 104
*Kosmos* (revista), 262

# L

Lagos (Nigéria), 24-5, 46-7
Lalau de Ouro (sambista) *ver* Ferreira, Hilário Jovino
Lalo, Charles, 272
Landes, Ruth, 63
Laranjeira, Quincas, 274
Largo de São Domingos (Rio de Janeiro), *159*, 179, 190
Largo do Rosário (Rio de Janeiro), *146*
Lavradio, marquês do, 75
Le Paz (capoeirista), 313
Leal, Aurelino, 237, 243, 246
Lei Áurea *ver* Abolição da escravidão (1888)
Lei de Terras (1850), 16
Lei do Ventre Livre (1871), 188
Lei Eusébio de Queirós (1850), 31
Leopoldo "Pé de Mesa", 274
libambo (fileira de cativos), 36
liberdade religiosa, 48
libertos, 17, 20, 35, 37, 39-40, 47, 51-2, 56, 58, 67, 74, 79, 81, 88, 100, 103, 105
Lili (neta de Tia Ciata), 140, *172*, 191, 198, 202, 287-9, 292, 299, 305
Lima, Carlos A., 251

Lima, Vivaldo da Costa, 46
Lopes, Nei, 238
López, Carlos Antonio, 94
lúmpen, negro como, 132, 284
lundu, *162*, 238, 275, 281

# M

Macaco é Outro (rancho carnavalesco), 204, 206, 288
Macário (filho de Tia Ciata), 196
Machado, Lineu de Paula, 279
Machado, Pinheiro, 202, 228, 231
macumba(s), 7, 189, 212, 216, 220, 222-4, 240, 303-4
*Macunaíma* (Mário de Andrade), 304
Madame Satã, 296
*Madeira* (navio), 107
mães de santo, 49, 185, 191, 193, 303-4
malandragem, 128, 141-2, 260, 294, 296, 298-9
malês, 9, 21, 26, 36-7, 41, 49, 64, 208-10, 224
"mandingueiros" cariocas, 86
Manduca (capoeirista), 142, 227, 296
Manduca da Praia, 142
Mané (palhaço), 189
Mano Décio, 299
Manquinha "Duas Covas", 274
Manuel, d. (rei de Portugal), 22
Maranhão, 47
Marcelina (ialorixá), 43, 193
marchas, 251, 263, 265, 281
marginalidade, 16, 42, 75, 134, 141
Maria Olivia (filha de Bucy), 298
Mariato, Tia (irmã de Tia Ciata), 196
Marinha brasileira, 51, 73-4, 95, 98, 107, 133, 228-30, 233, 308, 310
Marinho, Antônio, 189
Marinho, Getúlio, 182
Marinho, Irineu, 241-2
Mariquita (filha de Tia Ciata), 196
*Marroeiro, O* (comédia musical), 249
Martinho da Vila, 249

Martinica, 59, 280
Martins, Francisco Gonçalves, 39
Martins, Júlia (Julinha), 253
Marzulo, 269
Mata, João da, 251-2
Mato Grosso, 94
matriarcalismo africano, 40, 49
Mattoso, Kátia, 50
Mauá, barão de, 105
Maximiliano da Áustria, príncipe, 54
maxixe, 231, 238-9, 250, 253, 269, 273, 275-7, 284, 304
"Maxixe aristocrático" (canção), 269
mazurca, 271, 281
Me Queiras Bem (rancho carnavalesco), 189-90
"Me sinto mal" (canção), 265
Medeiros, Anacleto de, 274
Meira, J., 251
*Mélanges américains* (Cordier), 32
mendicância, 96, 141
Menininha, mãe (ialorixá), 49
Mercado da Candelária (Rio de Janeiro), 70, 85, 87
Mercado do Porto (complexo gastronômico carioca), 315
mercantilização do trabalho, 20
Mesquita (violinista), 279
mestiços, 35, 37-8, 52, 54, 58-60, 102, 104, 132, 175, 223, 229
mestre-sala, 140, 182-3, 196, 234, 239, 287-8
"Mestre-sala dos mares, O" (canção), 234-5
"Mexidinha" (canção), 275
Miguel Pequeno, 192, 205
milonga, 284
Mimosas Cravinas (rancho carnavalesco), 288
"minalatria", 78
Minam (sambista), 252
minas (etnia africana), 9, 28, 65-6, 78-91, 185, 208, 210

Minas Gerais, 21, 33, 66, 79, 113, 222, 230
mineração, 31, 66, 77
Miranda, Carmen, 285
Miranda, Floresta de, 279
Missão Francesa no Brasil (1816), 129
missionários, 28, 52
mitologia nagô, 221
miudinho (passo de samba), 61, 197, 240
modinhas, 188, 238, 258, 272-3, 281
Moinho Inglês (Rio de Janeiro), 289
Mônica, Tia, 191
Monteiro, Amauri, 298
Montigny, Grandjean de, 70, 129
Moraes, Rodrigo, 318, 327n
Morais, Evaristo de, 234
Morcego (carnavalesco), 244, 247
Moreira, Bucy (neto de Tia Ciata), 139, 172, 184, 194, 196, 292-4, 296-7, 305
Motelo Júnior, dr., 261
muçulmanos, 26-7, 29, 37-8, 41, 49, 130, 208, 210, 222; *ver também* Islã
mulatos, 15, 59, 71, 231, 277
Museu de Arte do Rio de Janeiro, 316
Museu de História e Cultura Afro-Brasileira (MUHCAB, Rio de Janeiro), 327n
Museu do Amanhã (Rio de Janeiro), 316
música popular brasileira, 8, 109, 238, 256, 275-6, 279, 281-2, 284

# N

Na Agostime (mãe do rei Ghezo), 47
*Na roda do samba* (Vagalume), 267
Nadir (bisneta de Tia Ciata), 299
nagoas (malta de capoeiras), 83, 88-9, 106
"nagolatria" entre historiadores, 78
nagôs, 9, 24-8, 36-8, 48-9, 53, 64-5, 78-80, 83, 88, *148*, 185, 208, 210-1, 215, 224; *ver também* iorubás

*Nagôs e a morte, Os* (Santos), 175
Nanã Buruku (orixá), 46-7
Nanci, d. (esposa de Bucy), 298
"Não é assim" (canção), 264
Napoleão III, imperador da França, 118
Nascimento, Abdias, *164*
Nassô, Iyá, 42-3, 45
navios negreiros, 25, 32, 54, 193
"Negro forro" (Adão Ventura), 287
*Negro na Bahia, O* (Viana Filho), 28
negros nas polícias e nas forças militares, 92-8
Nelson Cavaquinho, 299
Nensy, Ângela, 225
Neuma, dona, 299
Neves, Eduardo das, 177, 267, 272
Nicolau V, papa, 22
Nigéria, 24, 47, *150*
Noêmia (filha de Tia Ciata), 196
*Noite, A* (jornal), 241-2, 254
Nossa Senhora da Conceição, festa de, 53, *150*, 199, 288, 302
Nossa Senhora do Rosário e São Benedito dos Homens Pretos, igreja de (Rio de Janeiro), 298
Nosso Senhor dos Navegantes, procissão de, 54
*Notícia, A* (jornal), 282
Nova Orleans (EUA), 241, 284, 319
Nova York, 270, 315
*Novidades* (jornal), 103-4
*Numa e ninfa* (Lima Barreto), 111
Nunes, José, 245, 269

# O

Obá Biyi *ver* Aninha, mãe
Obiticô, Quimbambochê *ver* Bambochê (babalorixá)
Odeon (gravadora), 243, 269, 297
ogãs, 184, 193, 216, 287, 302
Ogum (orixá), 47, 185, 221, 301, 305
Oito Batutas, Os, 10, *170*, 278, 280-3

*Okê Jumbeba: A Pequena África no Rio de Janeiro* (documentário), 13
oligarquias, 17, 83, 112
Olimpíadas (Rio de Janeiro, 2016), 315
Oliveira, Benjamin de, 177, 189
Oliveira, Luís de, 281
omolocô (religião afro-brasileira), 127
Omulu (orixá), 47, 192
Ordem dos Músicos, 297
*Ordem e progresso* (Freyre), 15, 143-4
orixás, 24, 38, 42-9, 53, 88, 185, 187, 193-5, 197, 199-200, 202-4, 210, 213-5, 217-8, 220-1, 223, 259, 261, 318
Ortiz, Joana, 188
Ossain (orixá), 185, 222
Oxalá (orixá), 45, 47, 54, 65, 197, 210, 217, 307
Oxóssi (orixá), 47, 185
Oxum (orixá), 47, 175, 179, 197, 199, 203
Oxumaré (orixá), 44
Oyó, reino de (África), 24-6, 38, 45, 47, *150*

# P

padres redentoristas, 219
Paes, Eduardo, 315-6
pagodes, 190, 197-9, 240, 243
pais de santo, 46, 184, 187, 217-8, 303-4
"Palhaço" (canção), 297
Palmares, Quilombo de, 28, 309
Palmieri, Jacó, 281
Palmieri, Raul, *170*, 281
Pândegos da África (clube carnavalesco), 60
pandeiros, 61, 71, 196, 199, 201-2, 238-40, 258-9, 261, 264, 272, 281, 294
Paraguai *ver* Guerra do Paraguai (1864-70)
pardos, 36, 38, 88
Paris, 10, 118, 130, 270, 273, 276, 281-3
partido-alto, 201, 239-40, 245, 249, 303

Passos, Pereira, 8, 11, 113, 116, 118, 125-6, 128, 139, 231, 308, 312
Pastinha, mestre (capoeirista), 109
Pata Preta (capoeirista), 227
patriarcalismo africano, 85
Patrocínio, José do, 52, 103
Paula, Dalton, *174*
Pedra do Sal (Rio de Janeiro), 65, 113, 181, 186, 191-2, 264, 292, 307, 309, 311, 313, 315
Pedro I, d., 15
Pedro II, d., 15, 76, 83, 98-9, 104, 209
Peixe, praia do (Rio de Janeiro), 70, 75, *153*
Peixoto, Floriano, 103
Peixoto, Luís, 253
Pelé (jogador), 313
"Pelo telefone" (canção), *166-7*, 207, 237-56, 276, 280
Penha, festa da (Rio de Janeiro), 53, 239-41, 252, 257, 259, 261-4, 266-7, 291
pensamento mágico, 48
Pepa Delgado e Marzulo (dupla musical), 269
Pequena (filha de Tia Ciata), 196
Pequena África (Rio de Janeiro), 13, 106, 127, 138, 175, 188, 191, 208, 211, 234, 239, 288, 296, 307-8, 312-3, 316-7, 319-20; *ver também* zona portuária do Rio de Janeiro
Perciliana, Tia, 188-91
percussão, instrumentos de, 48, 61, 71, 89, 204, 238, 240, 259, 264, 272, 281, 283
pernada, 260
Pernambuco, 176
Pernambuco, João, 253, 263
Perpétua, Tia, 191
Peru dos Pés Frios (Mauro de Almeida), 200, 243-4, 247, 249, 263
Pessoa, Cláudio, 293
Pessoa, Epitácio, 293
Pessoa, Vilanovas, 293

Pinto, Alexandre Gonçalves ("Animal"), 274
Pinto, Roquete, 279
Pixinguinha, 8, *170-1*, 201, 239-40, 264, 273-4, 277-8, 280-1, 283
polca, 129, 238, 269-70, 274-6, 281
polícia, 36, 39, 60, 64, 67-8, 71, 73-4, 81, 90, 92-3, 98, 102, 106-7, 133, 141, 178-9, 184, 189, 194, 197, 202, 206, 227, 237, 241, 243, 245-6, 249-50, 253-4, 256, 260-2, 266
Polícia Militar, 67
poligamia africana, 40
Pompeia, Raul, 258
*pop music*, 249
Popo (África), 25
Portela, Juvenal, 298
"Porto do Rio: Plano de recuperação e revitalização da região portuária do Rio de Janeiro" (projeto de 2001), 310-1, 314
Porto Novo (África), 25, 47
Porto Rico, 284
Portugal, 22, 31, 267
Prata, rio da, 93, 95
Prazeres, Heitor dos, 137, *169*, 182, 188-9, 201, 263, 277
Pretos-Velhos (espíritos), 223-4
Primeira Guerra Mundial, 254, 271
Primeira República *ver* República Velha
Primeiro Regimento de Infantaria da Bahia, 246
Primeiro Reinado, 73
Proclamação da República (1889), 8-9, 16, 72, 88, 101, 105, 186; *ver também* República Velha
Procópio de Ogunjá (babalorixá), 44
prostituição, 75, 144
protestantismo, 219-20
Providência, morro da (Rio de Janeiro), 125-6, *160*, 316
Pulquéria, mãe (ialorixá), 49

# Q

*Quatro dias de rebelião* (Santos), 213
Queirós, Eusébio de, 74
"Quem não tem ciúmes não ama" (canção), 275
Querino, Manuel, 57, 61, 63
quilombos/quilombolas, 28, 37, 76-7, 130, 136, 311
quimbanda, 223
quimbundo, idioma, 181
quitandeiras negras, 81-2, 85, 188
quituteiras baianas, 83, 196-7

# R

racismo, 15, 91, 99, 109, 120, 133, 135, 209, 232, 279, 282, 290, 302, 309
Rádio Sociedade, 279
ragtime, 265
Ramos, Arthur, 78
Rancho dos Amores (rancho carnavalesco), 260
ranchos carnavalescos, 54, 77, 130, 140, 176-84, 190-1, 194, 200, 204, 206, 212-3, 239, 278, 287, 289, 291, 307, 309; *ver também* escolas de samba
Raposo, Inácio, 249
rebeliões escravas, 36-8, 80-2
Rebouças, André, 52, 113
reco-reco, 60, 281
Recreio das Flores (rancho carnavalesco), 140-1, 264, 287-9
recrutamento forçado para o Exército, 96
reforma urbana do Rio de Janeiro (1903-6), 117-30, 138, 226-7, 312; *ver também* "bota-abaixo" (reforma urbana do Rio de Janeiro)
Regimento de Cavalaria da Brigada Policial, 245
Rei de Ouro (rancho carnavalesco), 177-8, 191, 196

religiões afro-brasileiras, 11, 24, 28-9, 42, 44, 47-8, 185, 186, 199, 213-26, 237, 256, 311; *ver também* candomblé(s); macumba(s); umbanda
*Religiões no Rio, As* (João do Rio), 208
"remanescentes" de quilombos, 311
República Velha, 8, 17, 21, 96, 109, 132, 208, 223, 229, 256, 273, 277, 289
"Reviver Centro" (programa da prefeitura do Rio de Janeiro), 316
Revolta da Armada (Rio de Janeiro, 1893-4), *153*
Revolta da Chibata (Rio de Janeiro, 1910), 74, 228-30, 233-4
Revolta da Vacina (Rio de Janeiro, 1904), 107, 226-7, 307
Revolta do Vintém (Rio de Janeiro, 1880), 102
Revolta dos Malês (Bahia, 1835), 37-9
rhythm & blues, 275
Riachuelo, batalha do (1865), 98, 129
Ribeiro, José Fernandes, 140
*Rio de Janeiro do meu tempo, O* (Luiz Edmundo), 134, 257
Rio de Janeiro Northern Railway Company (Leopoldina), 118, 122
Rocha, Agenor Miranda *ver* Agenor, pai (babalaô)
rock 'n' roll, 275
Rodrigues, Nina, 26, 78
Rodríguez Francia, José Gaspar, 94
"Rolinha" (canção), 249
*Romanus Pontifex* (bula papal de 1454), 22
Romão, 181
Rosa Branca (rancho carnavalesco), 182, 196, 204, 206, 264, 288
Rosa, Noel, 276
Rosas, Juan Manuel, 94
Rossio Pequeno e Rossio Grande (Rio de Janeiro), 129
Rotary Clube, 311
Rothschild, família, 113
Rouen, Forth, barão, 32
Rugendas, Johann Moritz, 63, 76, *152*

## S

Sá, Mem de, 75, 119
Sacramento, freguesia do (RJ), 81
Saint Priest, Alexis, conde de, 59
Saint-Domingue, revolução africana em (1791-1804), 23, 75
Sales, Campos, 111-2
Salu, 181
Salvador (BA), 9-10, 21-2, 24, 27-9, 31-2, 34-6, 38, 40, 42-4, 46-9, 51, 53, 61-4, 67-9, 75, 78, 80, 82-3, 85, 87-8, 96, 102, 106, 108-9, 113, 135, 138, 142, *148-9*, *151*, *154-5*, 176, 181, 185-6, 190, 192-3, 209, 215-7, 260, 284, 309, 313-4
samba, 10, 61-2, 238, 251; amaxixado, 239, 276-7; associado às religiões negras, 237, 256; baiano, 60-1, 238; carioca, 106, 109, 192, 238, 250, 253, 273, 284, 307; choro e, 240-1, 257, 272-4, 278, 280-4, 288; de roda, 54, 60-1, 243, 260, 263; de umbigada, 61; duro, 240; escolas de samba, 182-4, 212, 241, 297; miudinho (passo de samba), 61, 197, 240; pagodes, 190, 197-9, 240, 243; partido-alto, 201, 239-40, 245, 249, 303; paulista, 299; rural, 61; samba-duro, 61
Santa Cecília, Manuel Luiz de, 276
Santana (neto de Tia Ciata), 140, 287, 291-2
Santo Antônio, morro de (Rio de Janeiro), 126, 134, 252
Santos, Amélia dos, 237-8
Santos, Geraldo ("Bico de Ferro"), 274
Santos, Joel Rufino dos, 213, 311
Santos, Juana Elbeim dos, 175
Santos, Milton, 320

São Jorge, igreja de (Rio de Janeiro), 300-1
São Luís (MA), 47, 78
São Paulo, 33, 102, 133, 279
Sapateirinho (carnavalesco), 260
*Satélite* (navio), 232
saxofone, 283
SBACEM (Sociedade Brasileira de Autores, Compositores e Escritores de Música), 250
Segreto, Paschoal, 253
Senhor do Bonfim, igreja e festa do (Salvador, BA), 54-6, *151*, 217
Senhora, mãe (ialorixá), 49, 193
senzalas, 27, 33, 37, 62, 76, 78
Sheherazade (cabaré parisiense), 281
Silva, Alfredo, 269
Silva, Ismael, 250
Silva, João Batista da (marido de Tia Ciata), 192, 194, 196
Silva, Patápio, 273
Silva Sobrinho, José Nunes da, 245
Simões, Júlio, 326*n*
sincretismo afro-católico, 52-3, 212-4, 216-8, 220-1
Sindicato dos Arrumadores do Município do Rio de Janeiro, 141
Sinhá D'Ogum, 305
Sinhá Velha (filha de Tia Ciata), 196, 206
Sinhô, 251-2, 263-7, 276-7
Soares "Caixa de Fósforos", 274
Soares, Carlos Eugênio Líbano, 107
Sociedade de Resistência dos Trabalhadores em Trapiches de Café (Companhia de Pretos), 139-41
Sodré, Muniz, 108, 260, 305
Sokoto, califado de, 26
Solano López, Francisco, 94
Sou Brasileiro (conjunto musical), 264
Sousa, Félix de (Chachá), 23
Spinelli (circo), 189
sudaneses, 23, 28
Sussu, Mãe (Ursulina, ialorixá), 43

# T

tamborins, 60, 201, 204, 259, 294
tango, 245, 251, 275, 281, 284
Távora, Belisário, 241-2, 246
Teatro São José (Rio de Janeiro), 253
Teixeira, Manuel, 274
teorias raciais, 209
Teresa Cristina, imperatriz, 76
terreiros, 36, 42-3, 45, 48, 61, 70, 87, 127, 176, 184, 186-7, 190, 192-3, 201-3, 211, 214-7, 221-3, 225, 227, 240, 278, 287-8, 301, 303; *ver também* candomblé(s); macumba(s); umbanda
Tia Ciata *ver* Ciata, Tia
tias baianas, 176, 187, 189, 191, 196, 240, 266
ticumbis, 181
Tigre, Bastos, 253
Tinhorão, José Ramos, 298
Toledo Piza Sobrinho, Luiz de, 15
trabalho, mercantilização do, 20
tráfico negreiro, 22-3, 25, 30, 32, 51, 66, 71, 82, 97, 99, 209; interprovincial, 33, 69, 79
*Tragédia do rei Christophe, A* (Césaire), 307
*Três pancadas* (espetáculo de revista), 253
tríplice aliança (Brasil, Argentina e Uruguai), 93; *ver também* Guerra do Paraguai (1864-70)

# U

Uidá, reino de (África), 23, 25
Ulloa, Alejandro, 283
Ulloa, Alejo, 13
umbanda, 127, 212, 223-4
umbigada, 61, 238, 259
Unesco (Organização das Nações Unidas para a Educação, a Ciência e a Cultura), 317

Ursulina (Mãe Sussu, ialorixá), 43
Uruguai, 93-4, 284

## V

Vagalume (Francisco Guimarães), 178, 200, 244, 263, 265, 267
Vale do Paraíba, 66, 79, 89, 96-7, 105, *152*
Valentim, Rubem, *164*
Valongo, mercado de escravos do (Rio de Janeiro), 76, 112, 126, 307, 309, 317
valsa, 129, 238, 271, 281
Vargas, Getúlio, 108, 186, 224
Vasconcelos, Ary, 304
Vassouras (RJ), 66, 79-80
Vê se Pode (escola de samba), 297
Venerável Ordem Terceira de São Francisco da Penitência (Vot), 309-10, 311
Ventura, Adão, 287
Verger, Pierre, 40, 46
Veridiana, Tia, 191
*Viagem pitoresca e histórica ao Brasil* (Debret), 197
Viana Filho, Luís, 28
Vidigal, major, 67
Viegas, Mercedes, 311
Vila Isabel (Rio de Janeiro), 125, 276
"Viola está magoada, A" (canção), 245
violão, 61, 189, 239-40, 264-5, 272-3, 280, 288, 297, 301, 304
voduns, 38, 44, 47, 49
Voluntários da Pátria, 95, 98
*Vozes desassombradas do museu, As* (coletânea de entrevistas), 8, 188

## W

Wanderley (maestro), 246
Wassa (sacerdote africano), 42
Welles, Orson, 283, 297

## X

Xangô (orixá), 44-5, 47, 181, 185, 187, 193, 203-4
xequetê (bebida africana), 204
Xibuca (marido de d. Carmem), 136-7, 301
xote, 271, 281

## Z

Zé do Senado (carnavalesco), 260
Zé Moleque (carnavalesco), 260
Zica, dona, 299
Zinho (Marinho da Costa Jumbeba, neto de Tia Ciata), 140, 191, 239, 287, 305
Zona Norte do Rio de Janeiro, 119, 129
zona portuária do Rio de Janeiro, 75, 112, 114, 130, 139, 179, 192, 233-4, 307, 311-4, 317-8, 320; *ver também* Pequena África (Rio de Janeiro)
Zona Sul do Rio de Janeiro, 11, 119-21, 124, 126-8
Zuavos baianos, 97-8
zungus (casas de angu), 81-2, 91, 107
Zuza, 199

# Créditos das imagens

capa: Heitor dos Prazeres. *Dança*, 1965, Acervo do Museu de Arte Moderna de São Paulo/ Reprodução de Romulo Fialdini

p. 145: Márcia Falcão/ Reprodução de Rafael Salim/ Cortesia Fortes D'Aloia & Gabriel, São Paulo-Rio de Janeiro
p. 146: François René Moreaux/ Acervo da Fundação Biblioteca Nacional — Brasil
p. 147: [acima] Henry Chamberlain/ Acervo da Fundação Biblioteca Nacional — Brasil; [abaixo] Jean-Baptiste Debret/ Acervo da Fundação Biblioteca Nacional — Brasil
p. 148: [acima] Augusto Stahl/ Instituto Moreira Salles; [abaixo] Alberto Henschel/ Leibniz-Institut für Länderkunde
p. 149: Marc Ferrez/ Instituto Moreira Salles
p. 150: Pierre Verger © Fundação Pierre Verger
p. 151: [acima] Marcel Gautherot/ Instituto Moreira Salles; [abaixo] Pierre Verger © Fundação Pierre Verger
p. 152: [acima] Johann Moritz Rugendas/ Acervo da Fundação Biblioteca Nacional — Brasil; [abaixo] Marc Ferrez/ Instituto Moreira Salles
p. 153: [acima] Juan Gutierrez/ Acervo do Museu Histórico Nacional/ Ibram/ Reprodução de Jaime Acioli; [abaixo] Juan Gutierrez/ Acervo da Fundação Biblioteca Nacional — Brasil
p. 154: [acima] Gomes Junior/ Instituto Moreira Salles; [abaixo] Sem autoria identificada/ Acervo da Fundação Biblioteca Nacional — Brasil
p. 155: [acima] Marc Ferrez/ Instituto Moreira Salles; [abaixo] Arquivo Corisco Filmes
p. 156: Johann Moritz Rugendas/ Acervo da Fundação Biblioteca Nacional — Brasil;
p. 157: Édison Carneiro/ Acervo da Fundação Biblioteca Nacional — Brasil
p. 158: [acima] Eugène Ciceri/ Acervo da Fundação Biblioteca Nacional — Brasil; [centro] Marc Ferrez/ Instituto Moreira Salles; [abaixo] Augusto Malta/ Instituto Moreira Salles

p. 159: [acima] Augusto Malta/ Instituto Moreira
Salles; [abaixo] Foto atribuída a Augusto Malta/ Acervo
Arquivo Geral da Cidade do Rio de Janeiro
p. 160: Augusto Malta/ Instituto Moreira Salles
p. 161: [acima] João Martins Torres/ Instituto Moreira Salles;
[centro] Fotógrafo não identificado/ Instituto Moreira Salles;
[abaixo] Augusto Malta/ Instituto Moreira Salles
p. 162: [acima] Johann Moritz Rugendas/ Acervo da Fundação
Biblioteca Nacional — Brasil; [abaixo] Sem autoria identificada/
Acervo da Fundação Biblioteca Nacional — Brasil
p. 163: [acima] Aliwu/ Acervo da Fundação Biblioteca
Nacional — Brasil; [abaixo] Sem autoria identificada/
Acervo da Fundação Biblioteca Nacional — Brasil
p. 164: [acima] Rubem Valentim/ Cedida pelo Instituto Rubem
Valentim/ Reprodução de Sergio Guerini; [abaixo] Abdias
Nascimento/ Acervo Ipeafro/ Museu de Arte Negra
p. 165: Pierre Verger © Fundação Pierre Verger
pp. 166-7: Acervo da Fundação Biblioteca Nacional — Brasil
p. 168: Fotógrafo não identificado/ Coleção José Ramos
Tinhorão/ Acervo Instituto Moreira Salles
p. 169: [acima] Fotógrafo não identificado/ Coleção José Ramos
Tinhorão/ Acervo Instituto Moreira Salles; [abaixo, à esq.]
Sebastião Pinheiro/ Coleção José Ramos Tinhorão/ Acervo
Instituto Moreira Salles; [abaixo, à dir.] Fotógrafo não identificado/
Coleção Pixinguinha/ Acervo Instituto Moreira Salles
p. 170: [acima] Fotógrafo não identificado/ Coleção Pixinguinha/
Acervo Instituto Moreira Salles; [abaixo] Fotógrafo não identificado/
Coleção José Ramos Tinhorão/ Acervo Instituto Moreira Salles
p. 171: [acima] Fotógrafo não identificado/ Coleção Pixinguinha/
Acervo Instituto Moreira Salles; [abaixo] Arquivo Corisco Filmes
pp. 172-3: Arquivo Corisco Filmes
p. 174: Dalton Paula/ Reprodução de Joerg Lohse

© Roberto Moura, 1983, 1995, 2022

Todos os direitos desta edição reservados à Todavia.

Grafia atualizada segundo o Acordo Ortográfico da Língua Portuguesa de 1990, que entrou em vigor no Brasil em 2009.

capa
Julia Custodio
tratamento de imagens
Carlos Mesquita
pesquisa iconográfica
Suzana Velasco
preparação
Mariana Donner
índice remissivo
Luciano Marchiori
revisão
Erika Nogueira Vieira
Gabriela Rocha

2ª reimpressão, 2024

Dados Internacionais de Catalogação na Publicação (CIP)

Moura, Roberto (1947-)
Tia Ciata e a Pequena África no Rio de Janeiro / Roberto Moura. — 1. ed. — São Paulo : Todavia, 2022.

ISBN 978-65-5692-334-5

1. Música popular brasileira — Mulheres. 2. Samba. 3. Rio de Janeiro — Brasil — História. 4. Pequena África. I. Batista, Hilária Almeida (Tia Ciata). II. Praça Onze — Rio de Janeiro. III. Título.

CDD 305.896

Índice para catálogo sistemático:
1. Grupos étnico-raciais : Afrodescendentes 305.896

Bruna Heller — Bibliotecária — CRB 10/2348

**todavia**
Rua Luís Anhaia, 44
05433.020 São Paulo SP
T. 55 11. 3094 0500
www.todavialivros.com.br

fonte
Register*
papel
Pólen natural 80 g/m²
impressão
Geográfica